伊藤塾
呉明植 基礎本シリーズ
GO AKIO BASIC SERIES

民法総則
Civil Law

第3版

弁護士
伊藤塾首席講師
呉明植 著
GO AKIO

弘文堂

第3版　はしがき

　本書の第2版は、民法大改正の熱冷めやらぬ2018（平成30）年3月に刊行された。それから、早いもので5年の歳月が過ぎた。

　この間、本書の第2版は、私の予想を遥かに超えたご好評をいただき、多くの増刷を重ねることができた。読者の皆様に心から感謝申し上げる。

　しかしながら、法律の議論は、日進月歩がその使命である。私の日々の講義も、少しずつではあるけれども、しかし確実に変化し、進化し続けている。また、この5年の間に、民法総則に関係するいくつかの法改正が成立・施行された。

　そこで、本書の内容をアップデートするべく、今回、第3版を刊行する運びとなった。今回の改訂によって、一層わかりやすく、使いやすいテキストになったものと、密かに自負している。

　本書が、引き続き、法律家を目指して日々誠実な学習を重ねている受験生諸氏に対する一助となることを願う。

　2023年6月

呉　明植

第2版　はしがき

　2017年5月、「民法の一部を改正する法律」（平成29年法律第44号）が成立し、民法が大きく改正されたのは、周知のとおりである。

　この民法改正は、一般に債権法の改正として知られている。しかし、実は本書が対象としている民法総則の規定にも、複数の重要な改正が加えられた。そのため、この改正に早急に対応するべく、大幅な改訂を行い、ここに第2版を刊行する運びとなった。

　本文の記述では、試験対策上特に意識すべき重要な改正が加えられた項目について、その冒頭に 改正 というマークを付した。すでに改正前の民法を学んだ方は、このマークが付された箇所を集中的に学習すると効率的であろうと思う。有効に活用してくださると嬉しい。

　また、この機会に、改正された部分以外の記述も全体的に再検討し、多くの加筆・修正を加えた。より理解しやすく、読みやすい記述になったものと、密かに自負している。

　本書が、民法の修得を目指して日々誠実な学習を続けている受験生諸氏に対する、ささやかな一助となることを願う。

　　2018年3月

呉　明植

初版　はしがき

　民法は、各種の試験対策上、避けて通ることのできない法律である。また、合格後、実務家として最も日常的に使うことになる法律でもある。その意味で、民法は最も重要な科目といってよい。

　しかしながら、1000条を超える抽象的な条文、明治時代から連綿と続く無数の判例、錯綜する学説を目の当たりにして、多くの初学者は戸惑い、進むべき道を見失う。私自身も、司法試験の勉強を始めた当初、民法の理解に苦しみ、随分とまわり道をした苦い記憶がある。

　本書は、そうした民法学習者の実情をふまえ、伊藤塾において私が行っている入門講義をベースとして、全くの初学者、および学習上の壁に突き当たった中級者を想定して執筆した入門書である。

　民法典は、非常に美しい体系であるパンデクテン方式により編纂されている。ところが、入門書を謳う書物の多くは、そのパンデクテン方式を崩し、無視している。パンデクテン方式は、初学者にとって馴染みにくい抽象的な体系だからであろう。

　しかし、パンデクテン方式は民法の体系そのものである以上、民法を理解するためには、それに慣れ親しむことが必要不可欠である。実践的な見地からいっても、試験の会場で現場思考をする際に、パンデクテン方式ほど役に立つものはない。

　そこで、本書は、パンデクテン方式に従いつつ、しかしながらそれと同時に、誰にでも容易に理解できる入門書を目指して執筆した。もちろん、各種試験に必要な知識が全て身につくよう工夫も施してある。

　本書が、民法の修得を志す誠実な読者に対する、ささやかな道しるべとなることを願う。

＊　　　　　　　＊　　　　　　　＊

　最後に、本書は、多くの方々の協力がなければ刊行され得なかった。

　弘文堂編集部長の北川陽子さんは、前作である『刑事訴訟法』の完成の直後から、強くかつ執拗に本書の執筆を要請してくださった。北川さんによる、そうした働きかけがなければ、本書は日の目を見なかったに違いない。

　伊藤塾・呉クラス出身の司法試験合格者である星野大樹さんは、草稿段階で全体を通読し、多くの有益な示唆を与えてくれた。

　伊藤塾の塾生の方々は、日々私に法を学ぶ喜びを教え続けてくれた。法律家を目指す

彼ら・彼女らの真剣なまなざしこそが、今も昔も、私の活動の原動力である。

　そうした全ての方々に、心からの感謝とともに本書を捧げたい。

　　2014 年 4 月

呉　明植

1 本書の特長

(1) 必要な論点を網羅

　本書は、法科大学院入試や司法試験をはじめとした各種資格試験対策として必要となる論点をすべて網羅している。

　民法上の論点は無数にあるが、法科大学院入試や司法試験をはじめとした各種資格試験対策としては、本書に掲載されている論点を押さえておけば必要十分である。

　逆にいえば、本書に掲載されていない論点を知識として押さえておく必要は一切ない。万一それらの論点が出題された場合には、現場思考が問われていると考えてよい。

(2) 判例・通説で一貫

　本書は、一貫して判例・通説の立場を採用している。

　民法は、どの科目にも増して、合格後の実務に直結する科目である。そして、実務が判例・通説で動いている以上、実務家を目指す者として、判例・通説が最重要であることはいうまでもない。

　また、司法試験や司法書士試験、公務員試験などの各種資格試験は、実務家登用試験である以上、やはり判例・通説が何よりも重要である。とある元司法試験委員が、私に対して「判例・通説以外の見解には丸をつけなかった」と述懐したこともある。

　判例・通説と異なる最先端の議論を学習することも、「有効な無駄」として有用ではある。しかし、何事にも刻むべきステップがある。まずは、本書を通じて判例・通説をしっかりと理解・記憶してほしい。そして、あえてくり返せば、各種試験対策としては判例・通説だけで必要十二分である。

(3) コンパクトな解説とつまずきやすいポイントの詳述

　試験対策として1つの科目に割くことのできる時間は限られている。とりわけ民法は、他の科目に比べて分量が多い。そこで、本書では、できる限りポイントを押さえたコンパクトな解説を心掛けた。

　しかし、その一方で、民法独特の言い回しや思考方法、答案上での論点の取捨選択方法など、学習者がつまずきやすいポイントについては、講義口調で詳細な解説を付した。

　また、試験対策として必要な場合には、一般的な講義では語られることのない踏み込んだ内容も適宜かみ砕いて詳述した。

　本書のメリハリを意識して、限られた時間を有効に活用してほしい。

(4) 書き下ろし論証パターンを添付

　試験は時間との戦いである。その場で一から論証を考えていたのでは、時間内にまとまった答案を仕上げることはとうていできない。典型論点の論証を前もって準備してお

くことは、試験対策として必要不可欠である。

　そこで、論述式試験での出題可能性が高い論点について、「予備校教育の代名詞」ともいわれる「悪名高き」論証パターンを巻末に添付した。

　ただし、理解もせず、単に論証を丸暗記するのは、試験対策として全く意味がないばかりか、余事記載を生じさせる点で有害ですらある。ベースとなるのはあくまでも本編の記述の理解であることは忘れないでほしい。

　また、私としては現時点で私に書ける最高の論証を書いたつもりであるが、もとよりこれらの論証だけが唯一絶対の論証であるはずもない。これらを叩き台として、各自でよりいっそうの工夫を試みてほしい。

　なお、各論証の冒頭には、原則として簡単な事例ないし設問を付した。単なる暗記のツールにとどまらず、簡易ドリルとしても使用できるようにとの趣旨からである。ぜひ有効に活用していただきたい。

(5)　ランク

　本文中の項目や論点のまとめ、巻末の論証には、重要度に応じたランクを付した。時間の短縮に有効活用してほしい。

　各ランクの意味は以下のとおりである。

A	試験に超頻出の重要事項。しっかりとした理解と記憶が必要。
B⁺	試験に超頻出とまではいえないが、A ランクに次ぐ重要事項。理解と記憶が必要。
B	最初は読んで理解できる程度でもよい。学習がある程度進んだら記憶しておくと安心。
B⁻	記憶は不要だが、一度読んでおくと安心。
C	読まなくてもよいが、余裕があれば読んでおいてもよい。

(6)　豊富な図

　本文中、イメージをもちづらい事案や重要な事案については、適宜事案をあらわす図を用いた。

　問題文を読み、わかりやすい図を描けるようにすることは、試験対策としてもきわめて重要である。本書の図の描き方を参考にして、自ら図を描く訓練も重ねていってほしい。

　図中における、主な記号の意味は以下のとおりである。

$A \longrightarrow B$ ： A から B への債権

$A \xrightarrow{\ S\ } B$ ： A から B への売買（sale）

$A \xrightarrow{\ \ell\ } B$ ： A から B への賃貸借（lease）

$A \longrightarrow \bullet$ ： A が有する物権

： 土地　　　 ： 建物

： 登記

(7) 詳細な項目

　民法を理解・記憶し、自分のものとするには、常に体系を意識して学習していくことがきわめて重要である。そこで本書では、詳細な項目を付した。

　本文を読むときは、まず最初に必ず項目を読み、自分が学習している箇所が民法全体の中でどの部分に位置するのかをしっかりと確認してほしい。また、復習の際には、項目だけを読み、内容の概略を思い出せるかをチェックすると時間の短縮になるであろう。

(8) 全体が答案

　いくら法律の内容を理解・記憶していても、自分の手で答案を書けなければ試験対策としては何の意味もない。そして、答案を書けるようになるための1つの有効な手段は、合格答案を繰り返し熟読することである。

　この点、本書は「民法総則とは何か」という一行問題に対する私なりの答案でもある。接続詞の使い方や論理の運びなどから、合格答案のイメージをおのずと掴み取っていただけるはずである。

2　本書の使い方

(1) 論述式試験対策として

　論述式試験は、各種資格試験における天王山であることが多い。たとえば司法試験において、いかに短答式試験の成績がよくとも、しっかりとした答案を書けなければ合格

は絶対にあり得ない。

　本書は、大別して①本文、②論点のまとめ、③論証という３つのパートからなる。これらのうち、論述式試験対策としては、①本文と③論証で必要十分である。これらを繰り返し通読し、理解と記憶のブラッシュアップに努めてほしい。また、その際には、常に体系・項目を意識することが重要である。

(2) 短答式試験対策として

　短答式試験において必要な知識は、①条文と②最高裁判例に尽きる。

　本書を何度も通読していくことに加えて、実際の過去問の演習を重ねることによって、日々これらの知識のブラッシュアップを図っていってほしい。

　また、学習が進んだ段階では、条文の素読も有益である。特に判例付きの六法を用いた条文の素読は、知識の最終確認に役立つであろう。

(3) 学部試験対策として

　法科大学院入試においては、学部成績が重視されることが多い。

　まず、学部の授業の予習として本書を熟読してほしい。そのうえで先生の講義を聞けば、先生の講義を面白く聞くことができ、おのずと学習のモチベーションがあがるはずである。

　また、先生が本書の立場と異なる学説を採っておられる場合には、先生とは異なる立場で執筆した答案に対する成績評価を先輩等から聞いておいてほしい。自説以外を認めない先生だった場合には、まさに「有効な無駄」として、先生の学説を学部試験前に押さえておけばよい。

　先生の学説と本書の判例・通説との違いを意識すれば、よりいっそう判例・通説の理解が進むであろうし、学問としての民法学の深さ・面白さを味わうことができるであろう。

3　今後の学習のために

(1) 演　習

　いくら法律の内容面を理解し記憶したとしても、実際に自ら問題を解くことを怠っていては何の意味もない。

　演習問題としては、やはり司法試験の過去問が最良である。日本を代表する学者や実務家が議論を重ねて作成した司法試験の過去問を解くことは、理解を深め、知識を血の通ったものとするうえできわめて有用といえる。

　司法試験の過去問集は、短答式試験・論述式試験の過去問が複数の出版社から発売されているので、各過去問集を１冊入手しておいてほしい。ただし、論述式試験の参考答

案は玉石混交であるから、批判的な検討が必要である。

(2) 判　例

　法律を学習するうえで、判例はきわめて重要である。手頃な判例集として、別冊ジュリスト『民法判例百選』（有斐閣）は必携の書といえよう。初学者用の判例集として、『伊藤真の判例シリーズ　民法』（弘文堂）もある。

　これらの判例集に記載された判例を本文で引用した際には、**最判平成2・3・4**というようにゴシック文字で表記し、かつ、**百選Ⅰ1**というように、百選の巻数と事件番号も付記した。ぜひ有効に活用していただきたい。

　また、判例のうち重要なものについては、原文を読むと勉強になる。法学部や法科大学院でインターネット上の判例検索サービスを利用することができる場合は、大いに活用してほしい。

　判例に対する解説としては、『民法判例百選』の解説がとても役に立つ。試験対策上、最良の参考書でもあるので、力がついてきたらぜひ精読してほしい。また、必要に応じて『最高裁判所判例解説　民事篇』（法曹会）を図書館で参照するとよいであろう。

(3) 体系書・注釈書

　学部や法科大学院の授業で、条文の趣旨や細かい学説等を調べる必要がある場合には、『注釈民法』・『新版注釈民法』・『新注釈民法』（いずれも有斐閣）を図書館で参照するとよい。

　通読用の体系書としては、佐久間毅『民法の基礎1　総則』（有斐閣）がもっとも読みやすく、おすすめである。

参考文献一覧

　本書を執筆するにあたり多くの文献を参照させていただきました。そのすべてを記すことはできませんが主なものを下に掲げておきます。なお、本文中にこれらの文献の文章表現を引用させていただいた箇所もありますが、本書はいわゆる学術書ではなく、学習用の教材ですので、その性質上、学習において必要な部分以外は引用した文献名を逐一明記することはしませんでした。

　ここに記して感謝申し上げる次第です。

我妻　榮『新訂　民法講義Ⅰ・民法総則』（岩波書店・1965）

我妻　榮『民法案内２民法総則［第２版］』（勁草書房・2009）

我妻榮ほか『民法１総則・物権法［第４版］』（勁草書房・2021）

我妻榮ほか『我妻・有泉コンメンタール民法　総則・物権・債権［第８版］』（日本評論社・2022）

四宮和夫『民法総則［第４版補正版］』（弘文堂・1996）

四宮和夫＝能見善久『民法総則［第９版］』（弘文堂・2018）

佐久間毅『民法の基礎１総則［第５版］』（有斐閣・2020）

内田　貴『民法１総則・物権総論［第４版］』（東京大学出版会・2008）

川井　健『民法概論１民法総則［第４版］』（有斐閣・2008）

近江幸治『民法講義１民法総則［第７版］』（成文堂・2018）

平野裕之『民法総則』（日本評論社・2017）

潮見佳男『民法総則講義』（有斐閣・2005）

潮見佳男『民法（債権法関係）改正法の概要』（きんざい・2017）

山野目章夫『民法概論１民法総則［第２版］』（有斐閣・2022）

山本敬三『民法講義１総則［第３版］』（有斐閣・2011）

『注釈民法(1)-(5)総則』（有斐閣・1964-1974）

『新版注釈民法(1)-(4)総則』（有斐閣・1991-2015）

『新注釈民法(1)』（有斐閣・2018）

司法研修所編『改訂　新問題研究　要件事実』（法曹会・2023）

司法研修所編『4訂　紛争類型別の要件事実』（法曹会・2023）

司法研修所編『増補　民事訴訟における要件事実　第一巻』（法曹会・1986）

『最高裁判所判例解説　民事篇』（法曹会）

潮見佳男ほか編『民法判例百選Ⅰ総則・物権［第９版］』（有斐閣・2023）

● 第1編 ● 民法入門　　　　　　1

第1章　民法の意義————3

第2章　民法の全体像————5

第3章　民法を学ぶための基礎知識————12

第2章 無権代理――219

1 意義…………219
2 無権代理行為の効果…………219
3 無権代理行為の追認・追認拒絶…………220
(1)追認の意義　(2)追認の効果　(3)追認権者
(4)追認の性質・方法・相手方　(5)追認拒絶
4 相手方保護のための制度…………222
(1)総説　(2)相手方の催告権　(3)相手方の取消権
5 無権代理人の責任…………224
(1)意義　(2)要件　(3)効果　(4)表見代理との関係
6 無権代理と相続…………226
(1)単独相続の場合　(2)共同相続の場合
(3)無権代理人の死亡後に本人が死亡した場合
(4)無権代理人が本人の成年後見人に就職した場合
7 無権代理人が本人から権利を取得した場合…………234

第3章 表見代理――235

1 表見代理総論…………235
(1)意義　(2)種類　(3)効果
2 権限外の行為の表見代理…………236
(1)意義　(2)要件　(3)夫婦の一方による代理行為
(4)無権代理人を本人と誤信した場合
3 代理権授与表示による表見代理…………247
(1)意義　(2)109条1項の表見代理　(3)109条2項の表見代理
(4)白紙委任状の交付　(5)法定代理への適用の有無
4 代理権消滅後の表見代理…………255
(1)意義　(2)112条1項の表見代理
(3)112条2項の表見代理

論証カード 一覧

第 **1** 編

民法入門

　司法試験の世界では、古くから「民法を制する者は司法試験を制する」と語り伝えられている。

　では、民法を制するためにはどうすればいいのだろうか。それは、「民法の全体像」を、民法の学習を開始した当初から、また、学習中も逐一、しっかりと意識していくということに尽きる。

　本編では、その「民法の全体像」を概説する。これから民法を学んでいく際の最も重要な核となる部分なので、気合いを入れて学んでいこう。

民法の意義

民法は、私法の一般法と定義される。まずはこの定義を解きほぐしておこう。

---

1. 私法と公法 B

まず、民法は私法のうちの1つである。

私法とは、私人間の法律関係を定める法をいう。法律関係とは、権利・義務関係のことだと思っておけばよい。

たとえば、AがBに対して土地を1000万円で売った場合、AはBに1000万円を支払えと請求できるし、BはAに土地を明け渡せと請求できるはずである。このような、私人間の権利・義務関係を定めた法を私法というわけである。

この私法の対概念は、公法である。

公法とは、国家と私人との関係、および国家の機関の組織などを定める法をいう。

たとえば、刑法は、国家が有する刑罰権を私人に対して行使するための要件、および国家が有する刑罰権を私人に対して行使した場合の効果を定めた法である。この刑法は、国家と私人との間の関係を定めた法であるから、公法にあたる。

```
        国家
       ↗   ↖
   公法       公法
     ↙          ↘
私人 ← 私法 → 私人
```

2. 一般法と特別法　B

次に、民法は、私法の一般法である。

一般法とは、一般的・原則的に適用される法をいう。すなわち、民法は、私人間の法律関係に一般的・原則的に適用される法なのである。

この一般法の対概念は、特別法である。

特別法とは、特定の人や場合等にのみ適用される法をいう。

たとえば、商法という法律は、私人間の法律関係のうち、商人という特定の私人や、商行為という特定の行為が行われた場合にのみ適用される法律であるから、私法の特別法にあたる。

　　たとえば、AがBに対してお金を貸した場合について、民法では、貸主Aは借主Bに対して利息を請求できないのが原則とされています（589条）。民法では、お金の貸し借りは無利息で行うのが原則とされているのです。

　　ところが、同じくAがBに対してお金を貸した場合であっても、AやBが商人という特殊な人だった場合は、話が変わってきます。その場合には、商法という特別法が適用され、貸主Aは借主Bに対して当然に利息を請求することができることになるのです（商法513条1項）。ちなみに、商人の定義については商法4条1項を、また、その定義の中に出てくる商行為の意義については商法501条、502条を参照してみてください。

　　このように、商法のような特別法は、一般法である民法の規定を、特定の人や場合等についてだけ修正する法です。

　　そして、民法は、こうした特別法がない限り、私法の領域に必ず適用される法律です。その点で、民法は、およそ私法の基礎中の基礎たる法律なのです。

第 2 章

民法の全体像

1. 財産法と家族法　　　　　　　A

　民法典は、第1編総則、第2編物権、第3編債権、第4編親族、第5編相続という5つのパートに分かれている。各自の六法の目次で確認しておこう。

　これらのうち、第2編・第3編を財産法、第4編・第5編を家族法という。

　そして、第1編の民法総則は、財産法と家族法に共通して適用されうる事項を定めたパートである。

2. 財産法の概略

　以上のように、民法は財産法と家族法からなるが、試験対策としては、財産法の学習が最も重要である。

　そこで、財産法の概略を、第1編総則も含めて説明しておこう。

1　物権法 ） A

　まず、民法典の第2編は、物権について定めたパートである。このパートは、講学上、物権法とよばれる。

ア　物権の意義

物権とは、人の物に対する権利のことである。

この物権にはさまざまな種類があるが、所有権（206条）がその典型である。

【物権の図】

たとえば、Aが自分の土地を持っている場合、その土地という「物」（民法上、土地や建物といったいわゆる不動産も「物」にあたる）に対して、所有権という物権を有している。

本書では、物権を、物に対する先が丸い線で図示する。

イ　特定物に対する所有権の移転時期

ここで、物権法のイメージをもってもらうために、物権法の典型的な論点である「特定物に対する所有権の移転時期」の問題について、簡単に検討しておこう。

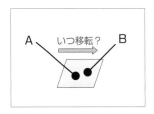

たとえば、Aが、A所有の土地をBに売ったとする。その場合、Bはいつの時点でその土地の所有権を取得するのだろうか。

この点につき、物権法の総則の規定である176条は、「物権の設定及び移転は、当事者の意思表示のみによって、その効力を生ずる」と定めている。「意思表示」とは、思っていることを口に出して言うこと、くらいのイメージで今はよい。

そして、判例・通説は、この176条を素直に解釈・適用する。その結果、Bが土地の所有権を取得するためには、代金の支払いも、契約書の作成も、登記名義の移転も必要でないことになる。「売ります」と言っているAに対して、Bが「買います」と口に出して言うだけで、Bはその土地の所有権を取得するのである。

> **登記**というのは、法務局という役所が管理している、土地や建物の所有者の氏名等が記載された帳簿のことだとイメージしておいてください。この登記を見れば、誰が所有者なのか等が一応確認できるようになっているのですが、所有権の移転には、この登記名義の移転（変更）は不要と解されているわけです。

物権法では、このように、人の物に対する権利の移転や発生・消滅等に関する問題を学ぶわけである。

2　債権法　Ⓐ

次に、民法典の第3編は、債権について定めたパートである。このパートは、講学上、債権法とよばれる。

ア　債権の意義

債権とは、人の人に対する権利のことだと思っておいてほしい。

【債権の図】

たとえば、AがBに物を売った場合、AはBに「代金を支払え」と求める権利を有するはずである。この権利が債権である。

また、AがBに「代金を支払え」と求める権利を有しているということは、同時に、BはAに代金を支払う義務を負っているということでもある。このような、債権の裏返しの義務のことを、債務という。

本書では、債権・債務を、債権者から債務者に向かう矢印で図示する。

> 「この図の矢印は債権か、それとも債務か」と問われたら、「債権でもあり、債務でもある」と答えるしかありません。同じ1本の矢印を、債権者Aの側から表現した場合に「債権」、債務者Bの側から表現した場合に「債務」とよんでいるからです。

イ　債権の発生原因

ここで、債権の発生原因について説明しておこう。

債権法は、債権が発生する原因として、①契約、②事務管理、③不当利得、④不法行為の4つを定めている（民法典第3編第2章から第5章）。

債権の発生原因
- ①契約（2章）
- ②事務管理（3章）
- ③不当利得（4章）
- ④不法行為（5章）

（ア）契約

債権の発生原因のうち、最も重要なのは契約である。

契約とは、原則として2人以上の意思表示の合致によって成立する法律行為と定義される（522条参照）。

たとえば、AがBに対してA所有の自動車を「100万円で売る」と言い、BがAに対してA所有の自動車を「100万円で買う」と言ったとする。このことにより、契約の1つである売買契約（555条）が成立する。

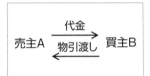

そして、その結果、売主であるAから買主であるBに対しては100万円の代金債権が、また、買主であるBから売主であるAに対しては自動車の引渡債権が、それぞれ発生する（555条）。

> ちなみに、A所有の自動車について、債権法の規定である555条の要件が満たされた場合は、物権法の規定である176条の「意思表示」という要件も満たされるのが通常です。したがって、代金債権や引渡債権の発生に加えて、さらにA所有の自動車の所有権がBに移転することになります。
>
> このように、1つの事例でも、**債権法と物権法が同時に問題となることが多い**のですが、これが、民法の難しいところでもあり、また、きわめて面白いところでもあるのです。

（イ）事務管理

事務管理とは、義務なくして他人のためにその事務を管理することをいう（697条）。「事務を管理する」とは、仕事をするという意味だと思っておいてほしい。

たとえば、台風が近づいてきている際に、Xが、海外旅行に出かけている隣人Yの留守宅の屋根が壊れているのを見つけ、誰から頼まれたわけでもないのに親切心から屋根の修繕という仕事をしてあげた、というのが事務管理の典型である。つまり、事務管理とは、平たくいえばおせっかいのことをいうわけである。

そして、事務管理が成立した場合、一定の要件を満たせば、事務管理のためにかかった費用の償還請求権という債権が発生することになる（702条1項）。

> たとえば、上の例のXが、Y宅の修繕費用として10万円を支出したとしましょう。
> この場合、XはYに対して10万円の支払いを請求したいわけですが、X・Y間で、Xが

（ウ）不当利得

不当利得とは、法律上の原因がないにもかかわらず、他人の財産または労務によって利得を受け、そのために他人に損失を及ぼした場合の利得のことをいう（703条）。

たとえば、Aの落としたお金をネコババしたBの利得が、不当利得の典型である。

そして、不当利得を得た者（受益者）は、その利得を損失者に返還しなければならない（703条以下）。すなわち、不当利得が生じた場合には、損失者から受益者に対して、不当利得返還請求権という債権が発生するのである。

（エ）不法行為

不法行為とは、原則として故意または過失によって、他人の権利や法律上保護される利益を侵害する行為をいう。

たとえば、YがXを殴って怪我をさせた、というのが不法行為の典型である。

不法行為をした者は、それによって生じた損害を賠償する責任を負う（709条以下）。すなわち、不法行為の被害者から不法行為者（加害者）に対して、損害賠償請求権（不法行為に基づく損害賠償請求権）という債権が発生するのである。

します。

　この場合、当然XはYに対して「お前のせいで1万円の治療費がかかった。だから1万円を支払え」と請求したいわけですが、X・Y間で「YがXに1万円を支払う」という契約が成立しているわけでもなく、また、Xに事務管理が成立するわけでもありません。よって、契約に基づく債権（➡8ページ（ア））や事務管理に基づく債権（➡8ページ（イ））は発生しません。

　さらに、Yが利益を得たというわけでもありませんから、不当利得に基づく債権（➡前ページ（ウ））も発生しません。

　しかし、Yの行為は不法行為といえることから、709条以下の規定により不法行為に基づく損害賠償請求権という債権が発生します。よって、XはYに対して「1万円を支払え」と請求することができるのです。

3　民法総則 ）Ａ

　最後に、本書のメインテーマである民法総則について説明する。

　民法典の第1編総則は、財産法との関係では、第2編物権と第3編債権に共通する事項を定めたパートである。

```
          ┌ 物権の濫用
「権利」の濫用 ┤
          └ 債権の濫用
```

　たとえば、第1編総則の条文である1条3項は、「権利の濫用は、これを許さない」と定めている。

　ここで着目してほしいのは、この条文の「権利」という文言である。すでに、私たちは物権と債権を概観したが、物権も債権も、ともに「権利」であることに変わりはない。ということは、1条3項は、物権であれ、債権であれ、およそ権利は濫用してはならないということを定めているわけである。

　また、たとえば所有権の移転原因等を定めた176条（➡6ページイ）も、売買契約による債権の発生を定めた555条（➡8ページ（ア））も、ともに意思表示をその要件としている。

```
176条の「意思表示」┐
               ├ その有効性
555条の「意思表示」┘  ：93条以下
```

　そして、民法総則の93条以下は、その意思表示の有効要件を定めているのである。

　以上のように、物権を考えるときも、債権を考えるときも、共通して問題となりうる事項につ

いて定めているのが、第1編総則（民法総則）である。

　　民法は、第2編以下でおおむね共通して問題となる事項を、因数分解のように前にくくり
だし、第1編・民法総則として規定しています。
　　そして、この方針は、「編」よりも小さいレベルにおいても採用されています。たとえば、
第2編の冒頭の「章」は、「第1章　総則」です。物権という編の中でおおむね共通する事
項をやはり前にくくりだして、物権法の総則として規定しているのです。
　　また、たとえば第3編債権の第2章契約の中の最初の「節」は、「第1節　総則」です。
債権発生原因としての契約におおむね共通する事項を、債権法の中の契約法の総則として
規定しているのです。
　　このように、民法は、共通する事項をできるだけ前にくくりだして総則として規定すると
いう構造を採用しています。このような条文の編さんの仕方を、**パンデクテン方式**といいま
す。

第 3 章

民法を学ぶための基礎知識

　本章では、もう少し踏み込んで、これから本格的に民法を学ぶうえで基礎となる知識を確認していく。

　覚えるべき内容が多く、面食らうかもしれないが、これらの知識がない限り、民法を理解することはできない。頑張って、一度読み通してみてほしい。また、本書の第2編以下の本格的な学習を始めた後にも、適宜、本章に戻って用語などを確認するようにしよう。

1. 民法総則の基礎知識

　民法総則は本書のメインテーマであるが、以下の事項については早めにイメージをもっておこう。

1 法律行為 A+

ア 意義

　法律行為とは、権利（物権・債権）を発生・変更・消滅させる私人の行為のうち、当事者の意思表示を要素とするものをいう。

　この法律行為には、契約、単独行為、合同行為の3つがあるが、そのうち最も重要なのが契約である。

> 　たとえば、A・B間でA所有の土地の売買契約が有効に成立すると、土地の所有権という物権が移転しますし（➡6ページイ）、債権が発生します（➡8ページ（ア））。加えて、売買契約は、意思表示をその要素としています。
> 　したがって、売買契約は、権利を発生・変更・消滅させる行為のうち、当事者の意思表示

以下では、契約を念頭において、その成立要件と有効要件について説明する。

イ 契約の成立要件

法律行為の1つである契約は、原則として意思表示の合致によって成立する（522条）。

たとえば「この絵画を100万円で売る」という売主Aの意思表示と、「この絵画を100万円で買う」という買主Bの意思表示とがあれば、売買契約はそれだけで成立する（555条）。単なる口約束でも、売買契約は成立するわけである。

また、意思表示の合致は、外形的な合致で足りる。それぞれの意思表示が、はたから見て合致していれば足り、申込者と承諾者の内心（真意）が合致していることは不要なのである。

ウ 契約の有効要件

しかし、契約が成立したとしても、常にその契約が有効であるとは限らない。

契約の内容や、契約の要素である意思表示になんらかの問題があった場合には、①その契約は無効とされたり、②有効ではあるものの、別途取消権が発生したりすることがあるのである。この点はきわめて重要である。

```
                ┌ 有効
契約の有効性  ┤ 無効
                └ 取消権の発生（不確定的に有効）
```

まず、①無効とされる契約の典型は、いわゆる愛人契約である。この愛人契約は、「公の秩序又は善良の風俗」（公序良俗）に反する契約であるため、90条によって無効とされている。

また、相手方と示し合わせたうえでの虚偽の意思表示（通謀虚偽表示）は、やはり無効とされている（94条1項）。たとえば、財産隠しのために、AとBが示し合わせて、その気もないのに、かたちのうえでAがBに対してAの土地を

売ったということにした場合、その意思表示（およびその意思表示を要素としている売買契約）は、成立はするものの無効なのである。

> ここで、「無効」というのは、「やってはいけない」とか「社会的に許されない」などといった意味ではありません。文字どおり、「法律上の効果が無い（生じない）」という意味です。
> たとえば、AとBの間で、Aが所有しているマンションをBに与えるかわりに、BがAの愛人として振る舞う、という愛人契約が成立したとします。この契約が有効ならば、その効果として、マンションの所有権はAからBに移ることになりますし、また、AからBに対して愛人として振る舞えという債権が、またBからAに対してマンションを引渡せという債権が、それぞれ発生することになります。
> しかし、そうした愛人契約は、90条によって無効です。したがって、マンションの所有権はBには移りませんし、AとBの間には何ら債権は発生しないことになります。これが「無効」という用語の意味なのです。今からしっかりと理解しておきましょう。

　次に、②取消権が発生する契約の典型は、詐欺による意思表示によって成立した契約である。

　たとえば、AがBにだまされて絵画を買った場合、Aはその売買契約を取り消すことができるとされている（96条1項）。売買契約はとりあえずは有効であるものの、Aのもとにその売買契約を取り消す権利（取消権）が別途発生するのである。

　そして、Aによって取消権が行使されると（すなわち、Aが「A・B間の売買契約を取り消す」との意思表示をすると）、A・B間の売買契約は、初めから無効であったものとみなされる（121条）。これを、取消しの遡及効という。

　したがって、取消権が発生した契約は、不確定的に有効である。

> 取消権の発生や取消しの遡及効はきわめて重要ですから、もう少し解きほぐしておきます。
> たとえば、AがBにだまされて、特定の絵画をBから買った場合でも、AとBの意思表示は合致していますから、売買契約は成立します（→ 前ページイ）。
> また、詐欺による意思表示は「取り消すことができる」とされているにとどまり、無効とはされていません（96条1項）。したがって、A・B間の売買契約は、とりあえずは有効です。絵画の所有権はBからAに移転するし（176条）、A・B間に代金債権や絵画の引渡債権が発生します（555条）。この点で、無効な契約とは異なります。
> しかし、BにだまされたAのもとには、別途、A・B間の売買契約の取消権が発生します（96条1項）。
> この取消権を行使するか否かは、取消権者であるAの自由です。もしAが取消権を行使しなければ、A・B間の売買契約は有効なままです。
> これに対し、Aが取消権を行使した場合には、A・B間の売買契約は、最初から無効だったことになります（121条）。過去の事実が塗り替えられ、絵画の所有権は一度もBからAに移転していないということになり、また、A・B間の各債権も最初から全く発生していな

いということになるのです。
　このように、取消権が発生した契約については、とりあえずは有効であるものの、後から遡及的に無効とされる可能性があります。そのため、取消権の発生した契約が有効か無効かと問われたら、「不確定的に有効」というべきことになるわけです。

2　代理　A

ア　意義

　ここまでは、法律行為ないし意思表示が、当事者本人によって行われる場合を前提としてきた。

　しかし、実は法律行為ないし意思表示は、常に当事者本人によって行われるとは限らない。当事者本人に代わって、代理人によって行われることもしばしばあるのである。

　たとえば、Bに甲土地を100万円で売ろうと考えているAが、自らの代理人としてXを選任したとしよう。この場合、Aの代理人であるXは、Aに代わって、「甲土地を100万円で売る」との意思表示をBに対して行うことができる。

　そして、このXによる意思表示の後、BがXに対して「甲土地を100万円で買う」との意思表示をした場合は、A・B間で土地の売買契約が成立することになるのである（99条）。

　この場合の、Aを本人、Xを代理人、Bを相手方という。代理人による意思表示が認められているということと、この3つの用語は、今からしっかりと覚えておこう。

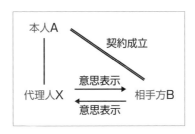

イ　代理権の発生原因

　では、いかなる場合に、代理人に代理権が発生するのだろうか。

（ア）任意代理

　まず、本人の授権（意思表示）によって、代理人に代理権が発生する場合がある。前ページ**ア**の例も、この場合にあたる。

　このように、代理人の代理権が本人の授権によって（すなわち本人の意思によって）発生する場合を、任意代理という。

（イ）法定代理

　次に、代理権は、法律の規定（条文）によって、当然に一定の者に与えられている場合がある。本人の授権（意思表示）がないのに、代理権が発生する場合が定められているわけである。

　このように、民法の規定によって（すなわち本人の意思によらずに）発生する場合を、法定代理という。

　　たとえば、未成年者Ａの親権者Ｂには、Ａの授権（意思表示）によらずに、824条本文という規定（条文）によって、当然にＡを代理する代理権が与えられています。Ａが「Ｂに代理権を与える」などと言わなくても、当然にＢには代理権が認められているわけです。したがって、たとえばＢはＡを代理して、Ａが有する土地をＣに有効に売却することができます。

　　ちなみに、824条本文については、現時点ではその内容そのものは気にしないでOKです。現時点で大切なのは、824条本文などのような民法の規定（条文）によって、自動的に一定の者に代理権が与えられている場合があるのだという点、およびそのような場合を法定代理というのだという点です。これらの点を、しっかりとおさえておきましょう。

3　善意・悪意 　A

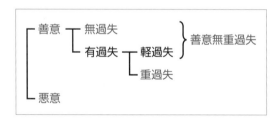

　次に、善意・悪意という用語について説明する。

　民法を学んでいると、しばしば善意・悪意という用語が出てくる。しかし、この善意・悪意という用語は、一般的な意味とは異なる意味で用いられている。

　まず、善意とは、ある事実を知らないことをいう。「よかれと思って」などの

道徳的・倫理的なニュアンスは、そこには含まれていない。

　また、悪意とは、ある事実を知っていることをいう。「意地悪をしようと思って」などのニュアンスは、やはりそこには含まれていない。

　この善意・悪意の意味は、今からしっかりと記憶しておこう。

> 　法律の世界では、一般的に日常で用いているのと同じ用語が、日常とは全く異なった意味で用いられていることがよくあります。そうした用語については要注意です。通常の日本語の感覚を用いて理解しようとすると、必ず誤解が生じることになるからです。法律用語は一種の外国語だと割り切って、１つひとつ覚えていくようにしましょう。

　また、善意は、過失の有無によって善意無過失と善意有過失に区別され、善意有過失は、さらにその過失の程度によって善意軽過失と善意重過失に区別される。

　そして、善意無過失と善意軽過失とをあわせて、善意無重過失という（前ページの図を参照）。

> 　善意無過失とは、善意、すなわちある事実を知らない（気づいていない）ということについて、全く落ち度がない場合をいいます。
> 　また、善意軽過失とは、かなり注意をしたが最後の詰めが甘かったために気づいていない場合をいい、善意重過失とは、少しの注意すらしなかったために気づいていない場合をいいます。
> 　それぞれのイメージを早めにもっておきましょう。

4　物の種類) A

　最後に、物権の対象となり、また債権の内容となることもある「物」について、説明しておこう。

ア　不動産と動産
　民法における「物」は、およそ不動産と動産に分かれる（86条1項、2項）。
　不動産の典型は、土地と建物である。
　動産とは、不動産以外のすべての物（たとえばカメラや自動車）のことである。

イ　特定物と不特定物
　また、「物」は、特定物と不特定物に分かれる。

特定物とは、当事者が個性に着目した物をいう。たとえば、土地や建物、中古の自動車などは、通常は特定物にあたる。

不特定物とは、当事者が個性に着目していない物をいう。たとえば、新品の自動車は、通常は不特定物にあたる。

> 　Aが中古車店Bに行き、展示されていた中古自動車を指して「これをください」と申し込み、Bが承諾したとします。この場合、Aは展示されているその自動車そのものを購入する意思を表示し、中古車店Bはそれを承諾する意思を表示したわけですから、展示されているその自動車そのものという特定物についての売買契約が成立します。したがって、買主であるAは、その自動車そのものを引き渡せという債権を取得します（555条）。このようなAの債権を、**特定物債権**といいます。
> 　他方、Aが新品の自動車を買おうと思って自動車店Cに行き、展示されていた自動車を指して「これをください」と申し込み、Cが承諾したとします。この場合、Aは展示されているその自動車自体を購入する意思を表示したわけではなく、あくまでも展示されているその自動車と同じ種類の新しい自動車という不特定物を購入する意思を表示したと評価するのが通常です。したがって、A・C間には、その自動車と同じ種類の新品の自動車という不特定物についての売買契約が成立することになり、Aはその自動車と同じ種類の新しい自動車を引き渡せという債権を取得します（555条）。このようなAの債権を、**不特定物債権**といいます。

2. 物権法の基礎知識

1　物権的請求権　Ａ

ア　意義

物権は、物に対する権利であり、人に対する権利ではない。

しかし、いくら物に対する権利といっても、物権が他人によって侵害されたり、侵害されそうになったりしているにもかかわらず、その他人に対して何も請求することができないのでは、物権は絵に描いた餅になってしまう。

そこで、明文はないものの、所有権などの一定の物権から、物権的請求権という人に対する権利が派生的に認められると解されている。

たとえば、Aの所有地をBが不法に占有している場合には、Aは、所有権に基づいて「その土地を返せ」とBに対して請求することができるのである。

イ 種類

　この物権的請求権には、①物権的返還請求権、②物権的妨害排除請求権、③物権的妨害予防請求権の 3 つがあると解されている。

種類	問題となる場面	具体例
①物権的返還請求権	物権が占有によって侵害されている場合	不法占有
②物権的妨害排除請求権	物権が占有以外によって侵害されている場合	勝手に登記
③物権的妨害予防請求権	物権が侵害されるおそれがある場合	隣地が崩れるおそれ

　①物権的返還請求権は、物権が占有によって侵害されている場合に、その物の返還を請求する権利である。たとえば、土地の不法占有者に対して、土地の所有者が「その土地を返せ」と請求する場合がこれにあたる。

　　この物権的返還請求権は、様々な物権に基づいて認められますが、最も重要なのが**所有権に基づく返還請求権**です。
　　所有権に基づく返還請求権の要件は、①**自己**がその物を**所有**していること、②**相手方**がその物を**占有**していること、③相手方に**占有権原がない**ことです。これは今からしっかりと覚えておいてください。
　　具体的には、たとえばAがBを被告として、甲土地の所有権に基づき、甲土地の返還を請求する訴訟を提起した場合、Aは①Aが甲土地を所有していること、および②Bが甲土地を占有していることを主張・立証する必要があります。そして、これらが主張・立証された場合には、Bが③賃借権や地上権などの占有権原（占有を正当化する権原）があることを主張・立証しない限り、Aの請求は認容されることになります。

　②物権的妨害排除請求権は、物権が占有以外の方法で侵害されている場合に、その妨害の排除を請求する権利である。たとえば、A 所有の土地の登記名義が、勝手に B 名義にされている場合に、A が B に対して「B 名義の登記の抹消手続をせよ」と請求する場合がこれにあたる。

　　A の所有地の登記名義が勝手に B 名義にされている場合は、土地に対する A の所有権が、B 名義の登記という「占有以外の方法」によって侵害されていることになります。したがって、A は B に対して、所有権に基づく妨害排除請求権に基づいて、B 名義の登記の抹消を請求することになるわけです。

　③物権的妨害予防請求権は、物権が侵害されるおそれがある場合に、その予防を請求する権利である。たとえば、隣地の崖が A の所有地へ崩れてきそうになっている場合に、A が隣地の所有者に対して「予防工事をせよ」と請求する場合がこれにあたる。

2 物権変動の原因 A

物権変動とは、物権の発生・変更・消滅をいう。AからBへの所有権の移転がその典型である。

この物権変動は様々な原因によって生じるが、それらの原因の中で最も重要なのが、176条が定める当事者の意思表示である。

この176条のように、物権変動が当事者の意思表示のみで生じるとする制度を、意思主義という。

> これに対し、たとえばドイツ法では、登記をしてはじめて所有権が移転すると定められています。このドイツ法のような制度を、**形式主義**といいます。

3 対抗要件主義（177条、178条） A⁺

物権変動については、上記の意思主義に加えて、対抗要件主義が採用されている。

まず、①不動産に関する物権の取得などは、登記をしなければ、それを「第三者」に対抗することができない（177条）。

また、②動産に関する物権の取得などは、引渡しがなければ、それを「第三者」に対抗することができない（178条）。

この登記や引渡しのように、物権の取得などを第三者に対抗するために要求される要件を、対抗要件という。

民法が、不動産については登記、動産については引渡しを対抗要件としていることは、今から確実に覚えておこう。

> 177条や178条の「対抗」とは、**主張**という意味です。
> たとえば、AがBにA所有の土地を売った場合、Bはその土地の所有権を取得するのですが（176条）、その旨の登記（所有権移転登記）をしない限り、Bは177条の「第三者」に対して「自分が所有者だ」と主張することができません。動産を買い、その所有権を取得した場合も、その動産の引渡しを得ない限り、178条の「第三者」に対して「自分が所有者だ」と主張することはできません。
> このように、民法では、**物権を取得したかどうか**ということと、それを**「第三者」に主張**できるかどうかということとは、**別問題**として考えていきます。最初はピンと来づらい箇所ですが、これは物権法の基礎中の基礎です。今からしっかりと覚えておきましょう。

4　177条の「第三者」の意義　A⁺

では、177条や178条の定める「第三者」とは、どのような者を指しているのだろうか。ここでは、177条の「第三者」について説明しよう。

> 不動産の物権を取得した者は、**177条の「第三者」**に対してその物権の取得を主張するには登記が必要です。
> しかし、その反面、**177条の「第三者」以外の者**に対しては、**登記がなくても**物権の取得を主張することができると解されています。そこで、177条の「第三者」とは、具体的にいかなる者なのかが、きわめて重要な問題となってくるのです。

ア　意義

判例によれば、177条の「第三者」とは、①物権変動の当事者もしくはその包括承継人以外の者であって、②不動産に関する物権の得喪や変更の登記の欠缺（不存在）を主張する正当の利益を有する者をいう（**大連判明治41・12・15百選I 50**）。

この定義は超重要基本知識である。赤字にした部分は、今からしっかりと覚えておこう。

> 民法を学んでいると、よく「第三者」という用語が出てきます。
> しかし、一言に「第三者」といっても、177条の「第三者」、94条2項の「第三者」、96条3項の「第三者」、110条の「第三者」、545条1項ただし書の「第三者」などは、それぞれ意味が異なります。
> したがって、「第三者」という用語が出てきたら、**何条の「第三者」を指しているのか**をしっかりと意識するのがコツです。そうすれば、無用な混乱は避けられるはずです。

イ　具体的検討

この判例の定義を前提として、177条の「第三者」の範囲についてもう少し具体的に検討してみよう。

（ア）当事者とその包括承継人

たとえば、AがBにA所有の甲土地を売ったが、登記名義はAのままであり、Bは未だ登記を備えていないとする。

まず、前提として、Bは甲土地の所有権をAから取得している（176条）。では、Bはその所有権の取得を、登記なくしてAに対抗できるか。

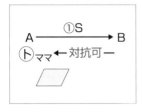

　この点、Aはその土地の所有権の移転の「当事者」であるから、BにとってAは177条の「第三者」にあたらない。よって、BはAに対して、登記なくして所有権の取得を対抗することができる。

　では、A・B間の売買契約の後に、Aが死亡し、Aの地位をCが相続した場合、BはCに対して、登記なくして所有権の取得を対抗できるか。

　この点、CはAの相続人であるから、当事者の「包括承継人」にあたる。よって、BにとってCは、やはり177条の「第三者」にあたらない。BはCに対して、登記なくして所有権の取得を対抗することができる。

（イ）不法占有者

　では、同じくAがBにA所有の甲土地を売った事例で、甲土地をXが不法に占有していた場合、Bにとって、その不法占有者Xは177条の「第三者」にあたるか。

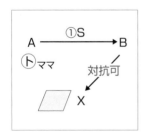

　まず、不法占有者Xは、Bにとって、所有権の移転の「当事者」ではなく、当事者の「包括承継人」でもない。

　しかし、BがXに対して所有権の取得を主張した際に、不法占有者であるXが、Bの登記の欠缺（不存在）を主張するのは、もちろんおかしい。すなわち、XはBの「登記の欠缺を主張する正当の利益」を有さないというべきである。

　したがって、Bにとって不法占有者Xは177条の「第三者」にはあたらず、BはXに対して、甲土地の所有権の取得を登記なくして対抗することができる。具体的には、「ここは私の土地だから、お前は出て行け」と主張することができるわけである（所有権に基づく返還請求権 ➡ 19ページイ）。

（ウ）二重譲渡の第二譲受人

　事例を変えてみよう。

　たとえば、AがBに甲土地を売却したとする。その後、Bが登記を備えるよりも前に、Aが甲土地をCにも売却したとしよう。このような二重の売買などのことを、二重譲渡という。

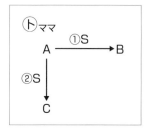

a 不完全物権変動

　ここで、177条の「第三者」の話に入る前に、少しだけ前提事項を確認する。

　上の例の第二譲受人Cは、実は、不完全ながらも甲土地の所有権を取得する。

　確かに、AがBに甲土地を売却した時点で、AからBに甲土地の所有権が移転している（176条）。しかし、Bの所有権取得は、177条の「第三者」には未だ対抗することができないという点で、不完全なものである。そのため、Bが登記を備えるまでは、売主であるAのもとにも、甲土地についての不完全な所有権が残っていると考えていく。そして、Aは、その不完全な所有権を、Cに対しても移転することが可能であると考えていくのである。このような考え方を、不完全物権変動説という。

　そして、その結果、BもCも、不完全ながらもAから所有権を取得しているという奇妙な状態が生じるのである。

> この不完全物権変動説について、あまり頭を悩ませる必要はありません。ピンと来ない人は、第一譲受人が対抗要件を備える前であれば二重譲渡が可能なのだ、という結論だけをとりあえずおさえておきましょう。

b 177条の「第三者」への該当性

　では、第一譲受人Bは、第二譲受人Cに対して、登記なくして所有権の取得を対抗できるか。Bにとって、第二譲受人Cが177条の「第三者」にあたるかが問題となる。

　まず、Cは、AからBへの所有権の移転の「当事者」ではなく、「当事者」であるAの「包括承継人」でもない。そこで、残る問題は、「（Bの）登記の欠缺を主張する正当の利益」がCにあるか否かである。

　この点につき、判例は、CがA・B間の売買について善意だった場合はもとより、悪意だった場合でも、原則としてCには「（Bの）登記の欠缺を主張する正当の利益」があるとしている（大判明治38・10・20民録11-1374、最判昭和32・9・19民集11-9-1574）。

　すなわち、二重譲渡の第二譲受人Cは、その善意・悪意を問わず、第一譲

受人Bにとって、原則として177条の「第三者」にあたると解されているわけである。

したがって、Bは、登記なくして所有権の取得をCに対抗することはできない。

> 民法が前提とする自由競争のもとにあっては、すでにBに売却済みであることをCが知っていたとしても、CはAからその土地を買ってもいいはずだ、と判例は考えていきます。そのため、Cには、たとえ悪意であっても、原則としてBの登記の欠缺を主張する正当の利益がある、と解されているのです。

c 対抗関係

以上に加え、Cもまた、登記なくして所有権の取得をBに対抗することはできない。

なぜなら、Bは甲土地の所有権を不完全ながらも取得している以上、Bには「（Cの）登記の欠缺を主張する正当の利益」があるといえ、CにとってBは177条の「第三者」にあたるからである。

したがって、甲土地の所有権をめぐるBとCの勝負は、結局はどちらが先に登記を備えるのかによって決まることになる。このような関係を、対抗関係という。

ウ 他人物売買

以上の二重譲渡と似て非なるものとして、他人物売買がある。便宜上、ここで説明しておこう。

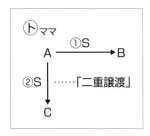
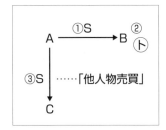

（ア）二重譲渡と他人物売買

たとえば、AがBに甲土地を売却した後、Bが登記を備える前に、AがさらにCに甲土地を売却したとする。この場合、AによるB・Cへの二重譲渡にあ

たり、B・C間については 177 条によって処理することになる（➡ 22 ページ（**ウ**））。

　では、A が B に甲土地を売却し、B が登記を備えた後に、A がさらに C に甲土地を売却した場合はどうか。

　この場合、B が登記を備えた時点で、B は完全な所有者となり、その反面、A は所有権を完全に失う。したがって、その後になされた A から C への譲渡は、B 所有の土地を、無権利者である A が C に勝手に売却したということになる。このような売買を、二重譲渡と区別して、他人物売買という。

（イ）他人物売買の効果

　では、そのような他人物売買は、いかなる効果を有するのか。

　実は、他人物売買も、債権発生原因としての売買契約（555 条）という面では、完全に有効である（561 条）。C から A に対して「B から甲土地を取得してこっちに引き渡せ」と請求する債権が発生するし、また、A から C に対して「代金を支払え」と請求する債権が発生するわけである。

　しかし、所有権の移転原因としての意思表示（176 条）としては、もちろん無効である。したがって、他人物売買の買主は、原則として所有権を取得できない。不動産については 94 条 2 項の類推適用（➡ 159 ページ 4.）により、また、動産については 192 条の適用（➡ 32 ページ**イ**）等により、それぞれ例外的に所有権を取得することがあるにとどまる。

> 　二重譲渡になるのか、それとも他人物売買になるのかは、A から C への譲渡が、B が対抗要件を備える前になされたのか、それとも備えた後になされたのかによって決まります。そうしたちょっとした違いによって、その後の処理が大きく異なってくるわけです。両者の違いを、しっかりと頭に入れておきましょう。

5　物権各論　Ａ

　以上で学んだ 177 条に関する議論は、177 条が「第 2 編　物権」の「第 1 章　総則」におかれた規定であることからも明らかなように、様々な物権におおむね共通する総論的な内容である。

　これに対し、民法は「第 2 編　物権」の「第 2 章」以下の章において、個々の物権について個別に規定をおいている。この部分を、講学上、物権各論という。

　民法上の物権は、オールマイティな物権である所有権と、所有権の一部の機

能だけを有する制限物権に大別される。そして、制限物権は、さらに用益物権と担保物権に分かれる。

また、これらの物権と異なる特殊な物権として、占有権がある。

以下、それぞれの物権を概説する。

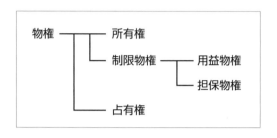

ア　所有権

所有権は、その目的物の使用・収益・処分のすべてをすることができる物権である（206条）。

たとえば、Aが甲建物に対する所有権を有している場合、Aは甲建物に住んでもいいし（使用）、甲建物を人に貸して賃料を得てもいい（収益）。さらに、甲建物を売却してもいいわけである（処分）。

このように、所有権は、オールマイティな物権といえる。

イ　用益物権

これに対し、用益物権は、使用・収益・処分のうち、使用や収益のみすることができる物権である。

用益物権には、①地上権（265条）、②永小作権（270条）、③地役権（280条）などがある。

> 地上権は、その目的（対象）である他人の土地の上に、建物を建築して所有することなどができるという物権です。
> 永小作権は、その目的である他人の土地を使って、農作物の耕作などができるという物権です。
> 地役権は、ある土地の価値を高めるべく、他の土地を使うことができるという物権です。たとえば、自己の所有地に隣接する他人の所有地を通る権利である通行地役権などがその典型です。
> 詳しくは物権法で学びますが、それぞれについて大体のイメージはもっておきましょう。

ウ　担保物権

　担保物権は、債権の履行を確保するために、債権の弁済があるまで他人の所有物を留置したり、他人の物から優先弁済を受けたりすることのできる物権である。

　民法が定める担保物権は、①留置権（295条）、②先取特権（303条）、③質権（342条）、④抵当権（369条）の4つである。

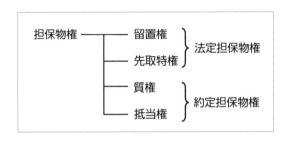

　これらのうち、①留置権と②先取特権は、当事者の意思表示の合致によらず、法律の定めた要件さえみたせば発生する。そのため、法定担保物権とよばれる。

　他方、③質権と④抵当権は、当事者の意思表示の合致を必要条件として発生する。そのため、約定担保物権とよばれる。

　以下では、法定担保物権の典型である①留置権と、約定担保物権の典型である④抵当権について概説する。

（ア）留置権

　留置権とは、他人の物の占有者がその物に関して生じた債権を有するとき、その債権の弁済を受けるまでその物を留置する権利をいう（295条1項本文）。

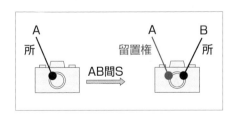

　　　　　　　　　　　　　　　　たとえば、AがBに中古のカメラを売ったとする。

　　　　　　　　　　　　　　　　この場合、カメラの所有権はAからBに移り、Aは所有権を失う（176条）。しかし、Aは、所有権を失うかわりに、そのカメラに対して留置権

という担保物権を、法律上当然に（すなわちA・Bの合意によらずに）新たに取得するのである。

そして、Aが取得するこの留置権は、占有権原（→ 19 ページ上のコラム参照）の１つである。すなわち、Aは、そのカメラに関して得た債権である代金債権の弁済を受けるまでは、そのカメラを留置しておく（手元においておく）ことができる。

そのため、カメラの引渡しを望むBは、自らが負う代金債務の履行を間接的・心理的に強制されることになる。いいかえれば、留置権によって、Aの代金債権が履行（弁済）される可能性が高まるわけである。

（イ）抵当権

抵当権とは、その目的物の占有を設定者のもとにとどめつつ、その交換価値を把握する権利をいう（369条）。この抵当権は、担保物権の中で最も重要である。

a　抵当権の発生原因——抵当権設定契約

抵当権は、留置権とは異なり、約定担保物権である。すなわち、抵当権を設定する旨の当事者間の合意（抵当権設定契約）により、抵当権は発生する。

たとえば、XがAに金を貸す際に、その貸金債権（貸した金を返せと請求する債権）の弁済を確実なものとするべく、Aとの間でAが所有する甲建物を目的（対象）とする抵当権の設定契約を締結することがある。この抵当権設定契約により、Xは甲建物に対する抵当権を取得するわけである。

b　抵当権に関する用語

上の例で、Xを抵当権者、Aを抵当権設定者、XからAへの貸金債権を被担保債権という。

また、Aは、甲建物につき、債権者Yのために、さらに抵当権を設定することができる。この場合のXの抵当権を先順位抵当権（１番抵当権）、Yの抵当権を後順位抵当権（２番抵当権）という。

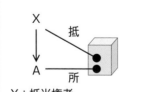

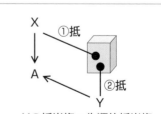

さらに、Aは、抵当権の目的となっている甲建物を、第三者であるBに売却することもできる。この場合のBを、第三取得者という。

また、Xは、債務者A以外の者との間でも、Aに対する貸金債権を被担保債権とする抵当権の設定契約を締結することができる。たとえば、Aの父であるCとの間で、C所有の乙土地を目的とする抵当権設定契約を締結することができるのである。この場合のCを物上保証人という。

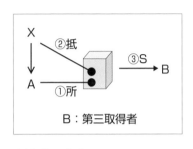
B：第三取得者

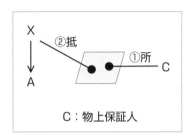
C：物上保証人

c 抵当権の内容

では、Xが取得する抵当権とは、いかなる物権なのだろうか。

第1に、抵当権は、①その目的物の占有を設定者のもとにとどめる物権である。

すなわち、抵当権者であるXは、抵当権の目的である甲建物や乙土地を占有しない。所有者であるAやCは、甲建物や乙土地について自由に使用などをすることができる。

第2に、抵当権は、②その目的物の交換価値を把握する物権である。

すなわち、期限をすぎても被担保債権の弁済がない場合には、Xは、甲建物や乙土地に対する抵当権を実行することができる。抵当権が実行されると、甲建物や乙土地は強制的に競売（オークション）にかけられる。そして、競売の買受人（競り落とした人）が支払った代金から、Xは他の債権者に先立って、優先的に被担保債権の弁済を受けることができる。これが、「交換価値を把握する」ということの意味である。

以上のように、抵当権は、①目的物の占有を設定者のもとにとどめつつ、②その交換価値を把握する担保物権である。このことはしっかりと覚えておこう。

d 債権者平等原則と優先弁済的効力

ここで、②の点について、前提事項を含めてもう少し詳しく説明しておく。

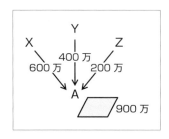

　たとえば、債務者 A に対して、X が 600 万円、Y が 400 万円、Z が 200 万円の債権をそれぞれ有しているとする。ただし、X・Y・Z は、ともに抵当権などの担保物権を有さない一般債権者だとしよう。

　そして、債務者 A の有する唯一の財産である甲土地に対し、X が強制執行を行ったところ、甲土地が 900 万円で売れたとする。

　この場合、債権者である X・Y・Z は、この 900 万円を、それぞれの債権額に応じて平等に分け合うことになる。これを、債権者平等原則という。

　具体的には、甲土地の代金である 900 万円から、X が 450 万円（900 万円×600 万円／1200 万円）、Y が 300 万円（900 万円×400 万円／1200 万円）、Z が 150 万円（900 万円×200 万円／1200 万円）をそれぞれ取得することになるわけである。

　しかし、たとえば X が甲土地に対する抵当権を有しているのに対し、Y・Z は抵当権などの担保物権を有さない一般債権者である場合には、話が大きく異なってくる。甲土地に対する抵当権者である X は、買受人が支払う甲土地の代金 900 万円から優先的に被担保債権の弁済を受け、Y・Z はその後の残金を平等に分け合うことになるのである。これが、抵当権の②の内容、すなわち抵当権の優先弁済的効力である。

　具体的には、甲土地の代金である 900 万円から、X が 600 万円、Y が 200 万円（残金 300 万円×400 万円／600 万円）、Z が 100 万円（残金 300 万円×200 万円／600 万円）をそれぞれ取得することになるのである。

　また、X が甲土地に対する 1 番抵当権、Y が甲土地に対する 2 番抵当権を有しているのに対し、Z は抵当権などの担保物権を有さない一般債権者である場合は、まず X が、次いで Y が優先的に被担保債権の弁済を受けることになる。

　具体的には、甲土地の代金である 900 万円から、X が 600 万円全額を、次いで Y が残金 300 万円を取得し、Z の取り分はないということになる。

　このように、抵当権を有する債権者は、債権者平等原則を回避し、他の債権者に先立って優先弁済を受けることができるのである。しっかりと理解しておこう。

（ウ）担保物権の付従性

　留置権にせよ、抵当権にせよ、およそ担保物権は被担保債権を確実に回収するための物権である。

　したがって、被担保債権が発生していない限り、原則として担保物権は発生しない。たとえば、被担保債権の発生原因である契約が無効の場合、いくら抵当権設定契約を締結したとしても、抵当権は発生しない。これを、担保物権の成立における付従性という。

　また、被担保債権が弁済などによって消滅した場合には、それまで存在していた担保物権も消滅する。これを、担保物権の消滅における付従性という。

エ　占有権

　占有権は、物に対する占有という事実によって当然に発生する特殊な物権である。たとえ泥棒であっても、盗品につき占有権を有する。

　占有権の具体的内容については、物権法のテキストで説明する。

6　公示の原則と公信の原則　Ａ

　物権法の最後に、公示の原則と公信の原則について説明しておこう。

ア　公示の原則

　公示の原則とは、物権変動につき、外界から認識しうるもの（公示）を要求する制度をいう。

　所有権にせよ、抵当権にせよ、物権それ自体は目に見えない。そこで、取引の安全のために物権を目に見えるようにするための制度が、公示の原則である。

　　たとえば、ＡがＢから土地を買ったとしても、Ｂがその土地の所有者でない限り、Ａは所有権を取得できません。また、Ｂが本当に所有者だったとしても、その土地にＣの抵当権が付着していたのであれば、将来的に競売にかけられてしまう可能性があります。そこで、買主Ａとしては、誰が所有者なのか、また、抵当権が付着しているのか否か等を、土地を買う前に確認する必要があります。

　　しかし、所有権自体は目に見えませんから、現地に視察に行っても誰が所有者かわからないことが多々あります。ましてや、抵当権は占有を伴わない物権ですから（➡29ページc）、いくら現地に視察に行っても、抵当権の有無はまずわかりません。

　　そこで、誰が所有者なのか、また抵当権が付着しているのか否か等について、なんらかのかたちで目に見えるようにしておく必要があります。そこで採用されたのが、公示の原則で

す。

　日本の民法は、不動産については登記を、動産については引渡しを対抗要件
とするというかたちで、公示の原則を採用している（177条、178条）。

> 　この公示の原則と、対抗要件主義（➡ 20ページ **3**）とは、理念的には別の制度です。
> たとえば、公示はその性質上目に見えるものでなければなりませんが、対抗要件について
> は、立法論としては目に見えないものを対抗要件とすることも可能です。
> 　ただ、日本の民法では、目に見える登記や引渡しが物権変動の対抗要件とされていますか
> ら、対抗要件がそのまま公示の役割を果たすことになります。いいかえれば、177条や
> 178条は、対抗要件主義と公示の原則の両方を定めた規定ということができるわけです。

イ　公信の原則

　公信の原則とは、真の権利状態と異なる公示が存在する場合に、その公示を
信頼して取引した者に対し、公示どおりの権利状態があったのと同様の保護を
与える制度をいう。

　たとえば、虚偽の公示を信頼した他人物売買の買主は、この公信の原則が採
用されている場合には、他人物売買だったにもかかわらず目的物の所有権を取
得しうることになるわけである。

　ただし、日本の民法においては、公信の原則は不動産については採用されて
おらず、動産についてのみ採用されている（192条。即時取得という）。このこと
は、基礎知識として早めに押さえておこう。

　なお、不動産について公信の原則が採用されなかった理由は、①真実の権利
を反映していない登記が多く存在するため、登記に公信力を認めると真の権利
者が害されること、②動産に比べて不動産の取引は頻繁ではないため、取引の
相手方に慎重さを要求してもよいといえることにある。

3. 債権法の基礎知識

1 債務不履行) A

　たとえば、AがBに対して物の引渡債権や金銭債権を有しているとする。債務者Bが、これらをきちんと履行してくれれば何の問題もないが、債務者Bがきちんと履行してくれるとは限らない。

　では、債務者Bがきちんと履行しない場合、債権者Aはいかなる措置をとることができるのか。これが、債務不履行とよばれる問題である。

　債務不履行については、①履行遅滞、②履行不能、③その他の債務不履行の3つに大別する見解が有力である。ここでは、①と②について概説する。

ア　履行遅滞　改正

　履行遅滞とは、履行期に履行が可能であるにもかかわらず、履行期を経過した場合をいう（412条）。

　かかる履行遅滞にあたる場合、一定の要件を満たせば、①債権者は債権の強制執行が可能となる（414条1項）。

　また、一定の要件を満たせば、債権者のもとに、②損害賠償請求権（415条1項）や、③契約の解除権（全部解除につき541条および542条1項2号から5号、一部解除につき同2項2号）が発生することになる。

　　たとえば、家屋の売主であるXが、買主であるYに対して、約束の日になっても家屋を明け渡さなかったとします。この場合、家屋の引渡請求権者であるYは、一定の要件を満たせば、①強制執行により強制的に家屋を明け渡してもらうことが可能です。
　　また、明渡しがなされるまでの間、Yがホテル住まいを余儀なくされた場合は、そのホテル代につき、YはXに請求したいはずです。そして、債務者であるXに帰責事由があること（免責事由がないこと）などの要件がみたされる場合には、民法はこのYの請求を認めています。これが、②の履行遅滞に基づく損害賠償請求権です。
　　さらに、YがXに対して「家屋を明け渡せ」と催告したにもかかわらず、相当の期間が経過してもなおXが家屋を明け渡さない場合などには、③Yのもとに解除権という権利が発生します。そして、この解除権をYが行使した場合は、売買契約は遡及的になかったことになるのです。
　　なお、③の契約の解除権は、②の損害賠償請求権とは異なり、債務者であるXに帰責事

由があること（免責事由がないこと）は要件とされていません。たとえば415条1項と541条を対比してみてください。

また、③の契約の解除権は、履行遅滞となった債務が契約によって生じたものである場合にのみ発生し得ます。事務管理や不当利得、不法行為によって発生した債務が履行遅滞となっても、解除の対象となるべき契約がありませんから、契約の解除権はもちろん発生しません。

イ 履行不能 改正

履行不能とは、債務の履行が不能である場合をいう（412条の2）。

債務が履行不能の場合、債権者は、債務者に対してその債務の履行を請求することはできない（412条の2第1項）。これは当然である。

ただし、一定の要件をみたせば、債権者のもとに、①損害賠償請求権（415条1項）や、②契約の解除権（全部解除につき542条1項1号3号、一部解除につき同2項1号）が発生することになる。

たとえば、Aが所有する家屋をBが買う、という契約が締結された後、その家屋の引渡しの前に、その家屋が火事で燃えて消滅してしまったとします。この場合、BからAに対する家屋の引渡債権は、履行不能になります。そして、家屋は燃えて消滅してしまっている以上、BはAに対して家屋の引渡しを請求することはできなくなります（412条の2第1項）。

しかし、①債務者であるAに帰責事由があることなどの要件が満たされる場合には、BはAに対して、生じた損害の賠償を請求することができます（415条1項、2項1号）。

また、②Bのもとに、契約の解除権が発生します（542条1項1号）。債務者であるAの帰責事由の有無（免責事由の有無）を問わない点は履行遅滞の場合と同様です。

2 強制執行の準備 A

履行遅滞があった場合、債権者は強制執行をすることができる（➡ 前ページ
ア）。

しかし、いくら強制執行をしても、債務者に財産がなければ意味がない。

そこで、強制執行の対象となる債務者の財産（これを責任財産という）を確保し、強制執行を準備するために、民法は債権者に債権者代位権（423条）と詐害行為取消権（424条）を与えている。

これらの権利は、民法総則を学ぶうえでも重要である。概要を説明しておこう。

ア 債権者代位権

まず、金銭債権の債権者Aは、債務者Bが無資力（債務超過）である場合には、債務者BがCに対して有する権利を、債務者Bに代わって行使することができる（423条1項本文）。この債権者の権利を、債権者代位権という。

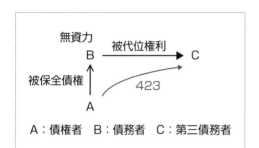

たとえば、無資力のBが、Cに対して土地の引渡請求権を有しているにもかかわらず、BがCに遠慮してこれを行使しないとき、Bに対して債権を有するAは、Bに代わって、BのCに対する土地の引渡請求権を行使し、「土地をBに引き渡せ」と請求することができる。そして、その請求の結果、Bに引き渡された土地に対して、Aは強制執行をすることになるわけである。

この場合のAからBへの金銭債権を被保全債権、BからCへの債権を被代位権利、Aを債権者、Bを債務者、Cを第三債務者という。上の図でイメージをもっておこう。

イ 詐害行為取消権

次に、金銭債権の債権者Aは、無資力の債務者BがCとの間でなした法律行為を、一定の要件のもと、取り消すことができる（424条1項）。この債権者の権利を、詐害行為取消権という。

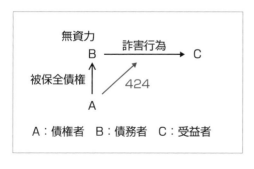

たとえば、無資力のBが、唯一の財産である土地をCに贈与したとする。このB・C間の贈与契約は、Bの債権者を害する行為といえる。そして、Bの債権者を害する行為であるということについてBおよびCが悪意だった場合には、Bの債権者であるAは、B・C間の贈与契約を取り消し、Cに対して土地のBへの返還を

請求することができる。そして、その請求の結果、Bのもとに戻された土地に対して、Aは強制執行をすることになるわけである。

　この場合のAからBへの金銭債権を被保全債権、取消しの対象となるB・C間の行為を詐害行為、Aを債権者、Bを債務者、Cを詐害行為の受益者という。上の図でイメージをもっておこう。

3　保証　Ａ

ア　意義

　債務の履行を確保するための手段として、すでに学んだ担保物権や債権者代位権、詐害行為取消権に加えて、保証という制度がある。

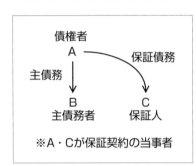

債権者
A
主債務　　　保証債務
↓
B　　　　　　C
主債務者　　　保証人

※A・Cが保証契約の当事者

　たとえば、AがBに100万円を貸す際に、Bに対する貸金債権を将来確実に回収できるように、債権者Aは、Cとの間で保証契約を締結することができる。

　かかる保証契約が締結されると、保証人Cは債権者Aに対して保証債務という債務を負う。また、この場合のBの債務を主債務（または主たる債務）、Bを主債務者（または主たる債務者）、Cを保証人という。

　そして、主債務者Bが主債務を履行しない場合には、債権者Aは、保証人Cに対して保証債務の履行を請求することができる（446条1項）。

イ　保証債務の付従性

　保証債務には、主債務との関係で付従性が認められる。この付従性の内容として重要なのは、以下の2つである。

　まず、①主債務が発生していない限り、保証債務も発生しない。たとえば、主債務の発生原因である契約が無効の場合、保証契約自体に瑕疵がなくとも、保証債務は発生しない。これを成立における付従性という。

　また、②主債務が消滅すれば、保証債務も消滅する。たとえば、主債務者が弁済したことにより主債務が消滅した場合には、保証債務も消滅することになる。これを消滅における付従性という。

ウ　連帯保証

　保証契約の際に、連帯保証の特約が締結されることがある。この連帯保証特約が締結された場合の保証人を、連帯保証人という。

　連帯保証人の責任は、通常の保証人と比べて重い。

　たとえば、保証債務の履行を請求してきた債権者に対して、連帯保証人は「まずは主債務者に請求してくれ」と主張することはできない（454条、452条）。

　また、連帯保証人は「主債務者に財産があるから、まずはその財産に強制執行してくれ」と主張することもできないのである（454条、453条）。

4　債権の消滅原因 ）A

　債権の消滅原因には様々なものがあるが、ここでは①弁済、②代物弁済、③相殺について説明する。

ア　弁済

　最も基本的な債権の消滅原因は、弁済である（473条）。

　たとえば、AからBに対して100万円の債権がある場合、Bが100万円をAに支払えば、Aの債権（＝Bの債務）は消滅する。XからYに対してカメラの引渡債権がある場合に、YがそのカメラをXに引き渡したときも、Xの債権（＝Yの債務）は消滅する。

イ　代物弁済

　次に、債権は代物弁済によっても消滅する（482条）。

　代物弁済とは、弁済をすることができる者が、債権者との間で、債務者の負担した給付に代えて他の給付をすることにより債務を消滅させる旨の契約をした場合において、その他の給付をすることをいう。

　たとえば、AからBに対して100万円の債権がある場合に、現金を有しないBが、Aとの間で、100万円の支払いの代わりにB所有の自動車をAに給付することにより100万円の債務を消滅させる旨の契約（合意）をしたうえで、Bが実際にその自動車をAに給付した場合が、代物弁済の例である。自動車の給付によって、100万円の債務が消滅するわけである。

　この代物弁済は、本来の弁済ではないため、当然ながら債権者との契約（合

意）がその要件となっている。この要件は早めに覚えておこう。

ウ 相殺

さらに、債権は相殺（そうさい）によっても消滅する（505条1項本文）。

相殺とは、債務者が債権者に対して自らも同種の債権を有するときに、その債権と債務とを対当額で消滅させる一方的意思表示をいう。

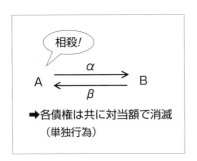

相殺！

α
A ────────→ B
β

➡️各債権は共に対当額で消滅
（単独行為）

たとえば、AがBに対して100万円のα債権を有している一方、BもAに対して100万円のβ債権を有しているとする。この場合、Aが「αとβを相殺する」旨の一方的な意思表示をすれば、Aの債権もBの債権も消滅する。Bが「βとαを相殺する」旨の一方的な意思表示をした場合も同様である。

なお、相殺の意思表示をする者が有している債権を自働債権、相殺の意思表示を受ける者が有している債権を受働債権という。たとえば、Aが相殺の意思表示をした場合は、α債権が自働債権、β債権が受働債権である。

5 債権各論 A

債権法の各論では、債権の4つの発生原因（➡️7ページイ）ごとに、その固有の内容を学んでいくことになる。

ここでは、債権の4つの発生原因のうち、最も重要な発生原因である契約について概説しよう。

ア 契約の種類

契約は、①典型契約と非典型契約、②諾成契約と要物契約、③双務契約と片務契約、④有償契約と無償契約に分類される。

（ア）典型契約と非典型契約

典型契約と非典型契約は、民法の規定の有無に着目した分類である。

典型契約とは、債権の発生原因として民法に定められた13種類の契約をいう。

　非典型契約とは、債権の発生原因として民法に定められていない契約をいう。この非典型契約も、債権発生原因として有効と解されている。

（イ）諾成契約と要物契約

　諾成契約と要物契約は、契約の成立要件に着目した分類である。

　諾成契約とは、当事者間の意思表示の合致によって成立する契約をいう。債権の発生原因としての契約は、原則としてこの諾成契約である（522条1項）。

　要物契約とは、その成立に意思表示の合致に加えて、物の授受が必要とされる契約をいう。

　たとえば、金銭の貸し借りに代表される消費貸借契約は、金銭等の授受があってはじめて成立する要物契約である（587条）。

（ウ）双務契約と片務契約

　双務契約と片務契約は、契約から生じる債務に着目した分類である。

【双務契約】　　　　　　　【片務契約】

A ⇄ B　　　　　　A → B

　双務契約とは、契約の両当事者が互いに債務を負う契約をいう。対立する矢印が2本発生する契約だとイメージしておこう。

　この双務契約によって発生したそれぞれの債務の債務者には、同時履行の抗弁権が認められる（533条）。

たとえば、売買契約（555条）は、それによって売主は物を引き渡す債務を負い、買主は代金を支払う債務を負いますから、双務契約です。
　　そして、各当事者には同時履行の抗弁権が認められます（533条）。①売主が買主から物の引渡しを請求された場合、売主は「代金を払ってくれるまでは物を引き渡さない」と主張することができますし、②買主が売主から代金の支払いを請求された場合、買主は「物を引き渡してもらうまでは代金を支払わない」と主張することができるわけです。

　片務契約とは、契約の一方当事者だけが債務を負う契約をいう。

　たとえば、贈与契約（549条）は、それによって贈与者が物を引き渡す債務を負うだけであり、受贈者は何ら債務を負わないため、片務契約である。

　また、消費貸借契約（587条）も、それによって発生する債務は目的物の返還債務だけであるから、片務契約である。

　　消費貸借契約の成立には、（イ）で述べたとおり、目的物の授受が必要です。したがって、「目的物を貸せ」という内容の債務が、消費貸借契約によって発生する、ということはありえません。消費貸借契約が成立した時点で、すでに目的物の授受は完了しているからです。
　　そのため、消費貸借契約は片務契約ということになるのです。

（エ）有償契約と無償契約

　有償契約と無償契約は、経済的損失（出捐）に着目した分類である。

　有償契約とは、契約の両当事者が互いに経済的損失を負う契約をいう。

　無償契約とは、契約の一方当事者だけが経済的損失を負う契約をいう。

　　この有償・無償の区別は、双務・片務の区別と基本的に対応しています。
　　まず、売買契約などの双務契約はすべて有償契約です。これには例外がありません。
　　また、片務契約は無償契約なのが通常です。たとえば、片務契約である消費貸借契約では、貸主は目的物を相手方に交付して消費させるという経済的損失を負う一方、借主は何ら経済的損失を負いませんから、無償契約にあたります。
　　ただし、利息付消費貸借契約だけは、片務契約でありながら有償契約にあたります。貸主は目的物を相手方に交付して消費させるという経済的損失を負う一方、借主も利息を支払うという経済的損失を負うことになるからです。この例外は今から覚えておきましょう。

イ　代表的な典型契約

　債権法の最後に、代表的な典型契約として、①売買契約、②賃貸借契約、③消費貸借契約、④委任契約の4つを概説しておこう。

（ア）売買契約

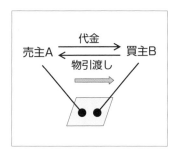

売買契約は、売主がある財産権を相手方に移転することを約し、買主がその代金を支払うことを約することによって成立する諾成・有償・双務契約である（555条）。

売買契約の債権法のレベルでの主たる効果は、物の引渡債権と代金債権の発生である。

また、この売買契約の意思表示は、176条の「意思表示」にも該当する（判例・通説）。したがって、物権法のレベルでは、売買契約は所有権の移転原因となる。

（イ）賃貸借契約

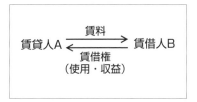

賃貸借契約とは、賃貸人がある物の使用および収益を賃借人にさせることを約し、賃借人が賃料を支払うことを約することによって成立する諾成・有償・双務契約である（601条）。賃料を伴う土地や建物の貸し借りがその典型である。

この賃貸借契約の主たる効果は、賃借権（目的物を使用・収益させろと請求する債権）と賃料債権（および契約終了時の目的物返還債権）の発生である。

なお、賃貸借契約の意思表示は、賃貸人から賃借人への物権の移転等を目的とするものではないため、176条の「意思表示」に該当しない。よって、物権変動の原因にはならない。

（ウ）消費貸借契約

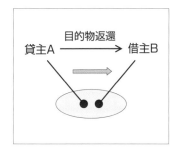

消費貸借契約とは、借主が、同種・同等・同量の物をもって返還することを約して、貸主から金銭その他の物を受け取ることによって成立する要物契約である（587条）。

原則として、無償・片務契約であるが、借主が貸主に利息を支払う旨の特約があった場合は、例外的に有償・片務契約となる（➡ 前ページ下のコラム）。

消費貸借契約の典型は、金銭の貸し借りである。また、近所同士での醤油の貸し借りなども消費貸借契約にあたる。

消費貸借契約の債権法のレベルでの主たる効果は、目的物返還債権の発生である。

また、賃貸借契約とは異なり、この消費貸借契約の意思表示は、176条の「意思表示」にも該当する。したがって、物権法のレベルでは、消費貸借契約は所有権の移転原因となる。

（エ）委任契約

委任契約とは、委任者が法律行為をすることを受任者に委託し、受任者がこれを承諾することによって成立する諾成契約である（643条）。

```
委任者A ──善管注意・事務処理──→ 受任者B
```

たとえば、AがBに対して「私の土地を誰かに最低1000万円で売ってきてくれ」と依頼し、Bが承諾する、というのが、委任契約の典型である。

委任契約の主たる効果は、善良な管理者の注意をもって委任事務を処理する債務の発生である（644条）。委任者から受任者に対して、「しっかりと気をつけて頼んだ仕事をしてくれ」と請求する債権が発生するわけである。

委任契約は、原則として無償・片務契約であるが、報酬支払特約があれば、受任者から委任者への報酬債権も発生するため、有償・双務契約となる。

なお、この委任契約は、委任者から受任者への物権の移転等を目的とする契約ではない。よって、物権変動の原因とはならない。

4. 民法の解釈

民法入門の最後に、解釈という行為について説明しておこう。

これから民法を学んでいくうえで、条文が最重要であることはいうまでもない。

しかしながら、条文をそのまま適用すれば万事終了というほど、民法の学習

は単純ではない。条文を出発点として、それをいかに解釈していくかが、民法学の真骨頂である。

1 解釈の手法 ▲

条文の解釈には、いくつかの手法がある。

以下、「マンションでイヌを飼育してはならない」という条文があると仮定して、この条文の解釈の手法を見ていくことにしよう。

ア 文理解釈

まず、最も単純な解釈として、条文の文言のとおりに「マンションでイヌを飼育してはならない」という結論を導く場合がある。

このように、条文の文言に忠実に解釈することを文理解釈という。

イ 拡張解釈

次に、条文の中にある「イヌ」という文言を広げて、「マンションでイヌ科の動物（たとえばタヌキ）を飼育してはならない」という結論を導く場合がある。

このように、条文の文言を広げて解釈することを拡張解釈という。

ウ 類推解釈

さらに、「マンションでネコを飼育してはならない」という結論を導く場合がある。

前提を確認しておくと、条文の「イヌ」という文言をいくら拡張していっても、その文言に「ネコ」が含まれていると解釈することはできない。つまり、拡張解釈によっては、「マンションでネコを飼育してはならない」という結論を導くことはできないわけである。

しかし、そもそも「マンションでイヌを飼育してはならない」という条文の趣旨は、どこにあるのだろうか。

それは、イヌが発するにおいや騒音等により、マンションの他の住民に迷惑がかかることを防止することにあると解するのが妥当であろう。

そして、そうした趣旨は、イヌの飼育だけでなく、ネコの飼育にも妥当する。そこで、イヌの飼育についての条文を、「ネコの飼育」にも適用してしまうこと

があるのである。

　このように、ある事項についての条文がなくても、それに近い（＝趣旨が妥当する）条文を適用するという解釈を類推解釈という。

　試験との関係では、この類推解釈が群を抜いて重要である。

エ　反対解釈

　また、「マンションでイヌを飼育してはならない」という条文から、「イヌ以外の飼育はしてよい」、つまり「タヌキやネコの飼育はしてよい」という結論を導く場合がある。

　このように、ある事項についての条文がない以上、それに近い条文であってもこれを適用しないという解釈を反対解釈という。

オ　制限解釈

　さらに、「マンションでイヌを飼育してはならない」という条文から、たとえば「大型のイヌの飼育だけが禁じられている」という結論を導く場合がある。

　このように、ある法規範の適用範囲を制限的に解釈することを制限解釈という。

2　解釈の妥当性　Ａ

　以上のように、1つの条文であっても、その解釈の仕方により、導かれる結論は異なりうる。

　では、いかなる解釈が真に妥当な解釈なのであろうか。

　この点、真に妥当な解釈とは、①今発生している具体的な当該事件で妥当な結論を導けるというだけでなく、②他の類似の事件でも妥当な結論を導けるものでなければならない。

　①を具体的妥当性、②を一般的確実性というが、真に妥当な解釈は、この両者の要請をみたすものでなければならないのである。

　民法では、よく「結論の妥当性が重要だ」といわれます。確かにそのとおりなのですが、何が真に妥当な解釈・結論なのかは、実は非常に難しい問題です。最終的には、皆さんが自分自身でそれを判断できるようになる必要があるのですが、そのための不可欠の前提とし

て、まずは多くの先人たちが妥当と考えた解釈、すなわち判例・通説をしっかりと学んでいくことが必要です。大変ではありますが、非常にやりがいのある勉強です。はりきって学んでいきましょう。

　ここから、本書のメインテーマである「民法総則」の具体的な内容に入っていく。
　まず、民法の3大原則を学んでいくが、これらはただでさえ抽象性の高い民法総則の中でも、最も抽象的な分野である。最初はざっと目を通す程度にとどめ、一度最後まで民法を勉強した後に戻ってくれば十分である。

私的自治の原則　A

　民法における最も基本的な原則は、私的自治の原則である。

　私的自治の原則とは、私人の法律関係（権利・義務関係）は、私人がその意思に基づいて自由に決定することができるという原則をいう。

　そして、かかる決定のための手段として最も重要なのが、契約である。そのため、私的自治の原則は、契約自由の原則といいかえることができる。

> 　たとえば、いわゆるサラリーマンは勤め先に対する給料債権を取得する代わりに、労働する債務を負担していますが、それは、自由な意思で雇用契約を締結したからこそです。私的自治の原則のもと、自由な意思による契約がないにもかかわらず、債務を負担したり、権利を失ったりすることは、原則としてありません。

第 **2** 章

信義則

1. 意義 A

　権利の行使および義務の履行は、信義に従い誠実に行わなければならない（1条2項）。この原則を信義則（信義誠実の原則）という。

　信義則は、法律の規定を形式的に適用すると妥当性を欠く結果が生じる場合にこれを是正したり、適用すべき法律の規定がない場合にその隙間を補充する役割を果たす。

　また、当事者による契約の趣旨が不明確な場合に、契約の趣旨を解釈する基準にもなる。

2. 信義則の派生原則

　この信義則に関しては、いくつかの派生原則が認められている。代表的な2つの派生原則を簡単に説明しておこう。

1 禁反言の原則 A

　禁反言の原則とは、自己の示した態度と矛盾する主張をすることはできないという、信義則の派生原則をいう。

　たとえば、債務者が消滅時効の完成を知らずに自らの債務の存在を認めた後

は、消滅時効の援用（消滅時効の主張）は許されないとした判例（**最大判昭和41・4・20 百選 I 39** ➡ 306 ページ **5**）は、信義則ないし禁反言の原則に基づくものといえる。

2　クリーンハンズの原則　B⁺

　クリーンハンズの原則とは、法の救済を求める者は汚れていない手（クリーンハンズ）で法廷に現れなければならないという、信義則の派生原則をいう。

　たとえば、愛人契約に基づき金銭を支払った場合など、不法な原因によって相手方に一定の給付をした者は、その返還を相手方に請求することはできないとする不法原因給付（708 条）の規定は、このクリーンハンズの原則の現れといえる。

第 **3** 章

権利濫用の禁止

1. 意義 　　　　　　　　　　　　　 **A**

いくら権利を有する場合でも、その濫用は許されない（1条3項）。これを、権利濫用の禁止という。

2. 権利濫用の禁止に関する判例

権利濫用の禁止に関する判例としては、①信玄公旗掛松事件、および②宇奈月温泉事件が重要である。

1 信玄公旗掛松事件 **B**

信玄公旗掛松事件は、戦国武将の武田信玄が旗を立て掛けたといわれる由緒ある松が、国が運行している蒸気機関車による煤煙と振動によって枯れてしまったため、松の所有者が国を相手取って不法行為に基づく損害賠償（709条、710条）を請求した事件である。

この事件で、大審院（今日の最高裁に相当）は、国に鉄道事業者としての権利の行使につき濫用があったとして、国の不法行為責任を肯定した（**大判大正8・3・3百選I2**）。

当時の国は、鉄道事業者としての権利を有していました。したがって、蒸気機関車を運行し、煤煙や振動を出すことも、国の鉄道事業者としての権利の行使にあたります。そのため、たとえその結果として松が枯れたとしても、国の行為には違法性がないことになり、不法行為責任は発生しないのではないかが問題となりました。しかし、大審院は、確かに国に鉄道事業者としての権利はあるけれども、本件ではその権利の濫用があるとして、国の不法行為責任を認めたわけです。

2　宇奈月温泉事件　B+

　宇奈月温泉事件の概要は次のとおりである。

　温泉の経営者Ａが、山の上にある源泉から引湯するための木管を山に設置していたところ、その木管のうち、ごく一部が他人であるＢ所有の土地を経由していた。そのＢ所有の土地は、利用価値に乏しい土地だった。

　Ｃは、この状況に目をつけ、Ｂからその土地を買い取ったうえで、温泉の経営者Ａに対して、木管を除去するか、きわめて高額な価格で土地を買い取るかを迫った。

　しかし、Ａがこれに応じなかったため、ＣはＡを相手取って木管の除去を請求する訴訟を提起したのである。

　この事件で、大審院は、Ｃによる木管の除去請求は権利の濫用にあたるとし、Ｃによる除去請求を棄却した（**大判昭和10・10・5百選Ⅰ1**）。

　　Ｃは土地の所有者である以上、その土地に勝手に設置されている木管の除去を請求する権利を有しています（所有権に基づく妨害排除請求権 ➡ 19ページイ）。したがって、本件でもＣによる除去請求は形式的には認められるはずです。
　　しかし、①木管の設置によって被っているＣの不利益は僅少であるのに対し、②木管の除去には莫大な費用がかかるため、仮にその除去を認めた場合にＡが受ける不利益はきわめて大きいものでした。また、③Ｃは当初から木管が設置されていることを知っており、かつ、不当な利益を得ようとしてＢから土地を買い、訴訟を提起したわけですから、主観面としても悪質です。こうした諸事情に照らして、大審院は、Ｃの除去請求は権利の濫用にあたると判断したわけです。

3. 権利濫用の要件　　B

　権利濫用にあたるか否かは、基本的には客観面（当事者間の利益状況の比較）から判断されるが、さらに主観面（害意の有無）も考慮されうる（通説）。

　つまり、権利の行使が客観的に不当といえればそれだけでも権利濫用にあたりうるが、害意があるときは、より権利濫用が認められやすくなるわけである。

　前ページの宇奈月温泉事件の判例は、まさに客観面と主観面とを総合的に考慮した判例といえよう。

4. 権利濫用の効果　　B

　権利の行使が権利濫用にあたる場合の効果は、3つある。

　まず、①権利の行使の効果が生じないことがある。たとえば、所有権に基づく妨害排除請求権の行使が権利濫用にあたる場合は、その請求が認められないことになるし（➡宇奈月温泉事件）、解除権の行使が権利濫用にあたる場合は、解除の効果が生じないことになる。

　次に、②権利の行使が不法行為になる場合がある（➡信玄公旗掛松事件）。

　さらに、③権利自体が剥奪される場合もある。親権の濫用が著しい場合に親権が喪失すると定めた834条がその例である。ただし、こうした権利自体の剥奪という効果は、834条のような明文がある場合に限って認められるというべきであろう。

5. 適用範囲

　信義則（1条2項）と権利濫用の禁止（1条3項）の適用範囲について、かつては、信義則は主として債権法に適用され、権利濫用の禁止は主として物権法に適用されるとし、両者の適用範囲を区別する見解が有力だった。

　しかし、現在では、両者の適用範囲を厳格に区別する必要はないとする見解が通説となっている。

　判例も、両者の適用範囲を厳格に区別していない（最判昭和32・7・5民集11-7-1193、最判昭和37・5・24民集16-5-1157、最判昭和51・5・25民集30-4-554等）。

　　以上の信義則や権利濫用の禁止の規定は、**一般条項**とよばれています。一般条項は、結論の妥当性を図るための道具としては有用なのですが、安易に一般条項を適用してしまったら、民法典が1000条以上の規定をおいた意味がなくなってしまいます。そのため、派生原則を含めて、一般条項の適用には**慎重でなければなりません。**特に学習を始めてから間がないうちは、判例・通説が認めている場合にだけ一般条項を適用する、というくらいのイメージでいる方が無難でしょう。

第 編

人

　本編では、民法上の権利・義務の帰属主体である「人」について学ぶ。
　民法上の「人」は、①私たちのように生きている人間である自然人と、②法律上、人として扱われる存在である法人とからなる。
　以下、それぞれの「人」について検討していこう。

自然人

1. 総説 　　　　　　　　　　　　　　　　　　　　**A**

　自然人に関して民法総則で問題となるのは、①権利能力、②意思能力、③行為能力という3つの能力である。

　①権利能力とは、権利義務の主体たりうる資格のことである。この権利能力がない者は、およそ民法上の権利義務の主体たり得ない。そこで問題となるのは、自然人はいつ権利能力を取得し、いつ権利能力を失うのかである。

　②意思能力とは、法律上の判断ができる能力のことである。この意思能力がない者（意思無能力者）による法律行為（➡ 12ページ **1**）は、無効とされている（3条の2）。たとえば、意思無能力者が物の売買契約を締結した場合、意思表示が無効である以上、所有権の移転は生じないし（176条参照）、物の引渡債権や代金債権は発生しないわけである（555条参照）。

　③行為能力とは、単独で確定的に有効な法律行為をする能力のことである。この行為能力がない者（制限行為能力者）による一定の意思表示は、取り消すことができる（5条2項、9条本文、13条4項、17条4項）。そして、取り消された意思表示は、初めから無効だったものとみなされる（121条）。

　以下、それぞれの能力について詳しく検討していこう。

2. 権利能力

1 意義) A

権利能力とは、権利義務の主体たりうる資格のことである。

権利能力がない者は、およそ権利義務の主体たり得ない。たとえば犬には権利能力がないから、犬が所有権や債権を有したり、債務を負担したりすることはあり得ない。

2 権利能力の始期) B⁺

ア 出生

3条1項は、「私権の享有は、出生に始まる」と定めている。ここで「出生」とは、胎児が母体から全部露出したという意味である（通説）。

したがって、母体から全部露出している限り、たとえ生まれたての赤ちゃんであっても権利能力を有する。

イ 胎児の権利能力

この3条1項の反対解釈（➡ 44ページエ）により、「出生」前の段階、すなわち胎児の段階では権利能力が認められないのが原則である。

しかし、この原則には、以下のとおり重要な例外がある。

まず、胎児も、①不法行為に基づく損害賠償請求権と②相続については、すでに生まれたものとみなされる（721条、886条1項）。

> たとえば、Aの父親であるVが、Bによって殺害されたとします。
> この事案で、まず①Vが殺害された時点でAが出生していた場合は、Aは権利能力を有する以上、加害者Bに対して不法行為に基づく損害賠償請求権を取得しますし（709条から711条）、Vの遺産を相続します（882条、887条1項）。
> では、②Vが殺害された時点でAが胎児だった場合はどうでしょうか。
> 胎児には、権利能力がないのが原則です（3条1項）。この原則を貫けば、胎児であるAは加害者Bに対する不法行為に基づく損害賠償請求権を取得することはできず、また、Vの遺産を相続することもできません。そして、その後にAが出生しても、BによるVへの不法

行為やVの死亡はAが生まれる前の事件ですから、Aはおよそ損害賠償請求権を取得し得ず、また、相続もし得ないということになります。

しかし、出生の時期が少し違うだけで、このように全く結論が異なるのはあまりに不公平です。そこで、721条や886条1項は、不法行為に基づく損害賠償請求権や相続については、例外的に胎児に権利能力を認めました。その結果、Vが殺害された時点でAが胎児だった場合であっても、AはBに対する不法行為に基づく損害賠償請求権を取得し、また、Vの遺産を相続することができるのです。

また、胎児も、③遺贈（遺言による贈与）を受けることはできるし（965条・886条）、④母の承諾があれば認知を受けることもできる（783条1項）。

以上の4つの例外は覚えておこう。

ウ　721条・886条1項の適用要件と代理の可否

ただし、胎児の権利能力に関する721条や886条1項については、その適用の要件などをめぐって争いがある。

主として短答式試験用の論点だが、民法独特の考え方を学ぶうえでも有用なので、少し詳しく検討しておこう。

（ア）解除条件説

第1の見解は、不法行為に基づく損害賠償請求権や相続との関係では、胎児の段階から胎児に権利能力が認められるとする。すなわち、721条や886条1項を、胎児の段階で単純に適用するわけである。

そして、その結果、胎児は、胎児の段階で不法行為に基づく損害賠償請求権の取得や相続による財産の取得が認められることとなり、また、胎児の母は、胎児の段階で胎児を代理して胎児のこれらの権利を行使することができることになる。

【解除条件説】

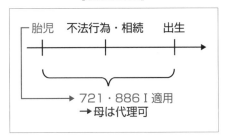

この見解は、不法行為に基づく損害賠償請求権や相続との関係では、胎児の段階で胎児に権利能力を認めます。しかし、胎児自らが、不法行為に基づく損害賠償を請求したり、相続した財産を管理・処分したりするのは、もちろん不可能です。したがって、実際には、法定代理人（⇒16ページ（イ））である母が胎児を代理して、不法行為に基づく損害賠償を請求したり、相続した財産を管理・処分したりすることになるわけです。

では、不法行為や相続の後に、残念ながら死産した場合はどうか。

その場合は、さかのぼって権利能力が消滅すると解していく。すなわち、この見解は、死産を721条や886条1項の効果の解除条件とする見解なのである。そのため、この見解は解除条件説とよばれている。

解除条件とは、その条件が満たされれば、すでに生じていた一定の効果が消滅することになる場合の条件のことです（⇒279ページ1.）。たとえば「司法試験に合格したら車を返す」という約束で車を贈与した場合、「司法試験に合格する」という条件は贈与の効果を消滅させる条件ですから、解除条件にあたります。

そして、胎児の権利能力に関する解除条件説は、死産が721条や886条1項の効果（胎児の段階から権利能力が認められること）の解除条件であると解するわけです。

（イ）停止条件説（判例）

第2の見解は、不法行為に基づく損害賠償請求権や相続との関係でも、胎児の段階では権利能力は認められないとする。ただし、不法行為に基づく損害賠償請求権や相続との関係では、胎児が生きて生まれた場合にはさかのぼって権利能力が認められるとするのである。

すなわち、721条や886条1項の効果は、胎児が生きて生まれたことを停止条件として認められると解するわけである。そのため、この見解は停止条件説とよばれている。

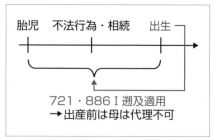

【停止条件説】

停止条件とは、その条件が満たされるまで一定の効果の発生が認められない場合の条件のことです（➡ 279 ページ 1.）。たとえば「司法試験に合格したら車をあげる」という場合の「司法試験に合格する」という条件は、贈与契約の効果である車の引渡請求権が発生するための条件ですから、停止条件です。

そして、胎児の権利能力に関する停止条件説は、胎児が実際に生まれてきたことが、721 条や 886 条 1 項の効果（胎児の段階から権利能力が認められること）が生じるための停止条件だと解するわけです。

　この停止条件説に立った場合には、胎児の母が、胎児の段階で胎児を代理して胎児の権利を行使することは認められない。なぜなら、胎児の段階では、生きて生まれるという停止条件が未だ満たされていないからである。母は、あくまでも胎児が生きて生まれてから、その生きて生まれた子を代理することができるにすぎない。

　判例は、この停止条件説に立っている（大判昭和 7・10・6 民集 11-2023）。

停止条件説に立つと、721 条や 886 条 1 項は意味のない規定に思えるかもしれません。

しかし、たとえば胎児の時点で父が殺害された場合、その後に生きて生まれた赤ちゃんは、721 条や 886 条 1 項がない限り、不法行為に基づく損害賠償請求権を取得することも、父の財産を相続することもできません。不法行為に基づく損害賠償請求権の発生や相続の発生の時点では、権利能力がなかったからです。あくまでも、721 条や 886 条 1 項があるおかげで、生きて生まれた赤ちゃんは、胎児だった時点での父の殺害を原因とする諸権利を取得できるわけです。

（ウ）検討

　解除条件説と停止条件説の違いは、主として死産の可能性を重視するか否かにある。

　すなわち、死産の可能性が低いと考えれば、胎児の段階で権利能力を認める解除条件説が妥当となる。これに対し、死産の可能性が高いと考えれば、混乱を回避するために、胎児の段階での権利能力を認めない停止条件説が妥当ということになる。

　この点、昭和初期に出された判例は停止条件説に立つが、死産の可能性が減少した今日においては、解除条件説も有力である。

Q 721 条・886 条 1 項の適用要件と代理の可否　B⁺

A説 解除条件説（我妻・川井など有力説）

結論：①胎児の段階から適用され、その後に死産するとさかのぼって権利能力が消滅する。

②胎児の段階で、母による代理が認められる。

理由：今日では、死産の可能性は低い。

B説 停止条件説（判例）

結論：①胎児の段階では適用されず、胎児が生きて生まれた場合にはさかのぼって適用される。

②胎児の段階では、母による代理は認められない。

理由：死産の可能性を考慮するべきである。

3　権利能力の終期) B−

明文はないが、権利能力は死亡によって終了する。

死亡の時期については争いがあるが、心臓停止時とするのが通説である。

なお、後に学ぶ失踪宣告によっては、権利能力は終了しない（➡87ページア）。短答式試験で間違えないよう注意しよう。

3. 意思能力

1　意義) A 改正

意思能力とは、法律上の判断ができる能力をいう。

たとえば、幼児や重度の精神病に罹患した者であっても、出生している以上権利能力を有するから、権利義務の主体たりうる。しかし、これらの者は正しい法律上の判断をする能力を有しない。にもかかわらず、これらの者による法律行為（たとえば売買契約）を有効としては、あまりに保護に欠ける。

そこで、意思能力は法律行為の有効要件とされ、意思能力を欠く者（意思無能力者）がした法律行為は無効とされている（3条の2）。

2　取消的無効) B

このように、意思無能力者がした法律行為を無効とする趣旨は、意思無能力者の保護にある。

そこで、意思無能力ゆえの無効は、それを主張できるのは意思無能力者だけであり、意思無能力者の相手方は無効を主張できないとする見解が有力である。このように、表意者だけが主張できる無効を、取消的無効という。

> 　　たとえば、重度の精神病に罹患しているＡが、健常者であるＢに自己所有の土地を売却したとします。
> 　　この場合、土地の売買契約はＡの意思無能力ゆえに無効なのですが、無効であると主張できるのはＡだけであり、相手方Ｂは無効の主張はできないと考えていきます。Ａの保護のための無効である以上、Ｂに無効を主張する権利を与える必要はないからです。
> 　　ちなみに、愛人契約などのように、公序良俗に違反することを理由として契約が無効となる場合（90条）は、誰でも無効を主張することができると解されています（➡ 131 ページイ）。このような無効を、取消的無効と区別して、確定無効といいます。

4. 行為能力

　行為能力は、覚えるべきことが多く、民法総則を学ぶ者が挫折しやすい最初の山場である。しかし、試験との関係での重要性は高い。

　次ページの表は、行為能力に関して重要なポイントをまとめたものである。このまとめを眺めつつ本文を熟読し、しっかりと知識を身につけていってほしい。また、各自、インプットに平行して問題演習もしっかりとこなしていこう。

1　行為能力総説　Ｂ

ア　意義

　行為能力とは、単独で確定的に有効な法律行為をする能力をいう。この定義は覚えておこう。

　民法は、この行為能力が制限されている者（制限行為能力者）として、①未成年者、②成年被後見人、③被保佐人、④同意を要する旨の審判を受けた被補助人の4人を定めている（13条1項10号かっこ書参照）。

　これらの制限行為能力者が行った一定の法律行為は、取り消すことができる（5条2項、9条本文、13条4項、17条4項）。すなわち、その法律行為を一応は

有効としつつ、事後的な取消しによってその法律行為を遡及的に無効とする余地を、法は認めているわけである。

	未成年者	成年被後見人	被保佐人	被補助人
保護者	法定代理人 ＝親権者（父母）・ 未成年後見人	法定代理人 ＝成年後見人 （by 職権）	保佐人 （by 職権）	補助人 （by 職権）
保護者の権能	代理権 同意権 追認権 取消権	代理権（制限あり） ── 追認権 取消権	代理権（要審判） 同意権（13 I・II） 追認権 } 要同意権 取消権	代理権（要審判） 同意権（要審判） 追認権 } 要同意権 取消権
財産法上の行為を自ら単独で確定的にできる場合	・単に権利を得、義務を免れる行為 ・処分の許可 ・営業の許可 ・取消し ・任意代理人への就任	・日常生活に関する行為 ・任意代理人への就任	・日常生活に関する行為 ・同意を要する行為（13 I）以外の行為で、同意を要する旨の審判（13 II）のなかった行為	・同意を要する旨の審判があった行為（17）以外の行為
備考	・遺言は15歳から可（961） ・認知は可（780） ・養子縁組の承諾は15歳以上から可（797。ただし、798）	・婚姻や協議離婚、認知は自ら可（738、764・738、780） ・成年後見人が、成年被後見人が居住の用に供する建物または敷地について、売却・賃貸・賃貸借の解除または抵当権の設定その他これらに準ずる行為をなすには、家庭裁判所の許可が必要（859の3）	・被保佐人の請求により、家庭裁判所は同意に代わる許可をなしうる ・元本の受領には同意を要するが、利息や賃料の受領には同意を要しない ・時効の更新事由としての債務の承認は同意を要しないが、時効完成後の債務の承認は同意を要する	・被補助人の請求により、家庭裁判所は同意に代わる許可をなしうる ・補助開始の審判や同意権・代理権付与の審判には、本人の請求または本人の同意が必要 ・同意権か代理権かいずれかの付与は必要 ・代理権が付与されたからといって、被補助人の行為能力が制限されるわけではない

イ　制限行為能力と意思無能力の競合

　では、制限行為能力者でもあり、意思無能力者でもある者が法律行為をした場合、制限行為能力を理由に取消しを主張すべきか、それとも意思無能力を理由に無効を主張すべきか。

　通説は、そのいずれを主張してもよいとする（二重効肯定説）。意思能力制度も、行為能力制度も、ともに無能力者を保護するための制度である以上、いずれかの主張を強制する必要はない。通説が妥当であろう。

Q 制限行為能力者でもあり、意思無能力者でもある場合の処理　**B**

A説 二重効肯定説（通説）

結論：いずれを主張してもよい。

理由：制限行為能力も意思無能力も、ともに無能力者を保護するための制度である。

2　未成年者　Ａ

　ここから、行為能力の各論に入っていく。まずは未成年者についてである。

　未成年者とは、18歳未満の者をいう（4条参照）。

　この未成年者については、①未成年者が自ら法律行為をする場合と、②未成年者の保護者である法定代理人が未成年者を代理して法律行為をする場合とに分けて考える必要がある。

　体系的な位置づけを混乱する人が多い箇所なので、時折下記の図を参照しつつ、1つひとつ学んでいこう。

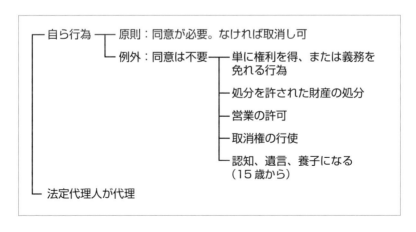

ア　未成年者が自ら法律行為をする場合①──原則

　未成年者が自ら法律行為をするには、法定代理人の同意を得ることを要する（5条1項本文）。

　仮に、法定代理人の同意を得ずに未成年者が自ら法律行為をした場合には、その法律行為は取り消すことができる（5条2項）。

　ここで、未成年者の「法定代理人」とは、未成年者の親権者（818条、819条、833条）または未成年後見人（838条1号、839条以下）のことである（824条本文、859条1項）。

　　法定代理人についての条文は少しややこしいので、補足しておきましょう。
　　まず、法定代理人とは、法律の規定によって代理権を与えられた者をいうのですが（➡16ページ（イ）、196ページ**2**）、親権を行う者には、子の財産に関する法律行為について子を代理する権限が法律上与えられています（824条本文）。そして、たとえば父母は、未成年者に対する親権を有しています（818条1項）。よって、父母は未成年者たる子の法定代理人にあたります。
　　また、未成年者に対して親権を行う者がないとき（たとえば父母が死亡した場合）などには、未成年後見人がつけられることがあります（838条1号、839条から841条）。この未成年後見人は、次に学ぶ成年後見人（➡73ページウ）と同様に、被後見人たる未成年者の財産に関する法律行為について被後見人たる未成年者を代理する権限が法律上与えられています（859条1項）。よって、未成年後見人は、被後見人たる未成年者の法定代理人にあたります。
　　ちなみに、父母が有する親権は、父母の婚姻中は父母が共同して行うものとされています（818条3項）。したがって、未成年者に対する「同意」も、原則として父母が共同して行うことが必要です。ただし、父母の一方が同意し、他方が同意していないのに、同意しているほうの親が、同意していないほうの親の名義の同意書も勝手に作った場合などは、善意の相手方との関係ではなお「同意」があったものとして扱われます（825条）。学習がある程度進んだら、これらの規定にも注意しておきましょう。

イ　未成年者が自ら法律行為をする場合②──例外

　以上の原則に対し、未成年者が自ら、しかも法定代理人の同意なくして法律行為をしたにもかかわらず、取消権が発生しない（すなわち法律行為が確定的に有効とされる）場合がある。

　これらの例外を丸暗記する必要はないが、六法を見て条文をピックアップできるようにしておこう。

（ア）単に権利を得、または義務を免れる行為

　まず、単に権利を得、または義務を免れる行為については、取消権は発生しない（5条1項ただし書）。取消権を発生させなくとも、未成年者が害されること

はないからである。

　たとえば、未成年者が負担のない贈与を受ける場合（大判大正9・1・21民録26-9）や、債務の免除を受ける場合が、その典型である。

　他方、負担付贈与を受ける場合は、未成年者に負担が生じる点で、「単に権利を得」る行為にはあたらない。

　未成年者が債務者から弁済を受ける行為も、「単に権利を得」る行為にはあたらない。弁済により、未成年者の債権が消滅してしまうからである。

（イ）法定代理人が処分を許した財産の処分

　法定代理人が目的を定めて処分を許した財産は、その目的の範囲内において、未成年者は自ら自由に処分することができる（5条3項前段）。旅費として父母からもらった金銭を使って電車の切符を買う行為がその典型である。

　また、目的を定めないで処分を許した財産の処分も同様である（5条3項後段）。小遣いとして父母からもらった金銭でお菓子を買う行為がその典型である。

（ウ）許された営業に関する行為

a　営業の許可

　未成年者であっても、自ら営業を営むこと、たとえばパン屋を営むことがありうる。

　そうした場合、未成年者は、日々材料の仕入れやパンの販売などといった様々な法律行為をすることになるが、それらの行為をするに際し、いちいち個別的に法定代理人の同意を得るのは現実的でない。

　そこで、法定代理人から一種または数種の営業を許された未成年者は、その営業に関しては成年者と同一の行為能力を有するとされている（6条1項）。

> 　「一種または数種の営業」というのは、営業の1個または数個という意味です。したがって、ある営業の一部とか、営業のすべてというのはこれに該当しません。パン屋の営業のうちカレーパンを売ることだけが許されたり、どんな職業をやってもよいと許可されたりしても、6条1項は適用されないわけです。

b　営業の許可の取消し

　一度営業を許可したものの、やはり未成年者にその営業をさせるのは妥当でなかったという場合がありうる。

　そこで、未成年者がその営業に堪えることができない事由があるときは、そ

の法定代理人は、その許可を取り消し、またはこれを制限することができる（6条2項）。

　そして、営業の許可が取り消された場合は、原則に戻り、同意のない未成年者の法律行為は取り消すことができるようになる。

> 　細かい点なのですが、6条2項の「制限する」というのは、数個の営業を許可していた場合に、その一部の許可を取り消すという意味です。つまり、パン屋と八百屋の営業を許可していた場合に、パン屋の営業の方だけ許可を取り消す、という場合を指しているわけです。パン屋の営業を許可していたところ、小麦粉の仕入れ行為だけは許可を取り消す、という場合を指しているわけではありません。
> 　また、**営業の許可の取消しの効果は遡及せず、将来に向かってのみ**その効力を有すると解されています。遡及させると、営業上行われたすべての未成年者による法律行為が取消しの対象となってしまい、未成年者と取引をした相手方を害することになるからです。したがって、営業の許可の後、その許可の取消し前に未成年者がした行為は、なお確定的に有効なままなのです。

（エ）取消し

　未成年者自身も、取消権者とされている（120条1項）。

　そして、取り消すことができる行為についての取消しの意思表示は、未成年者が法定代理人の同意を得ずに行ったとしても、意思能力がある限り、確定的に有効と解されている。

> 　たとえば、法定代理人の同意を得ずに売買契約を締結した未成年者が、その売買契約を、やはり法定代理人の同意を得ずに取り消した場合、その取消しの意思表示は確定的に有効です。いいかえれば、**取消しの意思表示を取り消すことはできない**のです。したがって、未成年者によって取り消された売買契約は、遡及的に、かつ確定的に無効となります。少しややこしいですが、重要ですからしっかりと理解しておきましょう。

（オ）認知、養子縁組、遺言

　以上に加えて、一定の身分行為については、未成年者の意思を尊重するべく、法定代理人の同意が不要とされる。

　具体的には、①同意なくして自ら認知をすることができ（780条）、②15歳以上であれば同意なくして養子になることもできる（797条。ただし798条参照）。また、③15歳以上であれば遺言をすることもできる（961条）。

ウ　法定代理人が未成年者を代理する場合

　未成年者の法定代理人（親権者・未成年後見人）は、代理権を有する（824条

本文、859 条 1 項)。

この代理権に基づいて法定代理人により行われた法律行為は、未成年者との関係で、確定的に有効である。かかる法律行為を取り消すことはできない。

エ　未成年者の法定代理人の権限

最後に、未成年者の法定代理人が有する権限について確認しておく。

未成年者の法定代理人は、①代理権（824 条本文、859 条 1 項）に加え、②同意権（5 条 1 項）を有する。

この代理権と同意権は、併存する関係にある。ある法律行為について、法定代理人が未成年者に同意を与えた場合であっても、法定代理人はなお代理権を有するわけである。

また、法定代理人は、120 条 1 項の「代理人」にあたることから、未成年者が同意を得ずに行った行為の③取消権（120 条 1 項）および④追認権（122 条）を有する。

この 4 つの権限は、しっかりと覚えておこう。

3　成年被後見人　A

次に、成年被後見人についてである。

成年被後見人とは、精神上の障害により事理を弁識する能力を欠く常況にある者であって、家庭裁判所により後見開始の審判を受けた者をいう（7 条参照）。

以下では、まず成年被後見人となるための要件を説明し、次いで成年被後見人となった場合（後見開始の審判があった場合）の効果を説明する。

ア　要件

（ア）能力を欠く常況

まず、精神上の障害により事理を弁識する能力を欠く常況にあることが必要である（7 条）。重度の認知症を患っている場合がその典型である。

（イ）請求

次に、請求権者が、家庭裁判所に対して、後見開始の審判を請求することが必要である（7 条）。家庭裁判所が勝手に後見開始の審判をすることはできないわけである。

請求権者は7条に列挙されているが、本人と検察官が含まれている点に注意しよう（➡ 86ページ**ア**と対照してほしい）。

（ウ）後見開始の審判

　以上の要件をみたすと、家庭裁判所が後見開始の審判をする（7条）。

　そして、かかる審判を受けた者は、成年被後見人となる（8条）。逆にいえば、この審判を受けない限り、たとえ能力を欠く常況にある者であっても、成年被後見人にはあたらないわけである。

> 　以上の3つの要件さえ満たせば、成年被後見人となります。したがって、成年被後見人という名称であるにもかかわらず、実は未成年者も成年被後見人になり得ます。短答式試験の引っ掛け問題に注意しましょう。

イ　効果

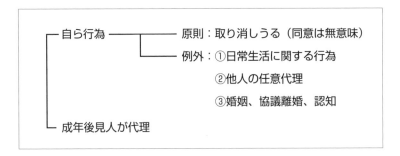

（ア）成年被後見人が自ら法律行為をする場合①──原則

　成年被後見人が行った法律行為は、原則として取り消すことができる（9条本文）。

> 　未成年者が自ら行った行為については、法定代理人の同意がない限り取り消すことができるとされていました（5条1項本文、2項）。これに対し、成年被後見人が自ら行った行為については、同意に関しては言及されず、単に「取り消すことができる」とされています（9条本文）。
> 　したがって、成年被後見人は、たとえ保護者である成年後見人による同意を得ていたとしても、なお自ら確定的に有効な法律行為をすることはできない（取消権が発生する）のが原則です。成年被後見人に対する**同意は無意味**なのです。

（イ）成年被後見人が自ら法律行為をする場合②──例外

　ただし、成年被後見人が自ら行った行為であっても、例外的に確定的に有効とされる（取消権が発生しない）場合がある。

　まず、①日用品の購入その他日常生活に関する行為については、取り消すことができない（9条ただし書）。成年被後見人の残存能力と自主性を尊重するためである。

　また、成年被後見人も、②他人の任意代理人になることはできる（102条本文参照）。代理の効果はすべて本人に帰属し、成年被後見人には帰属しないからである（➡ 15ページ**ア**、195ページ**1**）。よって、成年被後見人が他人の任意代理人として行った代理行為は、取り消すことができない。

　他方、成年被後見人が他人の法定代理人として行った代理行為は、取り消すことができる（102条ただし書）。

　　たとえば、Aが成年被後見人のBに土地売却の代理権を授与したところ、BがAを代理して、きわめて低額でCにAの土地を売却してしまったとしましょう。
　　この売買契約の効果は、すべてA（とC）に帰属し、Bには帰属しません（99条）。したがって、この売買契約を完全に有効と解しても、成年被後見人であるBには一切不利益は生じません。もちろん、Aには不利益が生じますが、それはA自身がBに代理権を授与したためですから、まさにAの自業自得です。そのため、このような契約については取消権は発生せず、確定的に有効とされているのです（102条本文）。
　　では、成年被後見人による法定代理の場合はどうでしょうか。
　　たとえば、未成年の子PのシングルマザーであるQが、後見開始の審判を受けたとします。ところが、その後に、Qが子Pの法定代理人として子Pを代理して契約を締結したとしましょう。
　　この場合は、本人である子PがQを代理人として選任したわけではない以上、本人である子Pを保護する必要があります。成年被後見人による法定代理の場合には、本人を保護する必要があるわけです。そのため、法定代理の場合には、取消権の発生が認められているのです（102条ただし書）。

　さらに、③婚姻、協議上の離婚、認知は、自ら行うことができる（738条、764条・738条、780条）。これらの身分行為については、成年被後見人自身の意思を尊重することが望ましいからである。

ウ　成年後見人の選任・権限

　ここで、話を上記**イ（ア）**の原則に戻そう。

　成年被後見人は、同意があろうとなかろうと、原則として自ら確定的に有効に法律行為をすることはできない（取消権が発生する）。そこで、法律行為を確

定的に有効に行うには、その保護者に代理してもらう必要がある。

成年被後見人の保護者は、法定代理人たる成年後見人である。

（ア）成年後見人の選任

成年後見人は、後見開始の審判をする際に、家庭裁判所が職権で選任する（843条1項）。

家庭裁判所は、複数の成年後見人を選任することもできる（843条3項）。

法人も、成年後見人となることができる（843条4項かっこ書参照）。

（イ）成年後見人の代理権

成年後見人には、859条1項により代理権が与えられる。すなわち、成年後見人は成年被後見人の法定代理人（➡16ページ**（イ）**、196ページ**2**）である。

ただし、この成年後見人の代理権には、2つの制限がある。

まず、①成年被後見人の居住の用に供する建物や敷地について、売却、賃貸、賃貸借の解除または抵当権の設定その他これらに準ずる処分をするには、家庭裁判所の許可を得なければならない（859条の3）。これらの処分は、成年被後見人の生活に重大な影響を生じさせる可能性があるからである。

また、②遺言や臓器提供の意思表示は、代理に親しまない行為といえるため、成年後見人が代理することはできない（通説）。

（ウ）成年後見人の取消権・追認権

成年後見人は、120条1項の「代理人」にあたる。よって、成年被後見人がなした行為の取消権を有し（120条1項）、また、追認権を有する（122条）。

なお、繰り返しになるが、成年後見人には同意権はない（➡72ページ下のコラム）。

エ　登記

後見開始の審判がなされると、その旨が法務局の後見登記等ファイルに記録される（後見登記4条）。

オ　後見開始の審判の取消し

認知症が治癒した場合など、成年後見開始の原因が消滅した場合には、家庭裁判所は、請求権者の請求により、後見開始の審判を取り消すことになる（10条）。

この家庭裁判所による取消しがない限り、後見開始の審判の効果は継続す

る。病気が治癒したからといって、当然に成年被後見人でなくなるわけではないのである。間違えないよう注意しよう。

4　被保佐人　B+

次に、被保佐人についてである。

被保佐人とは、精神上の障害により事理を弁識する能力が著しく不十分な者であって、家庭裁判所により保佐開始の審判を受けた者をいう（11条参照）。

ア　要件

被保佐人となるための要件は、①精神上の障害により事理を弁識する能力が著しく不十分であること、②請求権者が家庭裁判所に対して保佐開始の審判を請求したこと、③家庭裁判所による保佐開始の審判があったことである（11条）。

なお、②の請求権者には、本人と検察官が含まれる。

イ　効果

```
┌─ 自ら行為 ─── ①13Ⅰ各号に列挙された行為 ┐ 同意か許可が必要。それら
│              ②13Ⅱの審判があった行為   ┘ がなければ取消可（ただし
│                                          日常生活の例外）
│              ③それ以外 ──────── 単独で可（＝行為能力あり）
└─ 保佐人が代理 ─── 代理権を付与する旨の審判（876の4Ⅰ）があった
                    行為のみ可
```

被保佐人が自ら行った法律行為の効果は、少々ややこしいが、1つひとつ確実に押さえる必要がある。

（ア）13条1項各号に列挙された行為　改正

被保佐人が13条1項各号に列挙された行為をするには、保佐人の同意が必要である（13条1項本文）。

逆にいえば、13条1項各号に列挙されていない行為については、被保佐人は同意なくして自ら確定的に有効に行うことができるのが原則である。つまり、被保佐人は、13条1項各号に列挙された行為についてのみ制限行為能力者なのであり、その他の行為については行為能力を有するのが原則なのである。

13 条 1 項各号に列挙された行為は、以下のとおりである。短答式試験対策として、大体のイメージはもっておこう。

---

1 号：元本の領収または利用
　　　eg. 貸金や賃貸した物の受領（cf. 利息や賃料の受領はあたらない）
2 号：借財または保証
　　　・時効完成後の債務の承認はあたる（➡ 305 ページ **3**）
　　　・時効の更新事由としての承認はあたらない（➡ 314 ページイ）
3 号：不動産その他重要な財産に関する権利の得喪を目的とする行為
4 号：訴訟行為
　　　・相手方の提起した訴えまたは上訴についての訴訟行為はあたらない（民訴 32 Ⅰ）
　　　　∵相手方の利益保護
5 号：贈与、和解、仲裁合意
6 号：相続の承認・放棄、遺産分割
7 号：贈与の申込みの拒絶、遺贈の放棄、負担付贈与の申込みの承諾、負担付遺贈の承認
8 号：新築、改築、増築、大修繕
9 号：602 条（短期賃貸借）に定めた期間を超える賃貸借
10 号：1 号から 9 号の行為を制限行為能力者の法定代理人としてすること
　　　eg. 母たる被保佐人が未成年の子を代理して貸金を受領

　ただし、以上の各行為であっても、日用品の購入その他日常生活に関する行為については、同意を要しない（13 条 1 項ただし書・9 条ただし書）。

（イ）同意を要する旨の審判があった行為

　次に、13 条 1 項各号に列挙された行為以外の行為であっても、請求権者の請求により、家庭裁判所は、保佐人の同意を要する旨の審判をすることができる（13 条 2 項本文）。ただし、日用品の購入その他日常生活に関する行為については、同意を要する旨の審判をすることはできない（13 条 2 項ただし書・9 条ただし書）。

　同意を要する旨の審判があった場合において、被保佐人がその審判の対象となった行為をするには、保佐人の同意が必要である。

　この同意を要する旨の審判は、保佐開始の審判とは別物です。保佐開始の審判があったとしても、同意を要する旨の審判がなされるとは限りません。同意を要する旨の審判がなされなかった場合には、保佐人の同意権の範囲、いいかえれば被保佐人の行為能力が制限される範囲は、13 条 1 項各号に列挙された行為に限定されることになります。

（ウ）取消権の発生

　以上の（ア）および（イ）の各行為、すなわち保佐人の同意を要する行為（13条1項各号、2項）を、被保佐人が自ら行うには、保佐人の同意が必要である。

　ただし、保佐人が、被保佐人の利益を害するおそれがないにもかかわらず同意をしないときは、家庭裁判所は、被保佐人の請求によって、保佐人の同意に代わる許可を与えることができる（13条3項）。

　同意を要する行為を、被保佐人が保佐人の同意または同意に代わる許可を得ずにした場合は、その行為は取り消すことができる（13条4項）。

　被保佐人は、その保護者に同意権がある点で、未成年者と類似しています。
　しかし、繰り返しになりますが、被保佐人の場合には、保護者に同意権がある行為（すなわち、同意なくして被保佐人自らが行為をした場合に取消権が発生することになる行為）の範囲が、**13条1項各号**にあたる行為と、**13条2項**による同意を要する旨の審判のあった行為に**限定**されています。この点が、被保佐人の最大の特徴です。

ウ　保佐人の選任・権限

（ア）保佐人の選任

　被保佐人の保護者は、保佐人である。

　保佐人は、保佐開始の審判をする際に、家庭裁判所が職権で選任する（12条、876条の2）。

（イ）保佐人の権限

　保佐人は、保佐人の同意を要する行為（13条1項各号、2項。➡75ページ**イ**（ア）（イ））については、同意権を有する（13条）。

　また、保佐人は、保佐人の同意を要する行為については、120条1項の「同意をすることができる者」にあたる。よって、その行為の取消権を有し（120条1項）、追認権も有する（122条）。

　他方、保佐人は、当然には代理権を有しない。保佐人の代理権は、請求権者の請求によって、家庭裁判所が、特定の法律行為について保佐人に代理権を付与する旨の審判をすることにより、はじめて発生する（876条の4第1項）。

　しかも、本人の意思を尊重するべく、本人以外の者の請求によって代理権を付与する旨の審判をするには、本人の同意が必要である（同条2項）。

> 代理権を付与する旨の審判は、保佐開始の審判や同意を要する旨の審判とは別物です。保佐人には、当然に代理権があるわけではありません。未成年者の法定代理人や、成年後見人との違いを、しっかりと意識してください。

エ　登記

保佐開始の審判や同意を要する旨の審判、代理権を付与する旨の審判がなされると、保佐開始の審判があった旨、同意を要する行為、代理権の範囲が、それぞれ法務局の後見登記等ファイルに記録される（後見登記4条）。

オ　保佐開始の審判の取消し

保佐開始の原因が消滅した場合、家庭裁判所は、請求権者の請求により、保佐開始の審判を取り消すことになる（14条1項）。

この家庭裁判所による取消しがない限り、保佐開始の効果は継続する。病気が治癒したからといって当然に被保佐人でなくなるわけではない。

5　被補助人　B⁺

最後に、被補助人についてである。

被補助人とは、精神上の障害により事理を弁識する能力が不十分な者であって、家庭裁判所により補助開始の審判を受けた者をいう（15条参照）。

ア　要件

被補助人となるための要件は、まず、①精神上の障害により事理を弁識する能力が不十分であること、②請求権者が家庭裁判所に対して補助開始の審判を請求したこと、③家庭裁判所による補助開始の審判があったことである（15条1項）。

さらに、独特の要件として、④本人以外の者の請求により補助開始の審判をするには、本人の同意が必要である（15条2項）。これは、成年被後見人や被保佐人と比べて能力が高い被補助人の意思を尊重する趣旨である。

イ　効果

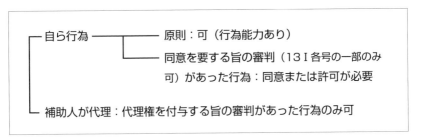

（ア）原則

　他の制限行為能力者と大きく異なり、被補助人は、補助人の同意なく、自ら確定的に有効な法律行為をすることができるのが原則である。いいかえれば、被補助人は、行為能力を有する（制限行為能力者ではない）のが原則なのである。

（イ）同意を要する旨の審判

　ただし、家庭裁判所は、請求権者の請求によって、被補助人が特定の法律行為をするにはその補助人の同意を要する旨の審判をすることができる（17条1項）。

a　要件

　同意を要する旨の審判をすることのできる特定の法律行為は、13条1項に定められた行為の一部に限定されている（17条1項）。

　また、本人の意思を尊重するべく、本人以外の者の請求によって同意を要する旨の審判をするには、本人の同意が必要である（17条2項）。

b　効果

　同意を要する旨の審判があると、その対象となった特定の法律行為を被補助人が自ら行うためには、補助人の同意が必要となる。

　ただし、補助人が、被補助人の利益を害するおそれがないにもかかわらず同意をしないときは、家庭裁判所は、被補助人の請求によって、補助人の同意に代わる許可を与えることができる（17条3項）。

　同意を要する旨の審判がなされた特定の法律行為を、被補助人が補助人の同意または同意に代わる許可を得ずになした場合は、その行為を取り消すことができる（17条4項）。

この同意を要する旨の審判と、補助開始の審判とは別物です。補助開始の審判がなされた場合でも、必ずしも同意を要する旨の審判がなされるとは限りません。

つまり、保佐人と異なり、同意権を全く有さない補助人も存在しうる（いいかえれば、被保佐人と異なり、完全に行為能力を有する被補助人も存在しうる）わけです。

ウ　補助人の選任・権限

（ア）補助人の選任

被補助人の保護者は、補助人である。

補助人は、補助開始の審判をするに際し、家庭裁判所が職権で選任する（16条、876条の7）。

（イ）権限

a　同意権──同意を要する旨の審判

補助人は、当然に同意権を有するわけではない。あくまでも、同意を要する旨の審判（➡ 前ページ（イ））があった場合に、その同意を要する旨の審判の対象となった特定の法律行為（13条1項に定められた行為の一部）についてだけ、同意権を有するにとどまる（17条1項）。

この点はきわめて重要であるから、しっかりと覚えておこう。

b　代理権──代理権を付与する旨の審判

また、補助人は、当然に代理権を有するわけでもない。

すなわち、家庭裁判所は、請求権者の請求により、被補助人のために特定の法律行為について補助人に代理権を付与する旨の審判をすることができる（876条の9第1項）。この審判がない限り、補助人は代理権を有さないわけである。

しかも、本人の意思を尊重するべく、本人以外の者の請求によって代理権を付与する旨の審判をするには、本人の同意が必要である（876条の9第2項・876条の4第2項）。

この代理権を付与する旨の審判も、やはり補助開始の審判とは別物です。補助開始の審判がなされた場合でも、必ずしも代理権を付与する旨の審判がなされるとは限りません。

また、ここは特に注意が必要なのですが、この代理権を付与する旨の審判がなされたとしても、被補助人の行為能力が制限されることになる（すなわち、被補助人が自ら単独でなした行為が取り消すことのできる行為となる）わけではありません。代理権を付与する旨の審判の効果は、あくまでも補助人の代理権の発生だけです。この点で、同意を要する旨の審判とは異なります。

c 取消権・追認権

補助人のうち、同意権を有する補助人は、120条1項の「同意をすることができる者」にあたる。

よって、取り消すことができる行為についての取消権を有し（120条1項）、追認権も有する（122条）。

> では、補助人のうち代理権を有する者は、120条1項の「代理人」にあたり、やはり取消権や追認権を有するのでしょうか。
> その答えは NO です。特定の行為について補助人に代理権があったとしても、被補助人はそもそもその行為を自ら同意なくして確定的に有効にすることができる（すなわち、そもそも取り消すことができる行為にあたらない）からです（→ 79 ページ（ア））。
> 少しややこしいところですが、被補助人についての理解と直結している箇所といえます。理解できなかった方は、ぜひもう一度復習してみてください。

エ 補助に関する各審判の関係

補助開始の審判、同意を要する旨の審判、代理権を付与する旨の審判は、それぞれ別個の審判である。

しかし、補助開始の審判は、同意を要する旨の審判と代理権を付与する旨の審判のいずれかとともにしなければならない（15条3項）。

したがって、補助人は、少なくとも同意権か代理権のいずれか1つは必ず有していることになる（もちろん、同意権と代理権の両方を有していることもある）。このことはしっかりと覚えておこう。

オ 登記

補助開始の審判や同意を要する旨の審判、代理権を付与する旨の審判がなされると、補助開始の審判があった旨、同意を要する行為、代理権の範囲が、それぞれ法務局の後見登記等ファイルに記録される（後見登記4条）。

カ 補助開始の審判の取消し

補助開始の原因が消滅した場合、家庭裁判所は、請求権者の請求により、補助開始の審判を取り消すことになる（18条1項）。

この家庭裁判所による取消しがない限り、補助開始の効果は継続する。病気が治癒したからといって当然に被補助人でなくなるわけではない。

6 後見開始・保佐開始・補助開始の各審判相互の関係) **B⁺**

すでに後見開始、保佐開始、補助開始の審判のいずれか1つを受けている者が、新たに他の審判を受ける場合がありうる。

たとえば、すでに後見開始の審判を受けている者の精神上の障害が軽減したため、新たに保佐開始の審判または補助開始の審判を受ける場合や、すでに補助開始の審判を受けている者の精神上の障害が重篤化したため、新たに後見開始の審判または保佐開始の審判を受ける場合などである。

このような場合、すでになされている審判を取り消さないと、新たになされる審判との競合が生じてしまう。

そこで、新たな審判をするには、すでになされている審判を取り消さなければならない（19条1項、2項）。

7 相手方の保護) **B**

以上で学んだように、制限行為能力者が行った一定の行為は、これを取り消すことができる。

しかし、その取消しの結果、相手方の取引の安全が害されてしまう。

そこで民法は、相手方の最低限の取引の安全を保護するべく、①相手方の催告権（20条）、②制限行為能力者の詐術による取消権の喪失（21条）、③取消権行使の期間制限（126条）という3つの制度を定めている。

ある行為を取り消すことができる場合であっても、通常は、取消し前に出現した第三者を保護するための規定というものが存在します。

たとえば、詐欺による行為は取り消すことができるのですが（96条1項）、善意無過失の第三者にその取消しを対抗（主張）することはできないとされています（96条3項➡ 176ページ **1**）。たとえば、Bの詐欺によってBに土地を売ったAは、Bからその土地を善意無過失で買い受けた第三者Cに対しては、A・B間の売買契約の取消しを主張することができないのです。

しかし、制限行為能力を理由とした取消しには、そのような**取消し前に出現した第三者を保護するための規定は存在しません**。したがって、制限行為能力者やその保護者は、第三者にも取消しを対抗（主張）することができます。

このように、制限行為能力者は非常に手厚く保護されているのですが、そうした中にあって、行為の相手方の最低限の取引安全のために規定されているのが、以下の3つの制度なのです。

ア　相手方の催告権

　制限行為能力者と取引をした相手方は、一定の者に対して、追認するか否か確答するよう催告する権利を有する（20条）。ただし、その効果は、相手方が誰に対して催告したのかにより異なる。

催告の相手方	確答がない場合の効果
能力者となった者	追認擬制
保護者	追認擬制
被保佐人・被補助人	取消し擬制
未成年者・成年被後見人	無意味

（ア）能力者となった者への催告

　まず、未成年者が成人した場合や、成年被後見人の後見開始の審判が取り消された場合などのように、制限行為能力者が能力者となった場合には、相手方はその者に対して、取り消すことができる行為を追認するか否かを1か月以上の定めた期間内に確答するよう催告することができる（20条1項前段）。

　そして、もしその期間内に確答を発しないときは、追認したものとみなされる（20条1項後段）。その結果、当該行為は取り消すことができなくなる（122条）。

（イ）保護者への催告

　次に、制限行為能力者がまだ能力者となっていない場合には、相手方は制限行為能力者の保護者である法定代理人（未成年者の法定代理人と成年後見人）・保佐人・補助人に対して、（ア）と同様の催告をすることができる（20条2項前段）。

　そして、もしその期間内に確答を発しないときは、やはり追認したものとみなされる（20条2項後段）。

（ウ）被保佐人または被補助人への催告

　また、制限行為能力者がまだ能力者となっていない場合において、相手方は被保佐人または同意を要する旨の審判を受けた被補助人（以下、単に「被補助人」と表記する）に対して、1か月以上の定めた期間内にその保佐人または補助人の追認を得るべき旨を催告することができる（20条4項前段）。

　そして、被保佐人または被補助人が期間内に追認を得た旨の通知を発しないときは、その行為を取り消したものとみなされる（20条4項後段）。

制限行為能力者とはいっても、被保佐人や被補助人はある程度能力がありますから、これらの者への催告を認めたのが 20 条 4 項です。

ただし、これらの者は自ら追認することはできませんから（124 条 1 項 ➡ 271 ページ イ）、催告の内容は「追認するか否かハッキリしろ」というものではなく、「保護者に追認してもらってこい」というものになります。

また、制限行為能力者への催告であることにかんがみて、被保佐人や被補助人が通知（返答）を発しないときの効果は、（ア）や（イ）と違って取消しの擬制とされています。行為が取り消されたことになってしまいますから相手方の保護にはならないようにも思えますが、有効か無効かはっきりしないという不安定な状態が終了し、無効が確定する点で、弱いながらも一応相手方の保護になると考えていくわけです。

なお、同じ制限行為能力者であっても、未成年者や成年被後見人への催告は全く無意味であり、何の効果も生じません（98 条の 2 参照 ➡ 190 ページ 1 ）。

イ 制限行為能力者の詐術　B⁺

（ア）詐術の効果

制限行為能力制度は、制限行為能力者の保護をその目的としている。

ところが、制限行為能力者が相手方をだまして行為能力者であると誤信させた場合には、そのような悪質な制限行為能力者を保護する必要はない。

そこで法は、制限行為能力者が行為能力者であることを信じさせるために詐術を用いたときは、その行為を取り消すことができないとした（21 条）。

（イ）詐術の要件

では、いかなる場合に「詐術」があったといえるか。

まず、たとえば未成年者が相手方に「自分は 18 歳だ」などと積極的に告げた場合は、当然「詐術」があったといってよい。

問題は、消極的な場合、すなわち自らが制限行為能力者であることを黙秘していた場合である。

判例は、制限行為能力者であることを単に黙秘していただけでは「詐術」があったとはいえないとしつつ、他の言動などと相まって相手方を誤信させ、または誤信を強めさせた場合には、「詐術」があったとしている（最判昭和 44・2・13 民集 23- 2 -291）。この結論はできれば覚えておこう。

したがって、たとえば未成年者が、自らが未成年者であることを黙秘していただけでなく、タバコを吸うこと等によって成人であると相手方に誤信させ、またはもともと成人であると誤信していた相手方の誤信をさらに強めさせたといえる場合には、「詐術」があったといえる。

（ウ）同意書の偽造など

　制限行為能力者が、同意権者の同意を得たと偽って取引をした場合や、同意書を偽造した場合には、21 条が類推適用される（大判明治 37・6・16 民録 10-940、大判大正 12・8・2 民集 2-577 参照）。

> 　この場合は能力者であると偽ったわけではありませんから、21 条を直接適用することはできません。しかし、悪質な制限行為能力者は保護に値しないという 21 条の趣旨は妥当しますから、21 条を類推適用していくわけです。

ウ　取消権行使の期間の制限

　取消権の行使には期間制限がある。

　すなわち、取消権は、追認をすることができる時から 5 年間行使しないときは消滅する（126 条前段）。行為の時から 20 年を経過したときも同様に消滅する（同後段）。

> 　126 条前段の 5 年の期間制限がある以上、126 条後段の 20 年の期間制限は無意味に見えるかもしれません。
> 　しかし、前段と後段とでは、**期間のカウントを開始する時点**が異なります。
> 　つまり、前段の 5 年の期間制限は「**追認をすることができる時**」、たとえば法定代理人や保佐人・補助人が制限行為能力者の行為を知った時や、制限行為能力者が行為能力者となった時からカウントが開始されます（➡ 271 ページイ）。そうでない限り、カウントは開始されません。
> 　これに対し、後段の 20 年の期間制限は、有無をいわさず「**行為の時**」から、つまりたとえば売買契約の時からカウントが開始されます。ですから、場合によっては後段の期間のほうが早く到来することもありえます。
> 　そして、前段・後段のどちらか一方に該当すれば、取消権は消滅することになるわけです。

5. 住所・不在者

1　住所　B⁻

　住所とは、各人の生活の本拠をいう（22 条）。

これに対し、人の一時的な居住の場所を居所という。住所が知れない場合には、この居所が住所とみなされる（23条1項）。

2　不在者　C

不在者とは、従来の住所を去ってしばらく帰ってくる見込みのない者をいう。

不在者の財産の管理に関し、民法は一連の規定をおいているが（25条から29条まで）、試験対策上の重要性は低い。時間があるときに条文をざっと見ておけば十分である。

6. 失踪宣告

1　意義　B

失踪宣告とは、一定の要件のもとに、人を死亡したものとみなして、財産関係や身分関係につき死亡の効果を生じさせる制度をいう（30条以下）。

この失踪宣告は、後見開始の審判などと同様に、家庭裁判所によってなされる。

2　失踪宣告の要件　B⁺

失踪宣告がなされる場合としては、①普通失踪と②危難失踪とがある。

ア　普通失踪

まず、不在者の生死が7年間明らかでないときは、家庭裁判所は、利害関係人の請求により失踪宣告をすることができる（30条1項）。これを普通失踪という。

請求権者である「利害関係人」とは、失踪宣告により権利を得たり義務を免れるという法律上の利害関係を有する者のことである。具体的には、配偶者、法定相続人、親権者、不在者の財産管理人などがこれにあたる。

後見開始の審判等とは異なり、検察官は請求権者に含まれない点に注意しよう。

> 後見開始の審判等の趣旨は、主として制限行為能力者の保護です。そして、この趣旨は一定の公的側面を有していますから、身内の者に加えて、公益の代表者たる検察官にも審判開始の請求権が認められています。
> これに対し、失踪宣告は、主として相続の開始や再婚を可能にするという私的な利益を守るために規定されたものにすぎません（→下記**3**）。そこで、請求権者は身内の者に限定されているわけです。

イ　危難失踪

次に、戦地に赴いたり、乗っていた船舶が沈没したなど、死亡の原因となるような危難に遭遇した者については、特別の失踪宣告が規定されている。

すなわち、死亡の原因となるような危難に遭遇した者が、その危難が去った後1年間生死不明の場合にも、家庭裁判所は、利害関係人の請求により失踪宣告をすることができる（30条2項）。これを危難失踪という。

「死亡の原因となるべき危難」としては、条文に例示された戦地に臨んだことや船舶が沈没したことのほか、地震や火災、洪水、登山などもこれにあたる。

「利害関係人」の意義は、上記**ア**のとおりである。

3　失踪宣告の効果　B+

ア　死亡の擬制

家庭裁判所によって失踪宣告がなされると、失踪者は死亡したものとみなされる（31条）。

> 31条は、「死亡したものとみなす」と規定しています。この「みなす」という文言は、本当に死んでいようと、実は生きていようと、**真実とは関係なく死んだことにする**、という意味です。したがって、実は生きているという事実、すなわち31条によってみなされる事実とは異なる事実の証明があったとしても、それだけでは「死亡したものとみなす」という効果はくつがえりません（➡89ページア参照）。
> このように、みなされる事実とは反対の事実の証明を許さない場合を、**擬制**といいます。
> ちなみに、この擬制と区別するべき概念として、**推定**があります。たとえば、32条の2は、一定の場合には数人の者が同時に死亡したものと**推定する**と定めています。この「推定する」という文言は、とりあえず同時に死亡したことにするけれども、異なる時期に死亡したという事実、すなわち32条の2によって推定される事実とは**異なる事実の証明**があれば、その証明された真実を採用するという意味です。
> このように、擬制と推定は、**異なる事実の証明を許さないのか、それとも許すのか**（いい

かえれば、異なる事実の証明に意味がないのか、それとも意味があるのか）という点で、全く異なります。早めに覚えておきましょう。

　ただし、いくら死亡したものとみなされるといっても、失踪者の権利能力が消滅するわけではない。あくまでも、失踪者の従来の住所または居所を中心とする法律関係について、失踪者が死亡した場合と同じ法律効果を認めるという趣旨にとどまる。

　具体的には、①相続の開始（882条）、および②婚姻の解消（したがって、失踪者の配偶者は再婚が可能になる）の2つが、失踪宣告の主たる効果である。この2つはしっかりと覚えておこう。

　　たとえば、失踪宣告を受けたAが、実は死亡しておらず、ひっそりと沖縄の久米島で生活していたとします。この場合、いくら「死亡したものとみなす」とはいっても、Aの権利能力まで奪ってしまっては、Aは犬や猫と同じ存在となってしまい、朝ごはんのパンすら有効に買うことができなくなってしまいます。
　　そのため、「死亡したものとみなす」という効果は、あくまでも失踪者の従来の住所などを中心とする法律関係に限定して生じるにすぎない、と解していくわけです。

イ　死亡したとみなされる時点

　失踪者が死亡したとみなされる時点は、普通失踪と危難失踪とで異なる。

　普通失踪では、失踪宣告の要件である7年の期間満了時に死亡したものとみなされる（31条前段）。

　危難失踪では、失踪宣告の要件である1年の期間満了時ではなく、死亡の原因となるべき危難が去った時に死亡したものとみなされる（31条後段）。

　これらの死亡擬制時は、短答式試験対策として覚えておくのが望ましい。

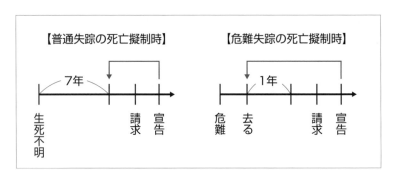

4　失踪宣告の取消し　B+

ア　趣旨

　失踪宣告がなされた場合であっても、その後に失踪者の生存が発覚すること
は十分ありうる。また、実際に死亡しているものの、失踪宣告によって死亡し
たとみなされた時とは異なる時に死亡したことが発覚することもありうる。

　そうした場合であっても、失踪宣告の効果が当然に否定されるわけではな
い。失踪宣告によって死亡が擬制されている以上、家庭裁判所による失踪宣告
の取消しがあってはじめて、失踪宣告の効果が否定されることになる。

イ　手続

　家庭裁判所が失踪宣告を取り消すには、①失踪者が生存すること（または失
踪宣告によって死亡したとみなされた時とは異なる時に死亡したこと）の証明があるこ
とに加えて、②本人または利害関係人の請求が必要である。失踪宣告の請求
（➡ 86 ページ**ア**）と同様に、検察官は請求権者に含まれない。

　①および②の要件がみたされている場合、家庭裁判所は失踪宣告を取り消さ
なければならない（32 条 1 項前段）。

ウ　取消しの効果①──遡及効の原則

　家庭裁判所によって失踪宣告が取り消されると、失踪宣告はさかのぼって初
めからなかったことになる。これはしっかりと覚えておこう。

　したがって、たとえば A に対する失踪宣告により A の財産を相続した B は、
失踪宣告の取消しがあると、その財産を A に返還しなければならない（703 条、
704 条）。B による A の財産の取得は相続をその原因とするものであるところ、

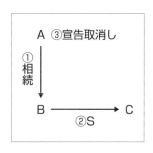

失踪宣告の取消しによって A から B への相続が遡
及的になかったことになる結果、B の財産の取得
は不当利得にあたることになるからである。

　また、B が A から相続した土地を B から買い受
けた C も、失踪宣告の取消しがあると、その土地
を A に返還しなければならない（703 条、704 条。
物権的返還請求権という構成もできる）。C の所有権

取得は、Aから土地を相続したBとの売買をその原因とするものであるところ、失踪宣告の取消しによってAからBへの土地の相続が遡及的になかったことになる結果、Bはさかのぼって無権利者だったことになり、B・C間の売買も、さかのぼって他人物売買だったことになる。したがって、Cは所有権をBから取得できなかったことになり、単なる不当利得者（不法占有者）となるからである。

エ　取消しの効果②──遡及効の制限（32条1項後段）

　しかし、それでは失踪宣告を信頼したBやCを害するおそれがある。

　そこで、32条1項後段は、例外的に取消しの遡及効が制限される場合を定めている。

（ア）取消し前に善意でした行為

　まず、失踪宣告の取消しは「失踪の宣告後その取消し前に善意でした行為の効力に影響を及ぼさない」とされている（32条1項後段）。取消し前に善意でした行為については、取消しの遡及効を及ぼさないという趣旨である。

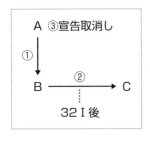

　ここで「行為」とは、失踪宣告によって直接利益を得た者（直接取得者）と第三者との間でなされた財産取得行為や身分行為を指す。B・C間の売買がその典型である。

　したがって、この32条1項後段が適用される場合には、失踪宣告が取り消されたとしてもB・C間の売買は自己物売買のままとなり、Cは土地の所有権を失わないで済むことになる。

（イ）双方善意の要否

　では、上の例で32条1項後段は適用されるのか。

　ここでまず問題となるのは、「善意」でなければならないのは誰なのかという点である。

　この点、「善意」を要するのは第三者Cだけであり、直接取得者Bは悪意でもよいとする見解がある。

　しかし、そのように解しては、あまりに失踪者Aの利益の保護に欠ける。直接取得者Bと第三者Cの双方が善意であることを要すると解するのが妥当で

あろう（大判昭和 13・2・7 民集 17-59）。

　したがって、BとCの双方が善意である場合には、CはAに財産を返還しなくてよい一方、BとCのいずれかが悪意だった場合には、原則に戻り、CはAに財産を返還しなければならない。

🅠 32 条 1 項後段の「善意」は行為者双方に必要か　B

A説 双方善意説（判例・通説）
理由：失踪者の利益保護を重視するべきである。
B説 相手方善意説（有力説）
理由：取引の相手方の保護を重視するべきである。

（ウ）転得者が悪意の場合

　では、直接取得者と第三者の双方が善意で行為がなされた後に、悪意の転得者が登場していた場合はどうか。

　たとえば、善意のBがAから相続した土地を善意のCに売却した後、Cがさらにその土地を悪意のDに転売したとする。その後に失踪宣告が取り消された場合、Dは土地所有権を取得できるのであろうか。

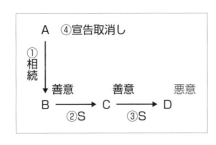

　この点、悪意の転得者は保護に値しないと解し、財産権を取得しないとする見解も有力である。すなわち、悪意の転得者Dとの関係では、双方善意でなされたB・C間の行為は他人物売買となり、Aは悪意の転得者Dに対してその財産の返還を請求できると考えていくわけである（相対的構成）。

　しかし、この見解に立つと、転得者の主観によって、双方善意でなされた行為の効力が有効になったり無効になったりしてしまい、法律関係の安定性が害される。また、転得者の主観に応じた複雑な処理が必要になってしまうという不都合も生じる。

　そこで、法律関係の早期安定と簡明さの見地から、一度 32 条 1 項後段が適用された以上、第三者は権利を確定的に取得し、失踪者は確定的に権利を喪失すると解するのが妥当であろう（絶対的構成）。

　したがって、悪意の転得者Dも、Cから有効に権利を承継取得する。Aはそ

の返還をDに請求することはできない。

> この論点と同じ発想は、後に94条2項において詳しく学ぶことになります（➡156ページ（イ））。現時点では、ざっと理解しておけば十分です。

Q 双方善意者の登場後の悪意の転得者の処理　B

A説　相対的構成説（近江など有力説）
結論：悪意の転得者は権利を取得しない。
理由：悪意の転得者は保護に値しない。

B説　絶対的構成説（通説）
結論：悪意の転得者も、第三者から有効に権利を承継取得する。
理由：法律関係の早期安定と簡明さの観点。

（エ）身分行為

　失踪宣告の効果として、失踪者の配偶者において、失踪者以外の者との再婚が可能になることは前述した（➡87ページ**ア**）。

　ここで、たとえば夫であるAが失踪宣告を受けた後、その妻であるBが第三者Cと再婚したとする。ところが、その後に失踪宣告が取り消されたとしよう。この場合、A・B・Cの婚姻関係はどのようになるのだろうか。

　この問題に関してはいくつかの見解があるが、試験対策としては次の有力な見解を理解しておけば足りる。

　まず、①B・Cの双方が善意の場合は、32条1項後段が適用される結果、A・B間の前婚は復活せず、後婚のみが残る。

　次に、②B・Cの一方または双方が悪意の場合は、32条1項後段が適用されないため、前婚が復活する。ただし、後婚も不適法ではあるが当然には無効とならず（742条参照）、したがって重婚状態が生じる。そして、この重婚状態は、前婚にとってはその離婚原因となり（770条）、後婚にとってはその取消原因となる（744条・732条）。

オ　取消しの効果③──直接取得者の財産の喪失と返還義務（32条2項）

　次に、32条2項は、失踪宣告により財産を取得した者の財産の喪失と返還義務の範囲について定めている。

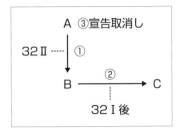

（ア）32条2項本文

　まず、32条2項本文は、「失踪の宣告によって財産を得た者は、その取消しによって権利を失う」と定める。

　この「財産を得た者」は、失踪宣告によって財産を直接得た者（直接取得者）に限られる。相続人、受遺者、生命保険金の受取人などがその典型である。これらの具体例は覚えておこう。

> たとえば、Aが失踪宣告を受け、Aの遺産を相続したBは、失踪宣告の取消しにより権利を失います。そしてその結果、Bの得た財産は遡及的に不当利得ということになりますから、Aへの返還義務が発生することになります（➡9ページ（ウ））。

　他方、直接取得者から財産を取得した第三者は、32条2項本文の「財産を得た者」にはあたらない。90ページの**エ**で学んだ32条1項後段により保護されることになる。

（イ）32条2項ただし書

　a　現存利益の返還

　もっとも、32条2項ただし書は、32条2項本文によって財産上の権利を失った直接取得者につき、「現に利益を受けている限度においてのみ、その財産を返還する義務を負う」と定める。

　たとえば、失踪宣告により、失踪者Aの財産1000万円をBが相続したところ、その後に失踪宣告が取り消されたとする。ところが、Bは、相続した1000万円のうち、800万円をすでにギャンブルでスッてしまっていたとしよう。

　この場合、32条2項ただし書が適用されれば、Bは現に手元にある200万円をAに返還すれば足りることになる。

　なお、「現に利益を受けている限度」の判断については、264ページ**ウ**（取消しの箇所）を参照してほしい。

　b　善意の要否

　では、上記のBに32条2項ただし書が適用されるか。ここで問題となるのが、同項ただし書が適用されるための主観的要件である。

　確かに、文言上は、利益を得た者の主観は問題とされていない。しかし、失

踪者の生存等について悪意の者にまで同条項ただし書を適用し、失踪者に不利益を課すのは不公平である。

　そこで、失踪者の利益保護の観点から、同条項ただし書は善意者にのみ適用され、悪意者は全部の利益を返還しなければならないと解するべきであろう（通説）。

　したがって、BがAの生存等につき善意であった場合には、Bは200万円を返還すれば足りるが、BがAの生存等につき悪意であった場合には、Bは1000万円全額を返還しなければならない。

> 　不当利得法の規定上、およそ善意の不当利得者は現存利益の返還で足りる一方（703条）、悪意の不当利得者は全部の返還が必要とされています（704条）。
> 　したがって、通説に立つ限り、32条2項ただし書は、遡及効を制限する規定なのではなく、703条や704条から当然のことを定めた確認規定（注意規定）にすぎません。

Q 現存利益の返還で足りるとする32条2項ただし書の適用につき、利益を受けた者が善意であることを要するか　**B**

A説 善意者限定説（通説）
理由：失踪者の利益保護。

B説 悪意者包含説
理由：①文言上善意は要求されていない。
　　　②善意を要求すれば、32条2項は独自の存在理由を失う。

5　認定死亡　B⁻

　以上の失踪宣告と似て非なる制度として、認定死亡がある。

　たとえば、Aが乗っていた飛行機が海中に墜落したとする。Aが死亡した蓋然性はきわめて高いが、Aの遺体は発見されなかったとしよう。

　このような場合、取調べにあたった役所（海上保安庁など）がAの死亡を認定して、戸籍上、一応死亡として扱うことになる（戸籍89条）。この戸籍法上の制度が、認定死亡である。

　この認定死亡は、単に戸籍上の手続にすぎず、本人が生きて現れれば当然にその効力を失う（最判昭和28・4・23民集7-4-396参照）。この点で、本人が生きて現れても失踪宣告の取消しがなされない限り効力が存続する失踪宣告とは異なる（➡87ページ**ア**）。

7. 同時死亡の推定

1 相続人の範囲 A

　同時死亡の推定を学ぶ前提として、まずは相続人の範囲の概要を説明する（詳しくは家族法のテキストで学ぶ）。

```
配偶者　＋　①子（887Ⅰ）
（890）　　②子の子（代襲・887Ⅱ）
　　　　　　③子の子の子（再代襲・887Ⅲ）
　　　　　　④直系尊属（889Ⅰ①）
　　　　　　⑤兄弟姉妹（889Ⅰ②）
　　　　　　⑥兄弟姉妹の子（代襲・889Ⅱ）
```

※兄弟姉妹の子の子は ×（889Ⅱは 887Ⅱのみ準用）
※相続放棄の場合は代襲相続なし（887Ⅱ・Ⅲ参照）

ア　配偶者

　まず、死亡した者（被相続人という）の配偶者は、常に相続人となる（890条）。

イ　配偶者以外の者

　次に、配偶者に加えて、①被相続人に子がいる場合は、子も相続人となる（887条1項）。

　②被相続人が死亡した時点で、子がすでに死亡しているものの、子の子（被相続人の孫）がいる場合は、子の子が相続人となる（887条2項）。これを代襲相続という。

　さらに、③被相続人が死亡した時点で、子および子の子がすでに死亡しているものの、子の子の子（死亡した者のひ孫）がいる場合は、その子の子の子が相続人となる（887条3項）。これを再代襲相続という。

　被相続人の死亡時に子や孫、ひ孫がいない場合は、④被相続人の直系尊属（父母など）が相続人となる（889条1項1号）。

　さらに、⑤直系尊属もいない場合は、被相続人の兄弟姉妹（889条1項2号）

が相続人となる。

⑥被相続人の死亡時に兄弟姉妹がすでに死亡しているものの、兄弟姉妹の子（甥・姪）がいる場合は、その兄弟姉妹の子が相続人となる（889条2項・887条2項。代襲相続）。

なお、兄弟姉妹における代襲相続が認められるのは一代限りであり、再代襲相続は認められない（889条2項は887条3項を準用していない）。被相続人の死亡時に子も孫もひ孫もおらず、直系尊属もおらず、兄弟姉妹も甥・姪もすでに死亡しているものの、甥・姪の子がいる場合、甥・姪の子には相続権はないのである。

> さらに、相続人が**相続を放棄**した場合は、およそ**代襲相続や再代襲相続は生じません**。代襲相続を定めた887条2項や再代襲相続を定めた同条3項は、相続が放棄された場合を代襲相続や再代襲相続の原因としてあげていないからです。
> したがって、たとえば被相続人の子が相続を放棄した場合は、子の子（孫）には相続権は発生せず、直系尊属に相続権が移ることになります。

2　死亡の先後と相続人の範囲　A

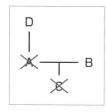

ここで、夫婦であるA・B、その子C、およびAの父Dがいるとしよう。そして、AとCが乗っていた飛行機が墜落し、A・Cがともに死亡したとする。この場合、Aの財産は誰が相続することになるのであろうか。

その結論は、AとCのどちらが先に死亡したかによって異なってくる。

①まず、Aが死亡し、その後にCが死亡した場合は、Aの死亡によりその配偶者Bと子CがAの財産を相続し、その後の子Cの死亡によりCの直系尊属BがCの財産を相続することになる。つまり、Aの財産は、結局すべてBのもとに行くことになる。

②これに対し、Cが死亡し、その後にAが死亡した場合はどうか。この場合は、Aが死亡した時点では子Cはすでに存在していないため、Aの配偶者BとAの直系尊属Dが、それぞれAの財産を相続することになる。

このように、AとCの死亡の先後により、Aの財産について、Bがそのすべてを相続するのか、それともBとDが分け合うことになるのかが異なってくる

わけである。

3 同時死亡の推定とその効果 ） B

　しかし、飛行機事故などの場合、AとCのいずれが先に死亡したのかわからないことが多い。

　そこで、数人が死亡した場合で、死亡の先後関係が不明であるときには、これらの者は同時に死亡したと推定するとされている（32条の2）。

　そして、同時死亡者の間では、相続は生じないし、遺贈の効力も生じない。一方が死亡した瞬間に、同時に他方も死亡していた以上、そもそも相続や遺贈を受ける主体が存在しなかったことになるからである。

　上の例でこの規定を適用すると、A死亡の段階で同時にCが死亡したと推定される結果、CがAの財産を相続したり遺贈を受けることはなくなり、結局、配偶者Bと直系尊属DがそれぞれAの財産を相続することになる。

　ただし、代襲相続は生じる。そのため、Cに子Eがいた場合には、Aの財産は、その配偶者Bと孫Eが相続することになる。

　また、同時死亡はあくまでも「推定」にとどまるため、死亡の先後につき証明がある場合には、この推定は覆される。

第**2**章

法人

1. 法人の意義 　A

　法人は、自然人と並ぶ権利能力者である。すなわち、その構成員ではなく、法人自身がその権利・義務の主体となる。

> 　たとえば、私が講義を担当している伊藤塾の教室には、数多くの机や椅子などがあり、また、渋谷には自社ビルもあります。これらの物は、塾長である伊藤真先生の所有物でも、伊藤塾の社長の所有物でもありません。伊藤塾は会社名を「株式会社法学館」というのですが、その株式会社法学館という法人自身が、これらの物の所有者なのです。
> 　また、伊藤塾の受講生の皆さんは、「講義を聞かせろ」と請求する債権をもっていますが、その債権の債務者は、講義を担当する私でも、伊藤真先生や社長でもありません。やはり、株式会社法学館という法人がその債務者なのです。
> 　法人自身が権利・義務の主体であるということを、しっかりとイメージしておきましょう。

2. 法人の本質 　B⁻

　法人の本質をどのように捉えるかをめぐっては、学説の対立があるが、試験との関係でも、実務との関係でも重要でない。法人は自然人と同じく実体を有すると解する法人実在説を一応知っておけば十分である。

> 　たとえば、この本の出版元である「株式会社弘文堂」も法人です。そして、おそらく皆さんの多くは、「株式会社弘文堂」といわれれば、その社長さんや株主さんなどといった自然

人をイメージするのではなく、「株式会社弘文堂」という会社それ自体をイメージする（たとえば「法律系に強い出版社だ」などとイメージする）のではないでしょうか。もしそうならば、皆さん自身も、法人を実在説的に捉えているといえるでしょう。

3. 法人の分類

法人には様々な分類があるが、学習上重要なものに絞って説明する。

1 法人格が与えられる対象による分類 B

およそ法人は、何に対して法人格（権利能力）が与えられるのかにより、①社団法人と②財団法人に分類される。

①社団法人とは、一定の人の集まりである社団に法人格が与えられたものをいう。この社団法人では、社員（構成員）が不可欠の要素とされ、社員総会がその最高の意思決定機関とされる。

②財団法人とは、一定の財産の集まりである財団に法人格が与えられたものをいう。この財団法人では、設立者が拠出した財産を基礎とし、定款（法人の根本規則）に示された設立者の意思が活動のルールとされる。

財団法人であっても、もちろんその管理や運営には自然人が関与しています。
しかし、財団法人においては、その自然人が法人の意思を決定するのではなく、定款に記載された設立者の意思が法人の意思を決定する基準となります。この点で、社員総会によって法人としての意思を決定していく社団法人とは異なるわけです。

2 目的等による分類 A

また、およそ法人は、主としてその目的によっても分類される。

ア 営利法人

営利法人とは、営利を目的とする法人をいう。ここで「営利」とは、法人の活動によって得た利益を構成員に分配することをいう。

具体的には、営利社団法人である会社がこれにあたる。会社は、主として会社法による規律を受ける。

> 日常用語で「営利目的」というと、単に金儲け目的という意味で使われることが多いでしょうが、法律上の「営利目的」は、お金を儲けることに加えて、儲けたお金を構成員である社員に分配することをも指しています。
> たとえば、営利法人の典型である株式会社は、その経済的活動によって利益を得た場合、その利益を社員（株主）に配当します（会社105条1項1号参照）。この利益の配当を受ける株主の権利を、剰余金配当請求権といいます。
> また、株式会社をたたむときは、会社が負っている債務等を清算したうえで、財産の余りがあれば、これをやはり構成員である株主に分配します（同105条1項2号参照）。この分配を受ける株主の権利を、残余財産分配請求権といいます。
> そして、株主に、剰余金配当請求権および残余財産分配請求権の全部を与えないとする定款の定めは、営利法人たる会社の営利性に反するため、無効とされています（同105条2項）。

イ 一般法人

一般法人とは、営利を目的としない法人（非営利法人）であって、一般法人法（一般社団法人及び一般財団法人に関する法律を指す。以下同じ）によって設立されたものをいう。

この一般法人は、①一般社団法人と、②一般財団法人からなる。

営利法人とは異なり、①一般社団法人の社員には、剰余金配当請求権や残余財産分配請求権は認められない。仮にそれらを与える旨の定款の定めがあっても、その定款の定めは無効である（一般法人11条2項）。

②一般財団法人においても、その設立者に剰余金配当請求権や残余財産分配請求権を与える旨の定款の定めは無効である（一般法人153条3項2号）。

ウ 公益法人

公益法人とは、一般法人（一般社団法人・一般財団法人）のうち、公益法人認定法に基づき公益性の認定を受けた法人をいう（公益認定2条、4条）。

公益法人に対しては、税法上の優遇措置が適用される。

> 誤解されがちなのですが、公益法人を公益目的の法人と定義するのは間違いです。公益性の認定を受けていない一般社団法人や一般財団法人の中にも、公益目的の法人は存在するからです。
> 公益法人というのは、あくまでも税法上の優遇措置などを受ける要件として、役所によっ

3 その他の法人) B⁻

　農業協同組合、消費生活協同組合、労働組合などは、それぞれ特別法によって設立される非営利法人である。

　相続人がいない場合の相続財産も、民法の規定によって法人とされている（相続財産法人という。951条）。

4. 法人の設立

1 設立に関する制度) B

　法人の設立に関しては、特許主義、強制主義、許可主義、認証主義、認可主義、準則主義、当然設立主義という7つの制度がありうるが、民法を学ぶうえでは、許可主義と準則主義を知っておけば足りる。

　①許可主義とは、法人の設立に主務官庁の許可を必要とする制度である。平成18年改正前の民法上の法人については、この許可主義が採用されていた。

　②準則主義とは、法律の定める要件を満たしたうえで設立の登記をすれば、法人の設立を認めるという制度である。設立につき、主務官庁の許可等を要しないわけである。

　一般法人や会社の設立については、この準則主義が採用されている（一般法人22条、同163条、会社49条、同579条）。このことは覚えておこう。

2 定款の作成) A

　一般法人であれ、会社であれ、その設立には定款の作成が必要である（一般法人10条、同152条1項、会社26条1項、同575条1項）。

定款とは、法人の根本規則のことであり、いわば法人の憲法のようなものである。

この定款には、その法人の目的等が記載される（一般法人 11 条 1 項 1 号、同153 条 1 項 1 号、会社 27 条 1 号、同 576 条 1 項 1 号）。

3　設立登記　Ａ

一般法人であれ、会社であれ、その成立には設立の登記が必要である（一般法人 22 条、同 163 条、会社 49 条、同 579 条）。

前ページの **1** で述べたとおり、一般法人や会社には準則主義が採用されているため、主務官庁の許可等は不要である。

5. 法人の権利能力　→論証 1

民法 34 条は、「法人は、法令の規定に従い、定款その他の基本約款で定められた目的の範囲内において、権利を有し、義務を負う」と定めている。

この 34 条は、私法の一般法たる民法の規定であるから、非営利法人（一般法人や農業協同組合など）であると営利法人（会社）であるとを問わず、およそ法人に適用される（通説）。

1　34 条の趣旨　Ａ

この 34 条については、それが法人の何を制限しているのかをめぐって争いがある。

ア　権利能力制限説

通説は、34 条は法人の権利能力を制限した規定であるとする。

すなわち、法人は、定款等で定められた目的の範囲内においてのみ権利能力を有し、その範囲内で法人としての行為ができると解するわけである。

法人は一定の目的のために存在しているというべきであるから、この通説が

妥当であろう。

権利能力とは、権利義務の主体たりうる資格をいいました（➡ 60 ページ **1**）。したがっ
て、この通説は、法人は定款等の目的の範囲内においては権利義務の主体たりうるけれど
も、目的の範囲外においては、犬や猫と同様に、およそ権利義務の主体たり得ないと考えて
いくわけです。

イ　代表権制限説

　これに対し、34 条は、法人の代表機関の代表権（代理権）を制限したものと
する見解も有力である。

　すなわち、法人は、定款等で定められた目的の範囲外においても権利能力を
有するものの、法人の代表機関（たとえば一般社団法人における理事。一般法人 77
条 1 項）の代表権は、定款等で定められた目的の範囲内に限定されると解して
いくわけである。

権利能力制限説と代表権制限説との実質的な違いは、法人の代表機関が法人を代表（代
理）してなした目的範囲外の行為を、完全に無効と捉えるか、それとも無権代理行為と捉
えるかという点にあります。
　まず、通説である権利能力制限説からは、目的の範囲外の行為は、法人の権利能力の範
囲外の行為ですから、その行為は**完全に無効**です。法人がこれを事後的に追認すること は
できません。犬が締結した契約を飼い主が追認する、ということがあり得ないのと同様です。
　一方、代表権制限説からは、目的の範囲外の行為は、代表機関の代表権（代理権）の範
囲外の行為ということになり、代理のところで勉強する**無権代理行為**（➡ 219 ページ 1.）
にあたることになります。したがって、本人たる法人は、目的の範囲外の行為を**追認**するこ
とができ、追認すれば法人にその効果が帰属することになります（116 条本文）。また、無
権代理行為の効果を本人に帰属させる制度である**表見代理**の規定（109 条、110 条、
112 条）を適用することもできることになります。
　これらの点は、代理を勉強した後に再び見直すとスッキリと理解できるでしょう。

❓ 34 条は法人の何を制限した規定か　A

A説 権利能力制限説（通説）
結論：法人の権利能力を制限した規定である。
帰結：目的の範囲外の行為は、完全に無効である。
理由：法人は一定の目的のために存在している。

B説 代表権制限説（有力説）
結論：法人の代表者の代表権を制限した規定である。
帰結：目的の範囲外の行為について、法人は追認することができ、表見代理の規定も
　　　適用される。

理由：取引の安全を考慮する必要がある。

2　目的の範囲内か否かの判断　　Ａ

では、34条の「目的の範囲内」か否かは、どのように判断すべきか。

ア　営利法人の場合

まず、営利法人の場合は、取引安全の見地から、きわめてゆるやかに判断するべきである。

具体的には、定款等に明示された目的を遂行するうえで直接または間接に必要な行為であればすべて「目的の範囲内」であり、かつ、直接または間接に必要な行為か否かは、現実に必要な行為だったか否かによって判断するのではなく、客観的・抽象的に判断すべきである（**最大判昭和45・6・24百選Ⅱ32**）。

したがって、営利法人の行為が目的の範囲外とされることは、通常あり得ない。

> たとえば、定款の目的に「大学入試の受験指導」とだけ記載している会社（大学受験予備校）が、レストランの経営を始めたとします。
> レストランの経営は、受験指導に直接に必要な行為とはちょっといえませんが、たとえば受験生の健康維持などの点で、受験指導に**間接に必要な行為**ということは可能です。
> そして、仮にその真の目的（主観的な目的）が単なる金儲けであり、受験生の健康維持目的ではなかったのだとしても、また、実際には受験生の健康維持をその予備校が行う必要などなかったのだとしても、**客観的・抽象的に判断**すれば、なお受験生の健康維持目的ということができ、受験指導に間接に必要な行為ということができます。したがって、定款の目的に「大学入試の受験指導」とのみ記載されていたとしても、なおレストランの経営は「目的の範囲内」ということになるわけです。

イ　非営利法人の場合

以上に対し、営利法人以外の法人（非営利法人）の場合は、「目的の範囲内」か否かはきわめて厳格に判断される。

非営利法人の行為としてしばしば問題になるのが、員外貸付けである。員外貸付けとは、非営利法人が、その構成員以外の者に資金を貸し付ける行為をいう。

判例は、①農業共同組合による員外貸付けを目的の範囲外の行為として無効とし（最判昭和41・4・26民集20-4-849）、②労働金庫による員外貸付けも、や

はり目的の範囲外の行為として無効としている（**最判昭和44・7・4百選Ⅰ 80**）。

②は面白い判例なので、抵当権の予習を兼ねて、少し補足しておきます。

この判例では、まず、労働金庫による非組合員Ａへの員外貸付けに伴い、Ａの返還債務の担保として、Ａ所有の不動産に抵当権が設定されました。次に、労働金庫によってその抵当権が実行され、Ｂが買受人となりました。

ところが、Ａは、買受人Ｂに対し、「ⓐ本件の員外貸付けは目的の範囲外の行為であるから無効である、ⓑしたがって本件の抵当権やその実行も無効である」と主張して、買受人Ｂの所有権取得を争ったのです。

確かに、抵当権というのは被担保債権の担保のために存する物権ですから、被担保債権が存在しなかった場合には、抵当権は成立しません（➡ 31ページ（ウ）：成立における付従性）。そして、員外貸付けは目的の範囲外の行為として無効ですから、本件では、労働金庫からＡに対する貸付金債権はそもそも発生していません。したがって、Ａの主張は、形式的な論理としては成り立ちます。

ところが、最高裁は、員外貸付けは目的の範囲外の行為として無効としつつ、**抵当権や抵当権の実行の無効を主張することは「信義則上許されない」**としました。つまり、ⓐやⓑの主張の内容は認めるけれども、なおＡがⓑの主張をすることは信義則に反するから許されない、としたわけです。

自ら貸付けを受けたにもかかわらず、Ａがⓑの主張をするのはムシがよすぎます。この判例は妥当でしょう。

6. 一般法人の不法行為責任

以下で説明する一般法人の不法行為責任は、余裕があるときに一読する程度で足りる。

1　一般法人法78条、197条　　B−

一般法人は、「代表理事その他の代表者がその職務を行うについて第三者に加えた損害を賠償する責任を負う」とされている（一般法人78条、197条）。

この規定の趣旨は、法人が代表者の行為によって対外的な活動をし、利益を受けている以上、それに伴って他人に生じた損害を賠償すべきである、という報償責任の原理にある。

ア　「理事その他の代表者」による行為であること

上記の規定を適用する要件として、まず、実際に不法行為をした者が「理事その他の代表者」でなければならない。

理事等の代表者から特定の行為の代理を委任された任意代理人は、法人の「代表者」とはいえないから、その者がなした行為につき上記の規定は適用されない。

イ　「職務を行うについて」なされた行為であること

次に、「職務を行うについて」なされた行為であることが必要である。

「職務を行うについて」とは、①職務行為そのもの、および②職務行為を遂行するのに必要な行為をいう。

そして、被害者の信頼を保護するべく、その該当性は行為の外形から客観的に判断される。

たとえば、法人の代表者である理事Aが、代金を着服する意図で法人所有の土地を売却したとする。この場合、かかるAの行為は、真実としては①職務行為そのものではなく、②職務行為を遂行するのに必要な行為でもないものの、Aの行為の外形から客観的に判断すれば、なお②職務行為を遂行するのに必要な行為だったといいうる。

よって、「職務を行うについて」にあたりうる。

ただし、真実としては①職務行為そのものではなく、②職務行為を遂行するのに必要な行為でもなかった場合には、かかる真実につき悪意・重過失の被害者との関係では、なお「職務を行うについて」とはいえないと解されている（最判昭和50・7・14民集29-6-1012）。

> この「職務を行うについて」の判断は、使用者責任（715条）における「事業の執行について」の判断と同様です。債権各論の使用者責任で詳しく学ぶことにしましょう。

ウ　不法行為の一般的要件をみたすこと

さらに、法人が不法行為責任を負うには、実際に行為をした「理事その他の

代表者」において、不法行為の一般的要件がみたされていなければならない。

いいかえれば、「理事その他の代表者」が個人責任を負わないような場合には、法人も不法行為責任を負わないわけである。

7. その他の一般法人法の規定

1 管理 B⁻

一般法人の管理に関する規定は、試験との関係では重要でない。ここでは、理事等の代表権に制限が加えられている場合についてのみ概説する。

まず、理事等の代表権に対して、内部的な制限が加えられることがある。たとえば、理事が一定の行為を行う際には社員総会の承認を要する、と定款で定められている場合がその典型である。

そして、理事等の代表権に加えられたかかる内部的な制限は、善意の第三者に対抗できない（一般法人77条5項、同197条）。善意の第三者との関係では、その制限はなかったのと同様に扱われるわけである。

法令による代表権の制限は、本条の「制限」にあたらない。

「善意」の意義については争いがあるが、判例は善意無重過失と解している（最判昭和47・11・28民集26-9-1686）。

2 解散 B⁻

一般法人の解散も、重要性が低いため、概説にとどめる。

一定の事由があると、一般法人は解散する。一般社団法人の解散事由は一般法人法148条に、一般財団法人の解散事由は同法202条に定められている。

一般社団法人の社員が1人だけになったとしても、それは一般社団法人の解散事由にはあたらない（一般法人148条4号対照）。この点は短答式試験の引っ掛け問題として出題される可能性があるので、一応注意しておこう。

第 3 章

権利能力なき社団・財団

　法人に類似する存在として、①権利能力なき社団と②権利能力なき財団がある。

　これらのうち、①の権利能力なき社団は、短答・論文を通じてきわめて重要である。

1. 権利能力なき社団

1 意義) A

　権利能力なき社団とは、社団としての実体を有するが、法人格をもたない団体をいう。法人格なき社団ともよばれる。

　たとえば、同窓会や大学のサークルで、法人格を取得していないものは、この権利能力なき社団にあたりうる。

2 要件) B

　権利能力なき社団といえるための要件は、①団体としての組織を備えていること、②多数決の原理が行われていること、③構成員の変更にかかわらず団体が存続すること、④代表の方法、総会の運営、財産の管理等、団体としての主要な点が確立していること、の４つである（**最判昭和 39・10・15 百選Ⅰ 7**）。

　なお、固定財産ないし基本的財産を有していることは、権利能力なき社団の不可欠の要素ではない（最判平成 14・6・7 民集 56−5−899）。

3 財産の帰属 A

権利能力なき社団の財産の帰属については、試験との関係できわめて重要である。

ア 問題の所在

たとえば、権利能力なき社団であるテニスサークルが、会員の多数決によって、会費を使ってテニスボールを購入したとする。

この場合、そのテニスボールの所有権は、実質的にはテニスサークルに帰属しているといえる。

しかし、そのテニスボールの所有権が、形式的にテニスサークルに帰属しているということはできない。かかるテニスサークルは権利能力なき社団である以上、所有権の主体たり得ないからである。

では、権利能力なき社団に実質的に帰属している財産は、形式的には、誰に、どのようなかたちで帰属しているのか。

イ 民法上の共同所有の形態

この点、権利能力なき社団に実質的に帰属している財産は、その構成員の共同所有といわざるを得ないが、問題はその共同所有の形態をいかに解するかである。

ここで、前提として民法上の共同所有の形態を簡単に説明しておく（より詳しくは物権法で学ぶ）。

民法上の共同所有の形態としては、①共有、②合有、③総有の3つがある。

共同所有の形態	使用・収益	具体的持分 （処分・分割請求）	潜在的持分 （払戻し）
共有 eg. 共同相続した土地	○	○	―
合有 eg. 組合財産	○	×	○
総有 eg. 権利能力なき社団に 実質的に帰属する財産	○	×	×

（ア）共有

　共有は、共同所有の原則的形態である。たとえば複数の相続人が共同相続した土地は、共同相続人の共有となる。

　共有の特徴は、共有者1人ひとりに、具体的持分が認められる点である。すなわち、各共有者は、目的物を使用・収益できるのに加え、単独でその持分を処分することができるし、目的物の分割を請求することもできる（256条1項本文）。

（イ）合有

　これに対し、合有は、各人に具体的持分は認められず、ただ潜在的持分が認められるにすぎないという、やや特殊な共同所有形態である。

　すなわち、合有者各人は、目的物を使用・収益できるものの、具体的持分をもたないため、持分の処分や目的物の分割請求は認められない。ただし、共同所有関係を離脱するに際しては、持分の払戻しを請求できる。

　組合における組合財産は、全組合員の合有に属する（676条1項から3項、681条参照）。

（ウ）総有

　総有は、さらに特殊な共同所有形態である。

　総有においては、各人にはおよそ持分が認められない。

　すなわち、総有者各人は、目的物を使用・収益することができるだけであり、持分の処分や分割請求はもとより、共同所有関係を離脱する際の持分の払戻しすら認められないわけである。

　以上の内容を、少し敷衍しておきます。

　まず、共有、合有、総有のいずれであっても、各共同所有者は目的物を**使用・収益**することができます。

　では、それぞれ何が違うのかというと、各共同所有者に**持分がどの程度認められるのか**が違うのです。

たとえば、AとBがある土地を共同所有しているとします。

ここで、①AとBがある土地を共有している場合は、AとBの持分が**実線**で分かれているというイメージです。AやBは、その自らの持分部分を自由に売却できますし、土地を2つに分けてくれと請求することもできます。

一方、②合有している場合は、AとBの持分が、実線ではなく**点線**で分かれているというイメージです。普段はその線が見えないので、AやBは自らの持分を主張して、これを売却したり、分割を請求したりすることはできません。しかし、組合から脱退するなど、共同所有関係をやめる場合には、点線が実線になり、「この部分は私の持分だから返してくれ」などといえるわけです。

③総有は、**全く線が引かれていない**というイメージです。そのため、AやBは自分の持分を主張して売ったり、分割を請求したりすることはできません。また、共同所有関係をやめるに際しても、全く線が引かれていない以上、「この部分は私の持分だ」と主張することができず、返還請求すらできないわけです。

ウ 権利能力なき社団の財産の帰属

以上の3つの共同所有形態のうち、権利能力なき社団に実質的に帰属する財産は、概していえば、権利能力なき社団の全構成員の総有に属する。

以下、各財産の内容ごとに詳述する。

（ア）所有権

権利能力なき社団が実質的に所有する物は、全構成員の総有に属する。

したがって、構成員は、自分の持分を処分することはできない。また、持分の分割を請求することはできない（最判昭和32・11・14民集11-12-1943）。これは前ページの**(ウ)**で述べたとおりである。

このように、全構成員の総有と解すると、その財産は、実質的には権利能力なき社団の単独所有と同じことになります。法人の財産の帰属（法人の単独所有）と実質的に同じ結果を導くことが可能になるわけです。

（イ）債権

権利能力なき社団が実質的に有する債権は、全構成員に総有的に帰属する（**最判昭和39・10・15百選I 7**）。

したがって、構成員がその一部を単独で行使することはできない。

（ウ）債務

権利能力なき社団が実質的に負う債務は、全構成員に総有的に帰属し、社団の総有財産だけがその責任財産（強制執行の目的となる財産）となる（**最判昭和48・10・9百選I 8**）。

したがって、権利能力なき社団に実質的に帰属する債務について、構成員が個人責任を負うことはない。また、代表者が個人責任を負うこともない（最判昭和44・11・4 民集23-11-1951）。

> たとえば、テニスサークルが10万円分のテニスボールを購入したところ、その支払いが滞ったとします。この場合、売主による強制執行の対象になるのは、テニスサークルの総有財産（たとえばサークルの部室の金庫に入っているお金など）だけです。サークルのメンバーやサークルの代表者が個人的に債務を負担することはなく、その個人財産が強制執行の対象になることもありません。つまり、債務の点でも、株式会社などの法人の債務と同様の結論になるわけです。

4 民事訴訟の当事者能力 ） B

権利能力なき社団であっても、代表者の定めがある限り、民事訴訟の当事者能力が認められる（民訴29条）。ここで当事者能力とは、民事訴訟の当事者（原告または被告）たりうる一般的資格をいう。

すなわち、権利能力なき社団であっても、代表者の定めがある限り、社団自体が原告となったり、被告となったりすることができるわけである。

5 登記名義等 ） A

以上のように、権利能力なき社団は、実質的には法人と同様の扱いを受けることが多い。

しかしながら、登記については、法人とは全く異なる。

すなわち、法人は、その所有する不動産について法人名義で登記することができるのに対し、権利能力なき社団に実質的に帰属する不動産については、権利能力なき社団名義の登記ないし代表者の肩書き付きの社団名義の登記は認めないのが判例（最判昭和47・6・2 民集26-5-957）・実務である。これはしっかりと覚えておこう。

そのため、不動産の登記については、代表者の個人名義で登記するか、構成員全員または数人の共有名義で登記するしかない。

なお、銀行預金については、実務上、代表者の肩書きを付した権利能力なき社団名義の預金が認められている。

6　民法上の組合との区別) B

ア　意義

　民法上の組合とは、各組合員が出資して共同の事業を営むことを約する組合契約（667条1項）によって形成された団体をいう。

　たとえば、大規模な建築工事の企業共同体（いわゆるジョイントベンチャー）や、共同経営の法律事務所（法人でないもの）が、組合の典型である。

イ　区別

　この民法上の組合は、法人格を有しない点で、権利能力なき社団と共通している。

　しかし、理念的には、以下の各点で両者は異なる。

	民法上の組合	権利能力なき社団
①構成員の数	比較的少ない	比較的多い
②構成員の結合	密接	密接でない
③組織	組合員間の契約によって個別的に処理される	定款によって画一的に処理される
④加入	全構成員の同意が必要	全構成員の同意は不要
⑤財産の帰属	合有。組合の債務は一定の割合で組合員が個人責任を負う（675）	総有。構成員は個人責任を負わない

　これらのうち、⑤の合有と総有の違いはすでに学びました（➡ 109ページイ）。ここでは、①から④の違いを敷衍しておきます。

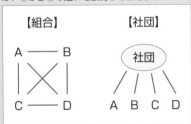

　そもそも組合は、個々の組合員同士の個別的な契約によって形成されています。図のように、**組合員同士が全員個別の契約でつながっているイメージ**です。そのため、①人数は比較的少ないことが多く、②組合員相互の関係は密接であり、③組織の問題も個々の契約内容で決まります。また、④加入には他の組合員全員との契約の締結が必要になります。

　これに対し、権利能力なき社団では、図のように、**社団を通じて各構成員が間接的につながっているイメージ**です。そのため、①構成員の人数は多くなりうる反面、②構成員相互の関係は社団を通じた間接的なものにすぎず、密接ではありません。③組織の問題も、社団のルールである定款に従って処理すれば足りることになり、④加入も、他の構成員との契約関

係は問題となりませんから、全構成員の同意がなくてもできるということになります。

もっとも、これらの区別は理念的なものにすぎず、両者の区別は困難な場合も多い。そのため、近時では、個々の問題点に応じて、権利能力なき社団として処理したり、組合として処理したりすればよいとする見解も有力である。

2. 権利能力なき財団　C

権利能力なき財団とは、財団としての実体を有するが、法人格をもたないものをいう。破産者の財産によって構成される破産財団（破産2条14項、同34条）がその典型である。

試験対策としての重要度は低いため、説明は省略する。

第 **4** 編

物

　民法上の「物」の概念は、日常的な感覚と異なる部分がある。

　たとえば、日常用語で「物」というと、時計やパソコンなどといった動産をイメージすることが多いであろうが、民法では、そうした動産だけでなく、土地や建物といった不動産も「物」とされている。

　日常的な感覚からくる先入観にとらわれず、1つずつしっかりと学んでいこう。

物とは

物は、主として物権の対象となる。

　民法上、物とは有体物をいう（85条）。したがって、固体だけでなく、液体や気体も民法上の「物」に含まれる。

物の種類

1. 不動産と動産

民法上の「物」は、不動産と動産からなる。

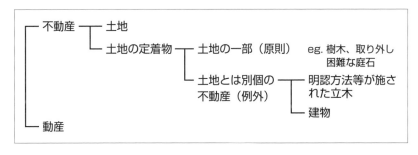

1 不動産 A

不動産とは、①土地および②土地の定着物をいう（86条1項）。

ア 土地

土地は、登記簿上の単位である「筆」で、1筆、2筆と数える。

ただし、1筆の土地の一部であっても、他の部分と切り離してこれを譲渡することができる（**大連判大正13・10・7百選I9**、最判昭和30・6・24民集9-7-919）。

また、1筆の土地の一部だけが取得時効の対象となることもある（**大連判大正13・10・7百選I9**）。

イ 土地の定着物

土地だけでなく、土地の定着物も不動産である（86条1項）。

土地の定着物とは、土地に継続的に付着し、物理的・社会的にみて、容易に土地から分離しにくい物をいう。

この土地の定着物には、①土地の一部とされるものと、②土地とは別個独立の不動産とされるものとがある。

（ア）土地の一部となる定着物

土地の定着物は、原則として土地の一部とされる。

たとえば、土地に根をはった樹木や、土地からの取り外しが困難な庭石などは、土地の定着物であり、かつ土地の一部として扱われる。

他方、一時的に土地に付着したにすぎない仮植中の木は、容易に土地から分離できるため、そもそも土地の定着物にあたらない。こうした仮植中の木は、土地とは別個の動産にあたる（大判大正10・8・10民録27-1480）。

（イ）立木

以上のように、土地の定着物は原則として土地の一部とされるが、その例外として、①立木法によって登記された立木は、土地の定着物でありながらも、土地とは別個の不動産とされている（立木2条1項）。

また、②慣習法上、明認方法を施された立木も、土地の定着物でありながら、やはり土地とは別個の不動産と解されている。これは覚えておこう。

明認方法とは、慣習法上認められている立木の対抗要件のことです。たとえば、立木に所有者の名札をつけておいたり、皮を削って名前を書いておいたりすることが、明認方法の例です。
そして、この明認方法が施されていれば、その立木は土地とは別の不動産になると解されているわけです。

（ウ）建物

さらに、明文はないものの、建物は、土地の定着物でありながら、その登記の有無を問わず、土地とは別個の不動産と解されている。これはしっかりと覚えておこう。

そのため、土地と建物はバラバラに権利関係を考えることができます。
たとえば、土地と建物を別々の人が所有することができますし、土地は貸さずに土地の上に建っている建物だけを貸すことなどもできるわけです。

なお、建てている最中の建物（建前）は、動産にすぎない。柱や壁といった動産の集合体にすぎないわけである。

ところが、この動産は、最終的には全体として建物という1個の不動産に生まれ変わる。

では、いつの時点から、動産が建物という1個の不動産に生まれ変わるのであろうか。

この点、判例は、屋根および周壁ができた段階で、建物という1個の不動産になるとする（**大判昭和10・10・1 百選I 10**）。屋根と壁によって雨風をしのげるようになった時点で、動産が、建物という1個の不動産へと変化するわけである。この結論は早めに覚えておこう。

2 動産　A

動産とは、およそ不動産以外の物をいう（86条2項）。

時計や釣り竿、パソコンなどがその例である。

金銭も動産にあたるが、金銭の流通の安全を確保するべく、金銭は占有と所有が常に一致するという特殊な動産であると解されている（通説）。

たとえば、AがBに1万円札を盗まれたとします。この場合、その1万円札自体は、これを現在占有しているBの所有物となります。逆にいえば、Aはその1万円札に対する所有権を失ってしまうわけです。したがって、Aは、所有権に基づいてその1万円札自体の返還を請求することはできません。

しかし、債権法レベルでは、AはBに対する不当利得返還請求権（703条、704条）ないし不法行為に基づく損害賠償請求権（709条）を取得します。Aは、盗まれた1万円札自体を返せとは請求できないものの、1万円相当の金銭を支払えと請求することはできるわけです。

2. 主物と従物

1 意義 A

2つの物の間に、主物と従物という関係性が認められる場合がある。たとえば、建物とその中の畳、カバンとその鍵、刀とその鞘などが典型である。

この主物と従物という関係が認められる場合、原則として「従物は、主物の処分に従う」とされている（87条2項）。

たとえば、主物たる建物を賃貸借契約の対象とした場合、従物たる畳も原則として賃貸借の対象とされたことになるわけである。

2 従物の要件 B+

ある物が他の物の従物にあたるための要件は、以下の4つである。

従物の要件
①「常用に供する」＝経済的効用を継続して助ける
②「附属」する＝場所的に密接
③独立性
④同一人所有

ア 物の「常用に供する」こと（87条1項）

これは、ある物が他の物の経済的効用を継続して助ける物である、という意

味である。前述した畳は、建物の経済的効用を継続して助ける物といえ、この要件を満たす。

イ　特定の物に「附属」する物であること（87条1項）

　これは、ある物が他の物と場所的に密接な関係にある、という意味である。建物とその中の畳は、この要件をみたす。

ウ　独立した物であること

　明文はないものの、従物といえるためには、それが物としての独立性を保っていることが必要である。

> 　主物と従物の問題は、2つの物の関係の問題です。したがって、主物と従物の問題が生じるためには、あたりまえなのですが、そもそも物が2つあるといえなければなりません。これが、独立性の要件です。

　たとえば、畳は建物からの独立性を保っているため、この要件をみたす。他方、建物内部の壁に壁紙を貼り付けた場合、壁紙は物としての独立性を失い、建物の一部となってしまう（242条本文。この現象を付合という）。したがって、壁紙は建物の従物にはあたらない。

> 　たとえば、建物の中に敷いてある畳を指さして「これは何ですか」と聞かれた場合、ほとんどの人は「建物です」とは答えず、「畳です」と答えるはずです。このことは、畳が建物に吸収されておらず、物としての独立性を保っていることのあらわれといえます。
> 　これに対し、建物の壁に張られている壁紙を指さして「これは何ですか」と聞かれた場合、「壁紙です」と答える人はほとんどいません。ほとんどの人は「壁です」と答えるはずです。このことは、壁紙が物としての独立性を失い、建物（壁は建物の一部です）に吸収されていることのあらわれといえます。
> 　詳しくは物権法で再び学ぶのですが、物としての独立性の有無についての大体のイメージは今からもっておきましょう。

エ　同一の所有者に属すること

　最後に、ある物が他の物の従物といえるためには、それぞれの物の所有者が同一人であることを要する（通説）。

オ　判例上の具体例

判例が主物・従物の関係を肯定した例として、以下のものがある。ざっとイメージをもっておこう。

①刀の鞘は、刀の従物（大判昭和2・8・23刑集6-292）

②土地の上にある石灯籠および取り外しのできる庭石は、土地の従物（**最判昭和44・3・28百選I 81**）

③ガソリンスタンド用の店舗建物の地下タンクは、店舗建物の従物（最判平成2・4・19判時1354-80）

3　効果　A

以上の要件をみたし、2つの物の間に主物・従物という関係が認められる場合には、原則として「従物は、主物の処分に従う」（87条2項）。

この「処分」とは、売買や賃貸借など、権利・義務を生じさせるすべての法律行為をいう（通説）。たとえば、主物が売買や賃貸借の対象とされた場合、その従物も売買や賃貸借の対象とされたことになるわけである。

また、不動産の登記（177条）があれば、その不動産の従物についても対抗要件を具備したことになる（大判昭和8・12・18民集12-2854、**最判昭和44・3・28百選I 81**）。主物の登記の効力が、従物にも及ぶイメージである。これはしっかりと覚えておこう。

4　主たる権利と従たる権利　A

以上の87条2項は、主たる権利と従たる権利について類推適用される。こ

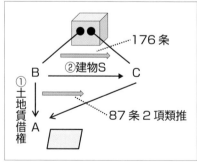

れもきわめて重要である。

たとえば、建物の所有権と、その建物が建っている敷地の賃借権は、主たる権利と従たる権利という関係に立つ。よって、Aから敷地を賃借し建物を所有しているBが、その建物をCに譲渡した場合、建物の所有権に加えて、敷地の賃借権も譲渡したことにな

るわけである（87条2項類推）。

3. 元物と果実

1 意義 B

　ある物から、新たに経済的収益が生じる場合がある。そのある物を元物、元物から生まれた経済的収益を果実という。

2 果実の種類 B⁺

　果実には、天然果実と法定果実がある。

　天然果実とは、物の用法に従い収取する産出物をいう（88条1項）。樹木の果実や、牛の乳、地中から出てきた竹などがこれにあたる。

　法定果実とは、物の使用の対価として受ける金銭その他の物をいう（88条2項）。土地を貸した場合の地代、建物を貸した場合の家賃、金銭を貸した場合の利息などがこれにあたる。これらの具体例は覚えておこう。

3 果実の帰属

ア　果実収取権者 B

　果実を収取する権利（果実収取権）を有する者は、当事者の合意があればそれによって決まり、当事者の合意がなければ民法の規定によって決まる。

　民法の規定によって果実収取権者とされている者としては、所有者（206条）、他人の所有物の善意占有者（189条1項）、不動産質権者（356条）などがある。

イ　時的基準 B⁻

　では、果実が生じた前後に、果実収取権者が変動した場合はどうなるのか。その答えは89条1項に規定されている。

　まず、天然果実は、その元物から分離する時にこれを収取する権利を有する

者に帰属する（89条1項）。

また、法定果実は、これを収取する権利の存続期間に応じて、日割計算により取得される（89条2項）。

> たとえば、A所有の土地に根をはっている樹木（これは土地の一部です。➡118ページ（ア））がリンゴの実を結んでいたところ、Aがその土地をBに譲渡し、その後にリンゴの実が樹木から落ちた（分離した）とします。この場合、そのリンゴの実は、AではなくBの所有物となります（89条1項）。
> また、たとえば賃貸借の目的物が月の途中でAからBに譲渡され、それに伴い賃貸人たる地位がAからBへと移転した場合、Aは譲渡の前日までの賃料を、Bは譲渡日以降の賃料を取得することになります（89条2項）。仮にBがその月の賃料を全額賃借人Cから受け取った場合には、AはBに対して譲渡の前日までの分をこっちによこせと請求することができるわけです。

第 5 編

法律行為

第1章　法律行為とは
第2章　法律行為の解釈

本編では、法律行為について学ぶ。
　総じて抽象度の高いパートではあるが、民法総
則を理解するための核となる内容も含まれてい
る。メリハリを意識して学んでいこう。

第1章

法律行為とは

1. 法律行為の意義 B

　法律行為とは、物権や債権を発生・変更・消滅させる私人の行為のうち、当事者の意思表示を要素とするものをいう。

　いいかえれば、当事者の意思に従った法律効果を生じさせる行為を、法律行為というわけである。

2. 法律行為の種類 A

　法律行為は、その要素である意思表示のかたちに応じて、①契約、②単独行為、③合同行為の3つに分類される。

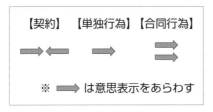

　①契約とは、2人以上の意思表示の合致を必要条件として成立する法律行為をいう。売買契約（555条）や賃貸借契約（601条）がその典型である。

②単独行為とは、1つの意思表示によって成立する法律行為をいう。契約の取消しや解除、相殺、遺言などがその典型である。

③合同行為とは、一定の方向に向けられた複数の意思表示をいう。社団法人の設立行為がその典型である。

> これらの法律行為のうち、試験で重要なのは①契約と②単独行為です。
> ①契約は、原則として意思表示と意思表示の合致があってはじめて成立します。たとえば、Aの「売ります」という意思表示と、これに合致するBの「買います」という意思表示があって、はじめて売買契約が成立し、物権変動や債権の発生という効果が生じうるわけです。
> これに対し、②単独行為は、一方通行の意思表示だけで成立します。たとえば契約の取消しは、取消権を有するAがBに「取り消します」と一方的に意思表示をするだけで、法律行為としては完全に成立し、その効果（取消しの対象となった契約の遡及的無効）が生じうるわけです。

3. 契約の成立要件

ここで、最も典型的かつ重要な法律行為である契約について、その成立要件を説明しておこう。

1 意思表示の合致──諾成契約 　A

契約は、原則として、申込みの意思表示と承諾の意思表示の合致によって成立する（522条1項）。このように、当事者間の意思表示の合致によって成立する契約を、諾成契約という。

ここで「合致」とは、外形的な合致をいう。意思表示がはたから見て合致していれば足り、申込者と承諾者の内心が合致していることまでは不要なわけである。

> したがって、契約の成立自体は、ほとんどの事例で肯定されます。
> ただし、契約が成立しているとしても、それが有効か否かは別問題です。場合によっては、成立はしているけれども、なお無効とされることもあります。たとえば意思無能力者が

した契約は、成立はするものの、なお無効です（3条の2）。また、たとえば成年被後見人が土地の売買契約を締結した場合、その契約は成立し、かつ一応は有効であるものの、その後に取消しの意思表示があれば、その契約は遡及的に無効となります（9条本文、121条）。

このように、民法では、①まず成立の有無を検討し、②次いでその有効・無効を検討することになります。この順序は覚えておきましょう。

2 目的物の授受——要物契約 　A　改正

多くの契約は、上で述べたように諾成契約である（522条）。

しかし、契約の中には、意思表示の合致だけでは成立しないものがある。たとえば、消費貸借契約は、意思表示の合致だけでは成立せず、目的物の授受がその成立要件とされている（587条）。

このように、その成立に意思表示の合致に加えて物の授受が必要とされる契約を、要物契約という。

民法は、3つの要物契約を規定しています。

まず、典型契約としては、①金の貸し借りに代表される**消費貸借契約**（587条）があります。

また、典型契約以外の契約としては、②質権という担保物権を発生させる契約である**質権設定契約**（344条）、③解除権を発生させる契約である**手付契約**（557条1項）があります。

それぞれの条文を確認しておいてください。

3 要式行為 　B

契約は、その方式を問わず成立するのが原則である。

たとえば売買契約の成立には契約書の作成は必要でなく、口約束によっても売買契約は成立する（522条2項、555条参照）。

しかし、契約の中には、その成立のために、書面の作成等の一定の方式が要求されるものも存する。そのような契約（ないし法律行為）を、要式行為という。

たとえば、保証契約は、書面ですることを要する要式行為である（446条2項）。

4. 法律行為の有効要件——客観的有効要件 改正

　契約などの法律行為が成立したとしても、有効要件に欠ける場合は、当該法律行為は無効となりうる。

　法律行為の有効要件は、①客観的有効要件と②主観的有効要件とに分かれるが、学習の便宜上、ここでは①の客観的有効要件について説明する。

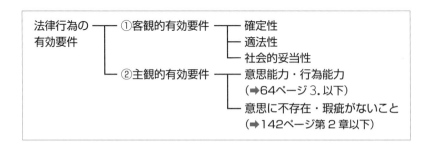

1　確定性 B

　まず、法律行為は、その内容が確定しうるものでなければならない。内容を確定することができない法律行為は無効である。

　たとえば、「何かいいものをあげる」という契約は、その内容を確定することができないため、無効である。

2　適法性 B

　法律行為は、強行規定に違反してはならない。強行規定に違反する法律行為は無効である（91 条反対解釈）。

　強行規定とは、公の秩序に関する規定をいう。

　これに対し、任意規定とは、公の秩序に関しない規定をいう。当事者の意思は、この任意規定よりも優先される（91 条）。すなわち、任意規定に違反する法律行為も有効である。

　民法の規定のうち、どれが強行規定であり、どれが任意規定であるかは、個々の規定の解釈の問題であるが、大まかにいえば、契約に関する規定は任意

規定が多いのに対し、物権に関する規定や家族法の規定はおおむね強行規定である。

3　社会的妥当性　🄰

最後に、公の秩序または善良の風俗（公序良俗）に反する法律行為は無効である（90条）。これはきわめて重要である。

ア　具体例

公序良俗に反する法律行為の典型例は、愛人契約である。

たとえば、A男とB女との間で、A男がB女にA男所有のマンションの一室を与え、かつ月々10万円を支払うかわりに、B女がA男の愛人として振る舞う、という内容の愛人契約が成立したとする。このような愛人契約を直接禁止する強行規定は存しないが、その内容が公序良俗に反するため、90条により無効である。

また、賭博をし、負けた者が勝った者に金銭を支払うという内容の賭博契約も、公序良俗に反するため、90条により無効である。

なお、無効ということの法的な意味について、14ページ上のコラムを参照してほしい。

イ　主張権者・追認の可否

公序良俗違反を理由とする無効は、意思無能力を理由とする無効（➡64ページ **2**）とは異なり、誰でもその無効を主張することができると解されている。

また、この無効については、およそ追認は認められないと解されている（➡265ページ **1**）。

ウ　動機の不法　➡論証2

たとえば、Aとの賭博に負けたBが、その賭け金を支払うためにXから金を借りたとする。この場合、B・X間の契約は単なる消費貸借契約であるから、その契約自体が公序良俗に反するわけではない（愛人契約や賭博契約と対比するとわかりやすい）。しかしながら、Bの動機は公序良俗に反している。

このように、法律行為自体は公序良俗に反していないものの、その行為の動

機が公序良俗に反する場合にも、90 条は適用されるのだろうか。これが、動機の不法とよばれる問題である。

　この問題については、相手方保護ないし取引安全の見地から、動機が表示された場合、または相手方が動機を知っていた場合にのみ、90 条が適用されるとする見解が有力である。この見解が妥当であろう。

Q **不法な動機に基づく法律行為に 90 条が適用されるか**　**B**

A説 （有力説）

　結論：動機が表示された場合、または相手方が動機を知っていた場合にのみ、90 条が
　　　　適用される。
　理由：相手方保護ないし取引安全の見地。

> 　以上３つの客観的有効要件に加えて、平成 29 年改正前の民法では、実現可能性も法律行為の客観的有効要件と解されていました。たとえばすでに燃えて滅失している建物の売買契約などのように、原始的に不能な法律行為は、実現可能性が当初からない以上、無効と解されていたのです。
> 　しかし、平成 29 年改正後の民法は、原始的に不能な法律行為であっても有効であることを前提としていると解されますから（412 条の２参照）、実現可能性は客観的有効要件ではなくなりました。平成 29 年改正前の民法を学んだことがある方は、十分に注意してください。

5. 準法律行為　**B**

　以上の法律行為と似て非なる行為として、準法律行為がある。準法律行為とは、意思表示によらないで法律上の効果を発生させる行為をいう。

　現在の民法において定められている準法律行為としては、①意思の通知と②観念の通知がある。

　①意思の通知とは、一定の意思の表示ではあるが、その意思内容が、その行為から生ずる法律効果以外のものに向けられている行為をいう。制限行為能力者の相手方による催告（20 条 ➡ 83 ページ**ア**）や、弁済の受領の拒絶（413 条）などがこれにあたる。

　②観念の通知とは、ある事実の通知をいう。債権譲渡の通知（467 条）や時

効の更新事由としての債務の承認（152条1項）などがこれにあたる。

　これらの準法律行為にも、法律行為に関する規定が類推適用されることがある。

6. 法律要件・法律効果・法律事実　　B−

　最後に、法律行為に関するテクニカルタームを概説しておこう。これらについては、図と照らしあわせて1度意味を理解しておけば足りる。

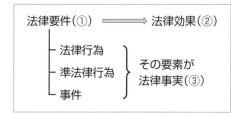

　まず、①法律要件がみたされると、②法律効果が生じる。

　①法律要件とは、およそ法律効果を生じさせる原因をいう。法律行為（契約、単独行為、合同行為）や準法律行為（意思の通知、観念の通知）に加え、一定の事件（たとえば除斥期間との関係での時の経過や、相続との関係での人の死亡など）も、この法律要件に含まれる。

　②法律効果とは、権利の発生・変更・消滅をいう。

そして、①の法律要件の要素、たとえば各法律行為における意思表示や、事件における事実などのことを、③法律事実という。

第 2 章

法律行為の解釈

1. 意義　B

　法律行為がなされたものの、時としてその意味内容が明確でない場合がある。たとえば、売買契約が締結されたものの、物の引渡場所や代金の支払方法が明確に決められていない場合などがその例である。

　このような場合に、法律行為の意味を明らかにすることを、法律行為の解釈という。

2. 基準　B

　法律行為の解釈は、①当事者の合理的な真意、②慣習、③任意規定、④信義則などを基準としてなされる。

1　当事者の合理的な真意

　まず、①当事者が当該法律行為をした合理的な真意を推し量って法律行為を解釈することがある。

　そして、その結果、たとえば契約書上のある文言は、当事者を拘束する効果を有さない単なる例文にすぎないとの解釈（例文解釈）が行われる場合もありうる。

裁判例でも、「賃料の支払いを1回でも遅滞した場合は無催告で賃貸借契約を解除できる」とする契約条項を例文であると解し、その拘束力を否定したものがある（東京高判昭和31・8・17下民集7-8-2213）。

2　慣習

　次に、②慣習によって当事者の意思を補充することがある（92条）。

　ただし、その慣習は、「公の秩序に関する規定」すなわち強行規定に反するものであってはならない。強行規定のほうが慣習よりも優先されるわけである。他方、任意規定は慣習に劣後する。

　また、慣習を適用するには、条文上、「当事者がその慣習による意思を有している」ことが必要とされている。ただし、当事者が慣習の存在を知りながら特に反対の意思を表示しないときは、その慣習による意思を有するものと推定される（大判大正3・10・27民録20-818）。

3　任意規定・信義則

　以上によってもなお明らかにならない部分については、③任意規定を適用する。

　また、当事者の真意が明確でなく、慣習や任意規定もない場合には、最後に④信義則（1条2項）を用いて処理することになる。

第 **6** 編

意思表示

　第5編で学んだ法律行為は、意思表示をその不可欠の要素とする。
　本編では、その意思表示について、詳しく学んでいく。民法総則の中核をなす箇所なので、気合いを入れて学んでいこう。

第 1 章

意思表示・総論

1. 意思表示の要素 B

　意思表示は、表示上の効果意思と表示行為をその要素とする。この 2 つが認められれば意思表示は成立する（通説）。

1 表示行為

　まず、意思表示たる価値のある積極消極のすべての行為を表示行為という。
　たとえば、A が B に対して「この家を買う」と表示する行為が表示行為の典型である。

2 表示上の効果意思

　そして、表示行為があった場合には、その表示に対応した効果意思（法律上の効果を発生させようという意思）が推断される。
　この、表示行為から推断される効果意思を、表示上の効果意思という。

3 内心的効果意思

　かかる表示上の効果意思と区別するべき意思として、内心的効果意思がある。
　内心的効果意思とは、表意者の実際の効果意思（真意）のことである。
　意思表示は、表示上の効果意思と表示行為とを要素とし、その 2 つがあれば成立する。いいかえれば、内心的効果意思は、意思表示の要素や成立要件ではない。
　したがって、内心的効果意思と表示行為との間に齟齬がある（表示行為に対応

した内心的効果意思がない）場合であっても、意思表示は成立する。

　そして、内心的効果意思と表示行為との間の齟齬は、意思表示の成立の問題ではなく、意思表示の主観的有効性の問題（➡ 142 ページ第 2 章以下）として処理していくことになる。

> 　たとえば、100 万ドルで売りに出されている建物を、100 万円で売りに出されていると勘違いした A が、売主に対して「広告の値段でこの家を買う」と表示したとします。
> 　この場合、A の内心的効果意思は「100 万円でこの家を買う」という内容なのですが、「広告の値段（= 100 万ドル）でこの家を買う」と言ったという表示行為が存する以上、「広告の値段（= 100 万ドル）でこの家を買う」という表示上の効果意思は認められます。
> 　したがって、A による「広告の値段（= 100 万ドル）でこの家を買う」という意思表示は、問題なく成立します。そして、売主による承諾の意思表示があれば、100 万ドルでの売買契約という法律行為が成立することになります。
> 　そのうえで、A の内心的効果意思と表示行為との不一致の問題は、錯誤という意思表示の有効性の問題として処理されることになるのです。

2. 意思の表示方法　　　　　　　　Ａ

　意思表示は、明示的になされることは必ずしも要せず、黙示的になされてもよい。黙示的になされた意思表示を、黙示の意思表示という。

　たとえば、A が B に対して「B 所有の甲土地を 100 万円で買いたい。返事は 3 日以内に頼む」との意思表示をしたところ（これは売買契約の申込みの明示の意思表示である）、その翌日に、B が A に対して「甲土地の代金 100 万円を支払え」と言った場合が、黙示の意思表示（売買契約の承諾の黙示の意思表示）の例である。

　また、意思表示は言語・文字によるのが通常であるが、挙動による意思表示も認められる。

　たとえば、通りかかった空車のタクシーに向かって手を挙げる行為は、挙動による意思表示（運送契約の承諾の意思表示）にあたる。

3. 意思の不存在と瑕疵ある意思表示　B⁺

　意思表示が成立しているものの、それが内心的効果意思を伴っていない場合がある。この場合を、意思の不存在という。たとえば、次章以下で学ぶ心裡留保（93条）や通謀虚偽表示（94条）、意思不存在の錯誤（95条1項1号）は、意思の不存在にあたる。

　他方、内心的効果意思を伴ってはいるものの、その内心的効果意思の形成過程に瑕疵（キズ）がある場合もある。この場合を、瑕疵ある意思表示という。たとえば、基礎事情の錯誤（95条1項2号）や詐欺・強迫による意思表示（96条）は、瑕疵ある意思表示にあたる。

4. 意思主義と表示主義　B

　立法論として、表意者の内心を重視する態度を意思主義、意思表示の外形を重視する態度を表示主義という。

　民法の意思表示の有効性に関する規定には、意思主義に基づくもの（たとえば93条1項ただし書、94条1項、95条1項、96条1項）と、表示主義に基づくもの（たとえば93条1項本文、同2項、94条2項、95条4項、96条3項）とがある。

心裡留保

1. 意義 A

　心裡留保とは、表意者が真意を心の裡に留保し、真意ではないことを自ら知りつつ意思表示をすることをいう。つまり、一方的にした嘘の意思表示を、心裡留保というわけである。

　たとえば、買う気がないのに「この家を買います」と表示した場合が、心裡留保の典型である。

2. 効果 A

　心裡留保に基づく意思表示をした者（表意者）を保護する必要性はない。したがって、心裡留保に基づく意思表示は、原則として有効である（93条1項本文）。

　ただし、心裡留保に基づく意思表示の相手方が、表意者の真意を知り（悪意）、または知ることができた（有過失）ときは、例外的にかかる意思表示は無効である（93条1項ただし書）。

3. 適用範囲　B

　心裡留保について定めた93条は、およそ法律行為に適用される。すなわち、契約の他、取消し、解除、遺言などの単独行為にも適用されるし、合同行為にも適用される。

　一方、婚姻や養子縁組などの身分行為については、当事者の意思を尊重するべく、93条は適用されないと解されている（養子縁組につき最判昭和23・12・23民集2-14-493）。

4. 第三者の保護　改正　B+

　前述したように、心裡留保に基づく意思表示は、相手方が悪意または有過失のときは無効である（93条1項ただし書）。

　では、心裡留保に基づく意思表示の後に第三者が出現した場合、この第三者は一切保護されないのだろうか。

1　93条2項の意義

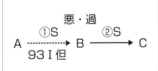

　たとえば、AがBに対して心裡留保に基づき「この建物を売ります」と表示したところ、BはAの真意につき悪意または有過失だったとする。

　この場合、Aの意思表示ないし売買契約は、無効である（93条1項ただし書）。では、その後、Bがその建物をCに転売した場合、Cは建物の所有権を一切取得できないのだろうか。

　まず、A・B間の売買契約が無効である以上、B・C間の売買は他人物売買である。したがって、Cは所有権を取得できないのが原則である（➡25ページ

（**イ**））。

　しかし、Cの取引安全を図るべく、Aは、Aの意思表示ないしA・B間の売買契約の心裡留保による無効を、善意の第三者に対抗することはできないとされている（93条2項）。

　ここで「対抗」とは、主張という意味である。すなわち、Cが「善意の第三者」にあたり、93条2項によって保護される場合には、Aは「Aの意思表示ないしA・B間の売買契約が無効であること」をCに主張することができない。

　そして、その結果として、Cは建物に対するAの所有権を取得することになるのである（Cの所有権取得について、詳しくは➡147ページのコラムを参照してほしい）。

2　93条2項の趣旨

　この93条2項の趣旨は、後に学ぶ94条2項の趣旨と同様、権利外観法理にある。

　権利外観法理とは、①虚偽の外観があり、②その虚偽の外観を作出した点につき権利者に帰責性がある場合において、③その虚偽の外観を第三者が信頼した場合には、その第三者の利益を保護するという法理をいう。

3　93条2項の要件

　93条2項が適用されるためには、93条1項ただし書の要件に加えて、①「第三者」が②「善意」であることが必要である。

ア　「第三者」の意義

　93条2項の「第三者」とは、当事者またはその包括承継人以外の者で、心裡留保の外形を基礎として、新たな独立の法律上の利害関係を有するに至った者をいう。

　たとえば、前ページ**1**のCは、心裡留保によって無効とされる①の売買契約の「当事者」ではないし、①の売買契約の当事者であるAやBの「包括承継人」でもない。また、Cは、Aの心裡留保に基づく意思表示の後に、②の売買によって甲土地をBから購入しているのであるから、「心裡留保の外形を基礎として、新たな独立の法律上の利害関係を有するに至った者」といえる。し

たがって、Cは93条2項の「第三者」にあたる。

その他、より詳しいあてはめについては、虚偽表示の箇所を参照してほしい（➡150ページ**イ**）。

イ　善意

次に、心裡留保である点につき第三者が「善意」だったことが必要である（93条2項）。

なお、文言上明らかなように、無過失は不要である（93条2項。95条4項や96条3項と対比してほしい）。これは、心裡留保に基づく意思表示を行った表意者の帰責性が大きいこととの均衡上、第三者保護要件はゆるやかでよいといえるからであろう。

> 以上の要件に加えて、心裡留保に基づく意思表示が不動産に関して行われた場合について、第三者として保護されるには登記が必要なのかが問題となりえます。この点については、次に学ぶ虚偽表示の場合（➡155ページ**ウ**）と同様に考え、不要と解していいでしょう。
>
> また、第三者からの転得者に関する論点や、本人からの取得者と第三者の関係という論点についても、虚偽表示の場合（➡156ページ**ア**、158ページ**イ**）と同様に考えてOKです。

第 3 章

通謀虚偽表示

94条の通謀虚偽表示は、民法総則の中で最も重要な規定である。気合いを入れて学んでいこう。

1. 意義 **A**

通謀虚偽表示とは、相手方と通じてした虚偽の意思表示をいう（94条1項）。

```
    S
A ········▶ B
   94 I
```

たとえば、多重債務者であるAが、その財産である甲土地に対する強制執行を免れるべく、知人のBと示し合わせて、あくまでもかたちのうえでBとの間で甲土地の売買契約を締結する場合がこれにあたる。

この通謀虚偽表示は、単に「虚偽表示」ともよばれる。本書でも、以下では読みやすさを優先し、原則として「虚偽表示」と表記していくが、相手方との通謀が必要である点は忘れないようにしよう。

2. 効果

虚偽表示の効果は、超重要基本事項である。

1 意思表示の無効（94条1項） <kbd>A</kbd>

　相手方と通じてした虚偽の意思表示（虚偽表示）は、無効である（94条1項）。

　上記1.の例でいえば、A・Bによるそれぞれの意思表示（およびA・B間の売買契約）は無効である。したがって、Aの所有権がBに移転することはなく、またA・B間に何ら債権・債務は発生しない。

2 無効の主張の禁止（94条2項） <kbd>A⁺</kbd>

　しかし、この無効には、きわめて重大な制限がある。

　虚偽表示の無効は、善意の第三者に対抗（主張）することはできないのである（94条2項）。このことは、条文番号とともにしっかりと頭に叩き込んでおく必要がある。

ア 転売された場合

　この94条2項について、もう少し具体的に説明してみよう。

```
         ①S          ②S      善意
A ------------> B ----------> C
      94 I
```

たとえば、Aを売主、Bを買主とする土地売買の虚偽表示がなされたところ、Bがその土地を、事情を知らないCに転売したとする。このCが、94条2項の「善意の第三者」の典型である。

　この場合、A・B間の売買は94条1項により無効であるから、B・C間の売買は他人物売買であり、したがってCは所有権を取得できないはずである。

　しかし、94条2項によって、Aは、A・B間の売買が無効であることを、「善意の第三者」であるCに対抗（主張）できない。無効だと主張したくても、94条2項によってAの口にチャックが引かれてしまうイメージである。

　そして、その結果、善意のCは、当該土地の所有権を取得することになる。

> 　では、この場合、土地の所有権はどのような経緯をたどってCに帰属することになるのでしょうか。
> 　この点については、①所有権はA→B→Cと順次移転していったことになるとする**順次取得説**と、②所有権はAからCに移転するとする**法定承継取得説**とが対立しています。判例は②の法定承継取得説です（最判昭和42・10・31民集21-8-2232）。

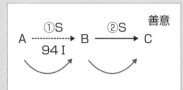
【順次取得説】

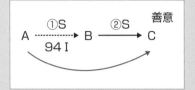
【法定承継取得説】

では、どちらの見解が妥当でしょうか。

そもそも、94条2項は、「虚偽表示が有効となる」とは規定せず、「無効を対抗できない」と規定しているだけです。ところが、①の順次取得説のようにAからBへの所有権の移転を認めてしまうと、結局、A・B間の虚偽表示による契約が有効になるのと同じことになってしまいます。この点で、①の順次取得説は94条2項の文言に適合的とはいえません。

このように考えると、やはり判例の②法定承継取得説が妥当でしょう（私見）。

イ 抵当権が設定された場合

94条2項によって取得される権利は、所有権だけではない。他の権利も、94条2項によって取得されうる。

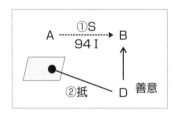

たとえば、Aを売主、Bを買主とする土地売買の虚偽表示がなされたところ、事情を知らないBの債権者Dが、Bとの間でその土地に抵当権を設定する契約を締結したとする。このDも、94条2項の「善意の第三者」の典型である。

この場合、94条1項からすれば、B・D間の抵当権設定契約は他人物抵当設定契約である。したがってDは抵当権を取得できないはずである。

しかし、94条2項によって、Aは、A・B間の売買が無効であることを、「善意の第三者」であるDに対抗（主張）できない。そしてその結果、Dは、当該土地に対する抵当権を取得することになるのである。

3 94条2項の趣旨──権利外観法理 A+

以上の94条2項の趣旨は、権利外観法理にある。

権利外観法理とは、①虚偽の外観があり、②その虚偽の外観を作出した点につき権利者に帰責性がある場合において、③その虚偽の外観を第三者が信頼し

た場合には、その第三者の利益を保護するという法理をいう。

　147ページ **2** の**ア**や**イ**の例でいえば、A・B間の虚偽表示という虚偽の外観があり、その外観は所有者であるA自身によって作出されているため、Aに帰責性が認められる。そこで、かかるA・B間の虚偽表示という外観を信頼したCやDを保護するべく、Aによる無効の主張を禁止したわけである。

3. 要件

　次に、94条1項や2項が直接適用されるための要件について説明する。これらも、きわめて重要な基本事項である。

1 94条1項の要件 **A**

　まず、94条1項が適用されるためには、①通謀したうえで、②虚偽の③意思表示があったことが必要である。この3つの要件はしっかりと覚えておこう。

　この3つの要件の1つでも欠ける場合には、94条1項は適用されず、したがって94条2項も直接適用されない。

2 94条2項の要件 **A⁺** ➡論証3

　次に、94条2項が直接適用されるための要件である。

　94条2項が直接適用されるためには、94条1項の要件に加えて、①「善意」の②「第三者」に該当することが必要である。また、解釈上、③登記の要否が重要基本論点となっている。

　以下、94条2項に固有の要件である①ないし③を検討する。

ア 「善意」——無過失の要否

　「善意」とは、虚偽表示があったことを知らないことをいう。

　この「善意」の解釈として、善意無過失を意味するとする見解もある。

　しかし、①95条4項や96条3項とは異なり、94条2項は、文言上無過失

を要求していない。また、②表意者の帰責性が大きいといえることから、第三者保護要件はゆるやかに解してよいはずである。

　そこで、「善意」とは単純善意を意味し、無過失は不要と解するのが妥当である。判例も、無過失を不要としている（大判昭和 12・8・10 法律新聞 4181-9、最判昭和 42・1・19 集民 86-75）。

イ　「第三者」

　94 条 2 項の「第三者」とは、虚偽表示の当事者またはその包括承継人以外の者で、虚偽表示の外形を基礎として、新たな独立の法律上の利害関係を有するに至った者をいう（大判大正 5・11・17 民録 22-2089、最判昭和 45・7・24 民集 24-7-1116）。

　以下、94 条 2 項の「第三者」の定義を、その各要素ごとに分解して説明する。

(ア)　虚偽表示の当事者またはその包括承継人

　まず、虚偽表示の当事者は、当然ながら「第三者」に該当しない。したがって、A・B 間で虚偽表示がなされた場合、A・B は、それぞれ相手方に対して無効を主張できる。

　また、虚偽表示の当事者の包括承継人（相続人など）も、虚偽表示の当事者と同視されるべき存在であるため、「第三者」に該当しない。A・B 間で虚偽表示がなされた後、B が死亡し C が B を相続した場合、A は C に対しても無効を主張できるわけである。

(イ)　新たな独立の法律上の利害関係

　次に、「第三者」といえるためには、虚偽表示の外形を基礎として、新たな独立の法律上の利害関係を有するに至ったことが必要である。これは **A⁺** レベルの重要事項である。

a　該当する例

　まず、「第三者」に該当する例を説明する。

　たとえば、①A を売主、B を買主として、A・B 間で虚偽表示による甲土地の売買契約が締結されたとする。

　この場合、甲土地を B から買い受けた転得者 C（最判昭和 28・10・1 民集 7-10-1019）や、甲土地につき B から抵当権の設定を受けた D（大判大正 4・12・17

民録 21–2124）は、それぞれ虚偽表示の外形（A・B 間の売買契約ないし B の所有権取得の外形）を基礎として、新たな独立の法律上の利害関係を有するに至ったといえ、「第三者」にあたる（➡ 147 ページ **ア**、**イ**）。

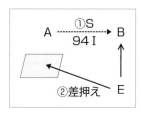

また、甲土地を差し押さえた B の一般債権者 E も、「第三者」にあたる（最判昭和 48・6・28 民集 27–6–724）。よって、A は A・B 間の売買の無効を善意の E に対抗できず、善意の E がした差押えは有効となる。

事例を変えてみよう。たとえば、② X を抵当権者、Y を抵当権設定者とする、虚偽表示による抵当権設定契約がなされた場合に、当該抵当権につき X から転抵当（抵当権を目的とする抵当権）の設定を受けた Z も、「第三者」にあたる（最判昭和 55・9・11 民集 34–5–683）。よって、Y は善意の Z に X・Y 間の抵当権設定契約の無効（X の抵当権の不存在）を対抗できず、Z は転抵当権を有効に取得することになる。

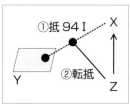

b 該当しない例

次に、新たな独立の法律上の利害関係を有するに至ったとはいえず、したがって「第三者」にあたらないとされる例を説明する。

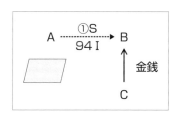

たとえば、① A を売主、B を買主として、A・B 間で虚偽表示による土地の売買契約が締結されたところ、C が B に対して金銭債権を有していたとする。

この、B に対する単なる金銭債権者である C は、「第三者」にあたらない（大判昭和 18・12・22 民集 22–1263）。金銭債権者 C は、債務者 B の全財産について利害関係を有する反面、仮装譲渡の目的となった土地という特定の財産については、未だ利害関係が薄いというべきだからである。

したがって、C は B を代位して A に対して B への移転登記手続を請求することはできない。

仮にA・B間の売買が有効だったとすれば、Cは、債権者代位権（423条 ➡ 35ページア）に基づき、BがAに対してもっている移転登記請求権を代位行使することができます（ただしBが無資力であることが必要）。

　しかし、Cは94条2項の「第三者」にあたりませんから、AはA・B間の売買の無効（94条1項）をCに対抗でき、Bの移転登記請求権の不存在もCに対抗することができます。そのため、Cによる移転登記請求権の代位行使は認められないことになるわけです。

　なお、Cが虚偽表示の目的物である土地を差し押さえた場合には、Cは「第三者」にあたります（➡ 150ページa）。この場合には、差押えによって、その土地という特定の財産についてのCの利害関係が高まったといえるからです。対比しておさえておきましょう。

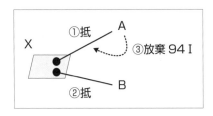

　次に、②X所有の土地に対し、Aが1番抵当権、Bが2番抵当権を有していたところ、Aが虚偽表示により抵当権を放棄したとする。

　この場合、後順位抵当権者であるBは、新たな利害関係を有するに至ったとはいえないため、「第三者」にあたらない。

　先順位抵当権が消滅すると、後順位抵当権の順位は昇格します（順位上昇の原則）。したがって、仮に2番抵当権者であるBが「第三者」にあたり、Aの1番抵当権の放棄が無効であることをAがBに対抗できないのであれば、Bは1番抵当権者ということになります。

　しかし、Bは、Aの虚偽表示を誤信して新たな法律関係（取引関係）に入ったわけではありませんから、「第三者」にはあたりません。

　したがって、AはBに対して、1番抵当権の放棄の無効（94条1項）を対抗できます。AはBに対して、あくまでも自分が1番抵当権者だということを対抗できるわけです。

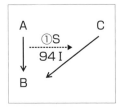

　さらに、③AがBに対する債権をCに仮装譲渡した場合の債務者Bも、新たな利害関係を有するに至ったとはいえないため、「第三者」にあたらない。

　したがって、債務者Bは、Aからの請求を拒むことはできない。

　Aから請求された債務者Bとしては、「債権がCに譲渡されたのだから、債権者はCのはずだ。だからAには支払わない」と主張したいところです。

　しかし、そもそもA・C間の債権譲渡は無効です（94条1項）。そして、Bは、債権が譲渡されようがされまいが、その債権の債務者であることに変わりはありませんから、「新たな」利害関係を有するに至ったとはいえず、「第三者」にはあたりません。

　したがって、Aは、債権譲渡が無効であり、Aが今なお債権者であることを、債務者B

に対抗することができます。そのため、Aからの請求に対し、Bは履行を拒めないことになるわけです。

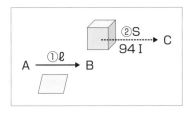

また、④Aの所有する土地を賃借したBが、その土地上に建物を築造し、この建物をCに仮装譲渡したとする。この場合の土地賃貸人Aは、「第三者」にあたらない（大判昭和14・12・9民集18-1551、最判昭和38・11・28民集17-11-1446）。新たな利害関係を有するに至ったとはいえないからである。

したがって、Bは、B・C間の売買の無効をAに対抗することができる。Aは、Bによる賃借権の無断譲渡（612条）を理由として、A・B間の賃貸借契約を解除することはできない。

　賃借権というのは、勝手に譲渡することが禁止されています。仮に賃借人が賃貸人に無断で賃借権を譲渡すると、賃貸人は、原則として賃貸借契約の解除権を取得します（612条）。
　また、Bのように、賃借している土地上に建物を所有している者がその建物を譲渡した場合には、土地の賃借権も譲渡したことになります（87条2項類推 ➡ 122ページ4）。
　そこで、上の例の賃貸人Aは、Bが土地賃借権を無断でCに譲渡したと主張し、Aが土地の賃貸借契約の解除権を取得したと主張することになるわけです。
　しかし、B・C間の建物の譲渡や、それに伴う土地賃借権の譲渡は無効です（94条1項）。そして、Aは、土地賃借権が譲渡されようがされまいが、その債務者であることに変わりはありませんから、「新たな」利害関係を有したとはいえず、「第三者」にあたりません。
　したがって、賃借人Bは、B・C間の建物の譲渡は無効であることをAに対抗でき、土地の賃借権の譲渡が無効であることもAに対抗できます。
　そのため、Aの主張は認められないことになるわけです。

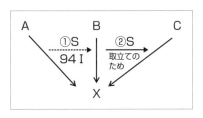

さらに、⑤AがXに対して有する債権をBに仮装譲渡したところ、そのBから当該債権を取立てのために譲り受けたCは、「第三者」にあたらない。Cには独立の経済的利益がないからである。

よって、この場合、AはCに対してA・B間の債権譲渡の無効を対抗でき、自己が債権者であると主張することができる。

債権の取立て権限を与えるという目的で、形式的に債権譲渡がなされることがあります。たとえば、多忙ゆえに自ら債権の回収に行けない債権者が、取立て権限を与える趣旨で、かたちのうえで他人に債権を譲渡することがあるわけです。このような債権譲渡が、「取立てのための債権譲渡」です。

そして、かかる「取立てのための債権譲渡」の譲受人は、その実質は債権者の代理人にすぎません。

そこで、取立てのためにBから債権を譲り受けたにすぎないCは、「独立の」利害関係が否定され、「第三者」にあたらないことになるわけです。

ちなみに、仮にB・C間の債権譲渡が通常の債権譲渡だった場合は、Cは「第三者」にあたります。したがって、Aは善意のCに対してA・B間の債権譲渡の無効を対抗し得ず、CがXに対する債権を取得することになるわけです。

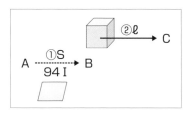

最後に、⑥仮装譲渡された土地上の建物の賃借人は、「第三者」にあたらない（最判昭和57・6・8判時1049-36）。AからBに土地の仮装譲渡がなされ、Bがその土地上に建物を建てたところ、その建物をBから賃借したCは、「第三者」にあたらないわけである。これは意識して覚えておこう。

この場合の、AとCのそれぞれの主張を少し具体的に検討してみましょう。

まず、Aは、Cが建物を占有することによってAの所有する土地を不法に占有しているとして、Cに対して、土地所有権に基づき建物からの退去と土地の明渡しを求めることになります。

そして、Cから「A・B間の売買によってAは所有権を失ったはずだ」と主張されても、Aは、「A・B間の売買は94条1項により無効だから、所有権がある」と反論することになるでしょう。

これに対し、Cは、自らが94条2項の「第三者」にあたると再反論することになります。つまり、Cは「AはA・B間の土地売買の無効をCに対抗できず、したがってAは自らの所有権をCに対抗できないはずだ」と主張することになるわけです。

では、Cは94条2項の「第三者」にあたるのでしょうか。

この点、土地と建物は別個独立の物である以上（➡119ページ（ウ））、虚偽表示の目的である土地に関する「法律上の利害関係」の有無は、建物に関する利害関係の有無とは別個に考えていく必要があります。

そして、Cは、建物に関しては、賃貸借契約を結んでいる以上、「法律上の利害関係」を有しています。しかし、土地に関しては、何ら契約を結んでいませんから、「法律上の利害関係」を有するに至っていません。

そのため、Cは、土地の仮装譲渡に関する「第三者」にはあたりません。

したがって、AはA・B間の売買契約の無効をCに対抗でき、自らの所有権をCに対抗できますから、Aの請求は認められることになります。

ウ　登記の要否

94条2項は、その要件として、文言上は「善意の第三者」であることのみを要求している。

しかし、不動産に関する虚偽表示がなされた場合、94条2項の「善意の第三者」として保護されるには、さらに登記が必要なのではないかが、重要基本論点となっている。どう解するべきか。

この点、登記必要説も有力である。

しかし、①虚偽表示の当事者Aは、第三者Cにとって権利承継の前主（物権変動の当事者）であるから（➡147ページのコラム）、第三者Cにとって虚偽表示の当事者Aは177条の「第三者」にあたらない（➡21ページ（ア））。したがって、対抗要件としての登記は不要である。

また、②自ら虚偽表示をしている点で、権利者Aの帰責性が大きいこととのバランス上、第三者の保護要件はゆるやかに解するのが妥当である。したがって、権利保護要件としての登記も不要というべきである。

そこで、およそ登記は不要と解するのが妥当であろう。判例も登記を不要としている（最判昭和44・5・27民集23-6-998）。

登記には、2つの種類があります。

1つは、177条によって要求される登記です。この登記を、**対抗要件としての登記**といいます。

この点、第三者Cにとって、Aは177条の「第三者」にはあたりませんから、Aとの関係では対抗要件としての登記は不要です。

もう1つは、**権利保護要件としての登記**です。この登記は、177条から要求される登記ではなく、およそ権利を保護してもらうための資格として要求される登記です。

たとえば、仮に94条2項の「善意の第三者」として保護されるためには登記が必要と解した場合には、その登記は権利保護要件としての登記ということになります。

しかし、本文で述べたとおり、権利者Aの帰責性が大きい以上、そのこととのバランスから、権利保護要件としての登記も不要と解していくわけです。

Q 不動産の虚偽表示がなされた場合、94条2項の第三者として保護されるには登記が必要か　**A⁺**

A説 登記不要説（判例・通説）

結論：不要である。

理由：①虚偽表示の当事者は、第三者にとって権利承継の前主であるから、対抗要件としての登記は不要である。

②虚偽表示の当事者の帰責性が大きいことから、権利保護要件としての登記も

不要である。

B説 登記必要説（川井など有力説）
結論：権利保護要件としての登記が必要である。
理由：Aが先に登記を取り戻した場合にもCが保護されるのはおかしい。

3　94条2項に関するその他の問題　A

ア　第三者からの転得者

　A・B間で虚偽表示による土地の売買がなされ、Bが当該土地をCに譲渡したところ、Cがその土地をさらにDに転売したとする。この場合のCを「直接の第三者」、Dを「転得者」というが、この転得者Dは保護されるのか。

　以下、C・Dの主観により場合を分けて検討する。

（ア）Cが悪意、Dが善意の場合　→論証4

　まず、Cが悪意、Dが善意の場合についてである。

　この場合、当然ながら、悪意のCには94条2項の適用はない。

　問題は、善意の転得者Dに、94条2項の適用があるのかである。この問題は、94条2項の「第三者」の範囲の問題、いいかえれば、94条2項の「第三者」に転得者が含まれるのかの問題である。

　この点につき、通説は、善意の転得者を保護するべき要請は直接の第三者と異ならないとし、転得者も「第三者」に含まれると解している。判例も同様の結論である（最判昭和45・7・24民集24-7-1116）。

　したがって、善意の転得者Dは、94条2項により当該土地の所有権を取得することになる。

Q 94条2項の「第三者」に善意の転得者は含まれるか　A

A説（判例・通説）
結論：含まれる。
理由：保護の必要性は直接の第三者と異ならない。

（イ）Cが善意、Dが悪意の場合　→論証5

　次に、Cが善意、Dが悪意の場合についてである。

この場合、当然ながら、善意のCには94条2項が適用される。Cに対しては、AはA・B間の売買の無効を主張できないわけである。

問題は、その後に出現した悪意の転得者Dの権利取得が認められるか否かである。

> この（イ）の論点について、「悪意の転得者にも94条2項が適用されるか」というかたちで問題提起をしている答案が散見されますが、それは明確な誤りです。
>
> 確かに、前ページで学んだ（ア）の論点は、直接の第三者からの善意の転得者にも94条2項が適用されるかという問題でした。
>
> しかし、この（イ）の論点は、悪意の転得者にも94条2項が適用されるかという問題ではありません。転得者が悪意である以上、94条2項の適用の余地は一切ないからです。この（イ）の論点は、善意の直接の第三者に適用された94条2項の効果が、悪意の転得者のもとでも維持されるのか、それとも維持されずに本来の権利者の敗者復活を認めるのかという問題なのです。
>
> 問題提起が不正確だと、理解が不十分であると思われてしまいかねません。正確な問題提起を心掛けるようにしましょう。

この点、権利者Aは悪意の転得者Dに対してはA・B間の売買の無効を対抗でき、Dは権利を取得しないとする見解がある。

しかし、法律関係の早期安定と簡明さの観点からすれば、善意の第三者Cが出現した時点で、善意の第三者Cは確定的に権利を取得し、権利者Aは確定的に権利を喪失すると解するのが妥当であろう。

したがって、悪意の転得者Dは、善意の第三者Cから有効に権利を承継取得することになる。判例も、同様の結論である（大判大正3・7・9刑録20-1475）。

> 反対説に立った場合、Aは悪意のDにA・B間の売買の無効を対抗できることになり、Dに対して土地の返還を請求できることになります。しかし、Dがさらに善意のEに転売した場合は、AはEには無効を対抗できません。ところが、そのEがさらに悪意のFに転売した場合には、AはFには無効を対抗できることになります。
>
> このように、無効の対抗の可否を相手方ごとにバラバラに考えると、**いつまでたっても法律関係が確定せず**、法律関係の早期安定と簡明さに反することになってしまいます。やはり判例の見解がひとまずは妥当でしょう。
>
> ただし、悪意の転得者Dが、**善意の第三者Cを殊更に利用**していたような場合（このような場合を指して、「CがDのわら人形だった場合」と表現することがあります）にまで、Dの権利取得を肯定するのは妥当ではありません。そのような場合には、Dによる権利取得の主張は、**信義則（1条2項）上許されない**と考えるべきでしょう。
>
> なお、反対説は、善意の第三者Cの権利取得の効果を相対的に捉えている（悪意者との

関係では権利を取得しなかったことになる）ため、「**相対的構成説**」とよばれています。他方、判例の見解は、善意の第三者Ｃの権利取得の効果を絶対的に捉えているため、「**絶対的構成説**」とよばれています。

Ｑ 直接の第三者が善意だった場合、悪意の転得者は権利を取得するか　Ａ

Ａ説　絶対的構成説（判例）
結論：善意の第三者から権利を承継取得する。
理由：法律関係の早期安定と簡明さの観点。

Ｂ説　相対的構成説（有力説）
結論：真の権利者は、悪意の転得者に対しては虚偽表示の無効を対抗できる。よって、悪意の転得者は権利を取得できない。
理由：転得者も94条2項の「第三者」に含まれるとする以上、悪意の転得者に対しては無効を対抗できると考えるのが素直である。
批判：①善意の第三者が悪意の転得者から担保責任を追及されることになる。
　　　②善意の第三者の転売可能性を大きく奪うことになる。

イ　本人からの取得者と虚偽表示における善意の第三者　➡論証6

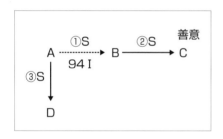

　まず、①Ａを売主、Ｂを買主として、Ａ所有の甲土地を売却する旨の虚偽表示があった。その後、②善意のＣがＢから甲土地を譲り受けたが、Ｃが登記を備える前に、③Ｄも本人Ａから甲土地を譲り受けたとする。

　この場合、本人からの取得者Ｄと、虚偽表示における善意の第三者Ｃとの関係を、いかに解するべきか。

　この点については、ＡとＢは通謀して虚偽の意思表示をした仲間である以上、ＡとＢを一体的に捉えるのが妥当である。そうすると、Ａ＝Ｂを起点とした、ＣとＤへの二重譲渡と構成することができる。

　したがって、ＣとＤとは対抗関係にあると解し、177条によって処理するのが妥当であろう。判例も同様の立場である（最判昭和42・10・31民集21-8-2213）。

Q 本人からの取得者と、虚偽表示における善意の第三者との関係をいかに処理すべきか **A**

A説（判例・通説）
結論：対抗関係として処理すべきである。
理由：本人と虚偽表示の相手方とは一体にあるものとみるべきである。

> 　以上で学んだ① 94 条 2 項の**「第三者」**の意義、②**無過失の要否**、③**登記の要否**、④**第三者からの転得者**の論点、⑤**本人からの取得者**の論点は、94 条 2 項を見た瞬間に、脊髄反射のように 1 セットで抽出するべき論点です。まずは何も考えずにこれらの論点を一気に抽出し、その後に実際にその問題文で論じる必要がある論点はどれかを検討する、という順序をふめば、不注意な論点落しはなくなります。私は、このような検討の仕方を、芋づる式論点抽出とよんでいます。ぜひ試してみてください。

4. 94 条 2 項類推適用

1　94 条 2 項類推適用の場面　**A⁺**

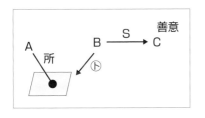

　たとえば、A 所有の甲土地が B 名義で登記されていたところ、この B 名義の登記を見て B が所有者であると信じた C が、B から甲土地を買い受けたとする。

　この場合、A・B 間で虚偽表示（たとえば通謀したうえでの虚偽の売買契約）があったのであれば、94 条 1 項の要件をみたすことから、C には 94 条 2 項が直接適用される。

　では、A・B 間で何ら虚偽表示がなかった場合（たとえば A が勝手に B 名義で登記をしていた場合）はどうか。

　この場合、A・B 間で虚偽表示がない以上、94 条 1 項の要件を満たさない。よって、C に 94 条 2 項が直接適用されることはない（➡ 149 ページ **2**）。

　しかし、常に C が権利を取得できないと解しては、取引の安全を害する。

そこで、一定の要件を満たす場合には、94条2項を類推適用し、なおCが権利を取得すると解していくことになる。

> 　本文で述べたとおり、94条1項の要件を満たしている事案では、94条2項の直接適用が問題となるのに対し、94条1項の要件を満たしていない事案では、94条2項の類推適用が問題となります。
> 　この点、「第三者が虚偽の登記を信頼した場合には、常に94条2項の類推適用が問題となる」と理解している方が時折いるようですが、その理解は厳密には間違いです。たとえばCがB名義の虚偽の登記を信頼した場合でも、A・B間で通謀したうえでの虚偽の売買契約が締結されていたのであれば、通常、Cには94条2項が直接適用されることになるからです。
> 　このように、94条2項の類推適用が問題となるのは、あくまでも94条1項の要件を満たしていない事案においてです。答案構成をする際にも、「本件では通謀がない」、「虚偽の意思表示がない」、「通謀も虚偽の意思表示もない」など、その事案でなぜ直接適用ではなく類推適用が問題となるのかを、しっかりと確認するようにしましょう。

2　94条2項類推適用の要件 A⁺ ➡論証7、8

では、いかなる要件を満たせば、94条2項を類推適用できるのか。

そもそも、94条2項の趣旨は、虚偽の外観作出について帰責性がある権利者の犠牲のもと、かかる外観を信頼した第三者を保護する、という権利外観法理にあった（➡148ページ3）。

そこで、①虚偽の外観、②権利者の帰責性、③第三者の信頼、という3つの要件を満たした場合には、たとえ94条1項の要件を満たしていなくとも、なお94条2項を類推適用できると解していく。

しっかりと記憶したうえで、この3つの要件をさらに検討していこう。

ア　虚偽の外観

まず、①虚偽の外観についてである。

その典型は他人名義の登記であるが、他人名義の家屋台帳や固定資産課税台帳などもこれにあたる。

イ　権利者の帰責性

次に、②権利者の帰責性が認められるためには、単に虚偽の外観を権利者が知っていただけでは足りず、かかる虚偽の外観が、なんらかの意味で権利者の意思に関わるものといえなければならない。

以下、いくつかの類型に分けて検討しよう。

```
┌ 意思外形対応型 ─┬ 外形自己作出型 ········ 当然に帰責性あり
│                 └ 外形他人作出型 ········ 事後的に承認すれば帰責性あり
└ 意思外形非対応型 ························· 意思と関連性があれば帰責性あり
```

（ア）意思外形対応・自己作出型

まず、権利者が自ら外形を作出した場合は、当然帰責性が認められる。

たとえば、建物を新築したAが、自らB名義で保存登記をした場合（最判昭和41・3・18民集20-3-451の事案）には、Aに帰責性が認められる。

（イ）意思外形対応・他人作出型

次に、第三者が信頼した外形を他人が作出した場合には、原則として権利者の帰責性は認められない。

ただし、権利者がその外形を後から承認した場合には、（ア）と同様に、権利者に帰責性が認められる。

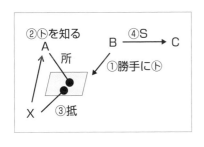

たとえば、①A所有の不動産の登記をBが勝手にB名義に移したところ、②Aがそのことを知ったにもかかわらず約4年間にわたってB名義の登記を放置し、③しかもその間、AがXに対する自らの債務を担保するために、B名義のままその不動産に抵当権を設定したとする（最判昭和45・9・22百選Ⅰ20をベースにした事案）。

この場合、B名義の登記という外観を作出したのはBであるものの、Aはかかる外観を事後的に承認したと評価できるため、かかる外観の作出につきAの帰責性が認められる。

（ウ）意思外形非対応型

では、権利者が自ら外形を作出した（または他人が作出した外形を後から承認した）後、他人の背信行為によって第2の外形が作出され、かつその第2の外形につき権利者が承認していない場合はどうか。

この場合は、権利者が作出した（または承認した）第1の外形と、他人の背信

行為によって作出された第 2 の外形との間に、適当な関連性がある限り、なお権利者に第 2 の外形の作出についての帰責性が認められると解していく。

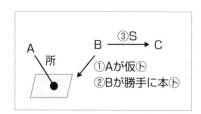

たとえば、① A が、B の信用を外観上増大させる目的で、A の不動産について B 名義の仮登記をしたところ、② B がこの仮登記を利用して勝手に B 名義の本登記を具備し、③善意の第三者 C に売却したとする（最判昭和 43・10・17 民集 22-10-2188 の事案）。

この場合、A が作出した B 名義の仮登記という外形と、B によって作出された B 名義の本登記という外形との間には、適当な関連性が認められるため、第 2 の外形である本登記の作出につき A に帰責性が認められることになる。

ウ　第三者の信頼——無過失の要否　**A**

第三者の信頼に関しては、直接適用の場合と同様に、善意であれば足りるのか、それとも無過失まで要するかにつき争いがある。

この点、権利者に帰責性が認められることとの均衡上、直接適用の場合（➡ 149 ページ **ア**）と同様に、原則として無過失は不要と解するのが妥当である。

ただし、意思外形非対応型（➡ 前ページ（**ウ**））については、第三者が信頼した第 2 の外形が権利者の意思を逸脱している点で、権利者の帰責性は（ありはするものの）やや小さい。そこで、意思外形非対応型については、例外的に無過失を要すると解するのが妥当であろう。

判例も、原則として無過失を不要としつつ、意思外形非対応型については、「民法 94 条 2 項、同法 110 条の法意に照らし」無過失が必要であるとしている（最判昭和 43・10・17 民集 22-10-2188）。

> この判例の「法意に照らし」という言葉は、「類推適用」と同じ意味だと思っておけば試験対策としては十分です（**最判平成 18・2・23 百選 I 21** 参照）。
> また、94 条 2 項だけでなく「110 条」の法意にも照らしている（類推適用している）のは、「無過失」という要件を根拠付けるためです。つまり、94 条 2 項は「善意」としか書いていないため、そこから無過失という要件は抽出しづらい。そこで無過失を要求している 110 条（110 条の「正当な理由」は無過失を意味します。➡ 240 ページ（ア））をも引っ張り出してきたわけです。

Q 94条2項類推適用の場面で、第三者が保護されるには無過失が必要か　**A**

A説（判例）

結論：①原則として、無過失は不要である。

　　　②ただし、真の権利者の意思と第三者が信頼した外形とが対応していない場合は、110条の法意にも照らして、例外的に無過失を要する。

理由：①真の権利者に帰責性が認められることとの均衡。

　　　②意思と外形が対応していない場合は、権利者の帰責性がやや小さい。

エ　登記の要否

　直接適用の場合と同様に、登記の要否も問題となるが、権利者に帰責性が認められること、権利者と第三者とは対抗関係に立たないことなどから、直接適用の場合と同じく、登記は不要と解するべきである。

　判例も、登記を不要としている（最判昭和44・5・27民集23-6-998）。

Q 94条2項類推適用の場面で、第三者保護されるには登記が必要か　**A**

A説（判例）

結論：不要である。

理由：①真の権利者は、第三者にとって権利承継の前主であるから、対抗要件としての登記は不要である。

　　　②真の権利者に帰責性が認められることから、権利保護要件としての登記も不要である。

B説（川井など有力説）

結論：権利保護要件としての登記が必要である。

理由：真の権利者が先に登記を取り戻した場合にも第三者が保護されるのはおかしい。

　以上の論点に加え、転得者がらみや本人からの取得者についても94条2項直接適用と同様に問題となりますが、これらの論点については直接適用の場合と同様に考えればOKです。これらも含めて、**芋づる式に論点を抽出**する必要があることも、直接適用の場合と同様です。ただし、類推適用の場合については、**無過失が必要となりうる**点に十分注意するようにしてください。

錯誤

1. 意義と効果 改正

　錯誤とは、意思表示をするうえでの認識について表意者に過誤があり、その過誤を表意者が知らないで意思表示がされることをいう。

　この錯誤には、①意思不存在の錯誤と、②基礎事情の錯誤（動機の錯誤）という2つの類型がある。

1　意思不存在の錯誤 A

　意思不存在の錯誤とは、意思表示に対応する意思を欠く場合をいう（95条1項1号）。いいかえれば、内心的効果意思と表示との間に不一致がある場合を、意思不存在の錯誤というわけである。

　たとえば、売買契約の契約書に1万円と書くつもりだったところ、うっかり1万ドルと書いてしまったという書き間違いの場合や、1万円と言うつもりだったところ、うっかり1万ドルと言ってしまったという言い間違いの場合が、意思不存在の錯誤の例である。

2　基礎事情の錯誤 A

　基礎事情の錯誤（動機の錯誤）とは、意思表示に対応する意思は存するが、その法律行為の基礎となった事情（内心的効果意思を形成した動機）の点で誤認がある場合をいう（95条1項2号）。

　たとえば、Aが、甲土地の上に建物を建築できると思って甲土地を1000万円で買ったところ、甲土地には法的な建築制限があり、建物を建築できなかっ

たとしよう。この場合、Aは、「甲土地を1000万円で買おう」と思って「甲土地を1000万円で買う」と表示しているから、内心的効果意思と表示との間に不一致はなく、意思不存在の錯誤にはあたらない。しかし、「甲土地を1000万円で買う」という意思表示（法律行為）の基礎となった「建物を建築できる」という事情（動機）の点で誤認があるため、基礎事情の錯誤にあたることになる。

3 錯誤の効果 Ａ

以上の錯誤による意思表示は、一定の要件を満たせば、取り消すことができる（95条1項柱書）。

2. 錯誤による取消しの要件 改正

錯誤による取消しが認められるための要件は、錯誤の類型によって異なる。

【錯誤取消しの要件】

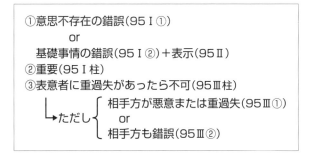

①意思不存在の錯誤（95Ⅰ①）
  or
  基礎事情の錯誤（95Ⅰ②）＋表示（95Ⅱ）
②重要（95Ⅰ柱）
③表意者に重過失があったら不可（95Ⅲ柱）
  └→ただし { 相手方が悪意または重過失（95Ⅲ①）
         or
         相手方も錯誤（95Ⅲ②）

意思不存在の錯誤については、①意思表示に対応する意思を欠くこと（95条1項1号）、②その錯誤が法律行為の目的および取引上の社会通念に照らして重要なものであること（同項柱書）が必要である。

これに対し、基礎事情の錯誤については、①表意者が法律行為の基礎とした事情についての認識が真実に反すること（95条1項2号）、②その錯誤が法律行為の目的および取引上の社会通念に照らして重要なものであること（同項柱書）

に加えて、さらに③その事情が法律行為の基礎とされていることが表示されていることが必要である（95条2項）。

そして、以上の各要件が満たされていても、表意者に重過失がある場合は、原則として錯誤による取消しは認められない（95条3項）。

以下、それぞれの要件についてみていこう。

1 意思不存在の錯誤による取消しの要件 ） A

上記のとおり、意思不存在の錯誤により意思表示を取り消すためには、①意思表示に対応する意思を欠くこと（95条1項1号）に加え、②その錯誤が法律行為の目的および取引上の社会通念に照らして重要なものであること（同項柱書）が必要である。

ア 「重要」の意義

この2つの要件のうち、②の「重要」性は、その点について錯誤がなかったならば表意者は意思表示をしなかったであろうし（主観的因果性）、一般人もそのような意思表示をしなかったであろう（客観的重要性）場合に認められる（大判大正7・10・3民録24-1852参照）。これは覚えておこう。

イ 「重要」性の判断

では、意思不存在の錯誤において、具体的にいかなる錯誤が、上記の意味で「重要」とされるのか。

まず、①意思表示の不可欠の内容をなすと認められる事項についての錯誤は、一般に「重要」といってよい。売買契約における代金や目的物、賃貸借契約における賃料や目的物などについての錯誤が、その典型である（555条、601条参照）。

> このように解すると、何が意思表示の「不可欠の内容」であり、何が「不可欠の内容」ではないのかが気になると思いますが、この点については、民法と民事訴訟法を学習した後に、法律実務科目である「要件事実論」の中で学ぶことになります。

次に、②契約の当事者についての錯誤はどうか。

まず、無償契約における契約の相手方の同一性についての錯誤は、「重要」

とされることが多い。

たとえば、無利息の消費貸借契約や使用貸借契約などの無償契約は、貸主が借主の個性に着目し、その点を重視して契約を締結しているのが通常です。「Bは親友だから、ただで貸してやろう」と思って金や物を無償で貸しているわけです。したがって、無償契約の相手方が誰なのかという点は、無償契約の重要部分といえるのが通常なのです。

　また、保証契約における主債務者の同一性についての錯誤も、やはり「重要」と解してよい（大判昭和9・5・4民集13-633）。

　他方、有償契約における契約の相手方の同一性についての錯誤は、「重要」性が否定されることが多い（大判明治40・2・25民録13-167参照）。有償契約においては、契約の相手方が誰かという点よりも、契約の対象となった物の方が重要とされることが多いからである。

2　基礎事情の錯誤による取消しの要件　Ａ

　基礎事情の錯誤により意思表示を取り消すためには、①表意者が法律行為の基礎とした事情についての認識が真実に反すること（95条1項2号）、②その錯誤が法律行為の目的および取引上の社会通念に照らして重要なものであること（同項柱書）に加え、独特の要件として、③①の事情が法律行為の基礎とされていることが表示されていたことが必要である（同条2項）。

ア　「重要」性の判断

　この3つの要件のうち、「重要」性は、意思不存在の錯誤の場合（➡前ページ**ア**）と同様である。すなわち、その点について錯誤がなかったならば表意者は意思表示をしなかったであろうし（主観的因果性）、一般人もそのような意思表示をしなかったであろう（客観的重要性）場合に認められる。

　では、基礎事情の錯誤において、具体的にいかなる錯誤が、上記の意味で「重要」とされるのか。

　まず、①目的物の性状・品質についての錯誤は、「重要」といえるのが通常である。

たとえば、芸術作品の売買においてその作品が真作である（贋作でない）と思っていた場合や、機械の売買においてその機械が通常の性能を有していると思っていた場合などが、

これに対し、②目的物の性状・品質等に関連しない生活事実としての動機についての錯誤は、「重要」とはいえないのが通常である。

たとえば、古い手帳をなくしたと勘違いして新しい手帳を買った場合において、「古い手帳をなくした」という事情（生活事実としての動機）が表示されていたとしても、通常は「重要」性が否定され、錯誤による取消しは認められない。

イ　表示

基礎事情の「表示」（95 条 2 項）は、必ずしも明示的になされる必要はなく、黙示的な表示であってもよい。

たとえば、A が B からフェルメールの作とされる絵画を 100 億円で購入した場合、100 億円という購入代金から見て、当該絵画がフェルメールによる真作であるという事情が A の意思表示の基礎とされていることが黙示的に表示されているといえる。

なお、やや細かいが、基礎事情の「表示」という要件に関しては、①事実行為としての表示と解する見解と、②意思表示と解する見解とが対立している。

このうち、②の見解からは、95 条 2 項の「表示されていた」とは、基礎事情が意思表示（法律行為）の内容になっていたという意味と解することになる。たとえば契約であれば、当該基礎事情が当該契約の基礎とされているとの表意者の認識が合意の内容となっていた場合に限り、「表示されていた」といえると解することになる。また、単独行為であれば、当該基礎事情が当該単独行為の基礎とされているとの表意者の認識が相手方に了解されていた場合に限り、「表示されていた」といえると解することになるわけである。

近時の判例は、②の見解に立っているものと解される（**最判平成 28・1・12 百選Ⅰ 22**、最判平成 28・12・19 集民 254-105 参照）。

3　消極的要件──表意者の重過失　B⁺

ア　原則

以上の各要件を満たしても、錯誤が表意者の重大な過失によるものであった

場合には、原則として錯誤による取消しをすることができない（95条3項柱書）。重過失ある表意者は保護に値しないからである。

　なお、95条3項柱書の重過失についての証明責任は、民事訴訟法の原則どおり、相手方が負う（大判大正7・12・3民録24-2284）。

イ　民法上の例外

　ただし、次の2つの場合には、表意者に重過失があっても錯誤による取消しが認められている。

　①相手方が表意者に錯誤があることを知り、または重大な過失によって知らなかった場合（95条3項1号）。悪意や重過失の相手方を保護する必要はないからである。

　②相手方が表意者と同一の錯誤に陥っていた場合（いわゆる共通錯誤。95条3項2号）。たとえば、贋作の絵画の売買に際し、売主Aも買主Bもともに真作だと思っていたような場合がこれにあたる。この場合も、相手方を保護する必要がないからである。

ウ　特別法による例外

　さらに、電子消費者契約法（正式名称は「電子消費者契約に関する民法の特例に関する法律」）によって、民法95条3項の適用が排除され、重過失ある表意者による取消しが認められる場合がある。

　民法95条3項の適用を排除する要件は、①消費者が行う電子消費者契約（定義は電子消費者契約法2条1項、2項を参照）に意思不存在の錯誤（➡164ページ1）があり、その錯誤が重要（➡166ページ1）であること（同法3条本文）、および②消費者がその使用する電子計算機を用いて申込みまたは承諾の意思表示を送信した時に、当該事業者との間で電子消費者契約の申込みまたはその承諾の意思表示を行う意思がなかったか（同条1号）、またはその意思表示と異なる内容の意思表示を行う意思があったことである（同条2号）。

> 　3条1号は、たとえばインターネット通販で、買うつもりがないのに間違えて申込みのボタンをクリックしてしまった場合がその典型です。
> 　2号は、やはりインターネット通販で、1万円だと思って10万円と表示されている商品の申込みのボタンをクリックしてしまった場合がその典型です。

ただし、③当該電子消費者契約の相手方である事業者が、当該申込みまたはその承諾の意思表示に際して、電磁的方法によりその映像面を介して、その消費者の申込みもしくはその承諾の意思表示を行う意思の有無について確認を求める措置を講じた場合、または④その消費者から当該事業者に対して当該措置を講ずる必要がない旨の意思の表明があった場合は、この限りでない（同法3条ただし書）。

> 　最近のインターネット通販では、最後に確認画面が出てきて、最終確認のボタンをクリックさせられることが多いです。その場合は③の要件が満たされますから、電子消費者契約法3条は適用されなくなるわけです。

3. 第三者の保護 改正

　前述したように、錯誤による意思表示は、一定の要件のもと、これを取り消すことができる（95条1項柱書）。

　では、錯誤による意思表示の後に第三者が出現した場合、この第三者は一切保護されないのだろうか。

　かかる第三者については、その出現が①錯誤による取消しの前か、②錯誤による取消しの後かによって、処理が大きく異なる。

1　錯誤による取消し前の第三者──95条4項 A

ア　95条4項の意義と適用範囲

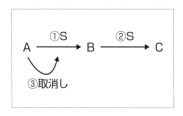

　まず、錯誤による取消しの前に出現した第三者について検討する。

　たとえば、①Aの錯誤により、AがBに対して甲土地を売却したところ、②Bは甲土地をCに転売した。その後、③AがA・B間の売買契約につき、Aの錯誤を理由として取り消したとしよう。

この場合、③の取消しにより、A・B間の売買は遡及的に無効となる（121条）。つまり、取り消されるまでは①のA・B間の売買契約は不確定的ながらも有効だった（したがってBはAから甲土地の所有権を取得していた）のであるが、取消しの意思表示があったため、それ以前の事実が書き換えられ、A・B間の売買契約は最初から完全に無効だったということになるのである。

　そして、その結果、BはAから甲土地の所有権を1度も取得しなかったことになり、②のB・C間の売買契約は他人物売買だったということになる。つまり、Cは他人物売買の買主にすぎないことになり、甲土地の所有権を取得していないことになる（➡25ページ（イ））。以上が、Aによる取消しを認めた場合の帰結である。

　しかし、常にCの権利取得を否定しては、Cの取引安全を害する。

　そこで、95条4項は、「〔錯誤による〕意思表示の取消しは、善意でかつ過失がない第三者に対抗することができない」と定めている。

　この95条4項のいう「対抗」とは、94条2項の「対抗」と同様に、主張という意味である。つまり、もし95条4項が適用されるのであれば、Aは①のA・B間の売買契約の取消しをCに対して主張することはできなくなる。そしてその結果、Cとの関係では、①のA・B間の売買契約は完全に有効であり、②のB・C間の売買契約も自己物売買であり続ける。Cは、Bから有効に甲土地の所有権を取得し、これを失わずにすむことになるわけである。

　このように、95条4項の趣旨は、取消しの遡及効から第三者を保護することにある。しっかりと理解したうえで、この趣旨を覚えておこう。

　そして、95条4項の趣旨が、取消しの遡及効から第三者を保護することにある点に照らし、95条4項は、錯誤による取消しの前に出現した第三者についてのみ適用され、錯誤による取消しの後に出現した第三者には適用されないと解されている。

　たとえば、上記のCは、①の売買契約が取り消される前に出現している。よって、95条4項が適用されうる。

イ　95条4項の要件

　では、いかなる場合に95条4項が適用されるのだろうか。以下、95条4項の要件を検討する。

（ア）「第三者」の意義

　まず、95条4項の「第三者」とは、当事者およびその包括承継人以外の者であって、錯誤による意思表示の後、新たな独立の法律上の利害関係を有するに至った者をいう。この定義はしっかりと覚えておこう。

　たとえば、上記アのCは、取消しの対象となる①の売買契約の当事者ではなく、その当事者であるAまたはBの包括承継人でもない。また、Cは、錯誤によるAの意思表示の後、②の売買によって甲土地をBから購入しているのであるから、新たな独立の法律上の利害関係を有するに至った者といえる。したがって、Cは95条4項の「第三者」にあたる。

　その他、95条4項の「第三者」に該当するか否かの具体的な判断は、94条2項の「第三者」の判断（➡150ページイ）と同様である。

（イ）主観的要件——善意無過失

　次に、95条4項の第三者の主観面については、「善意でかつ過失がない」ことが必要である。

　93条2項や94条2項の第三者とは異なり、無過失まで必要とされているのは、心裡留保や虚偽表示の表意者の帰責性は大きく、したがって第三者保護要件はゆるやかでよいのに対し、錯誤による表意者の帰責性は比較的小さく、したがって第三者保護要件は厳格なものとするべきであるからと解される。

> 　以上に加えて、94条2項などと同様に、95条4項でも登記の要否が問題となりえます。この点について論じた文献は見当たらないのですが、①錯誤の場合の表意者の帰責性は比較的小さいことを重視して、権利保護要件としての登記が必要と解するか、②95条4項の文言上、登記は要求されていないことを重視して、登記は不要と解するかの、いずれかになるはずです（私見）。試験では、他の論証と矛盾が生じない限り、どちらの見解でもOKでしょう。

2　錯誤による取消し後の第三者　B⁺

　前述したとおり、95条4項の趣旨は、取消しの遡及効（121条）から第三者を保護することにある。したがって、95条4項は、錯誤による取消しの前に出現した第三者にのみ適用され、錯誤による取消しの後に出現した第三者には適用されないと解されている。

　では、錯誤による取消しの後に出現した第三者の保護は、いかに解するべき

だろうか。

この点については、詐欺による取消し後に出現した第三者と全く同様に解していく。そのため、学習の効率上、詐欺の箇所で説明する（➡ 178 ページ **2**）。

4. 他の制度との関係

1 身分行為との関係) B

身分行為には、原則として 95 条は適用されない。

ただし、身分行為であっても、離婚における財産分与（768 条）や相続放棄（915 条、938 条）などのように、財産上の行為にかかるものについては、例外的に 95 条が適用される（相続放棄につき最判昭和 40・5・27 判時 413-58）。短答式試験用に覚えておこう。

2 和解との関係) C

和解契約（695 条）については、原則として錯誤による取消しの主張は許されない（最判昭和 43・7・9 判時 529-54）。この点は債権各論で詳しく学ぶ。

詐欺

1. 意義と効果　A

　「詐欺」（96条1項）とは、相手方を欺く行為（詐欺行為）により、相手方を錯誤に陥らせることをいう。

　詐欺による意思表示（詐欺行為を受けた結果としてなされた意思表示）は、取り消すことができる（96条1項）。条文番号とともに、しっかりと覚えておこう。

2. 要件

1　詐欺　B−

　「詐欺」が認められるためには、①相手方を欺く行為（詐欺行為）により、②相手方を錯誤に陥らせたこと、および③詐欺の故意があることが必要である。

2　第三者詐欺　B＋　改正

　CがAをだましたため、AがBから物を買った場合のように、第三者が詐欺を行った場合を第三者詐欺という。

　この第三者詐欺においては、「詐欺」の要件に加え、相手方Bが第三者Cによる詐欺の事実を知り、または知ることができたときに限り、被詐欺者Aはそ

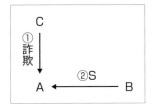

の意思表示を取り消すことができる（96条2項）。

その趣旨は、詐欺の事実について善意無過失である相手方Bを保護することにある。

3 詐欺と錯誤の関係 　**B**

BがAに対し、贋作の絵画を真作だと偽り、真作だと誤信したAが当該絵画をBから購入したとする。

この場合、詐欺による取消しの要件だけでなく、錯誤による取消しの要件もみたすのが通常である。Aの錯誤は基礎事情の錯誤（95条1項2号）であるところ、通常はその動機は黙示的に「表示」（95条2項）されているといえるし、真作・贋作は物の品質に関する錯誤であるから、通常は「重要」（95条1項柱書）といえるからである。なお、BはAの錯誤につき悪意であるので、Aの重過失は問題とならない（95条3項1号）。

このように、詐欺による取消しの要件と錯誤による取消しの要件とがともにみたされている場合、表意者はいずれを主張するべきか。

この点については、詐欺も錯誤も、ともに表意者保護のための規定である以上、表意者はいずれかを任意に選択して主張してよいとする見解が有力である（二重効肯定説）。この見解が妥当であろう。

> 実際の訴訟では、錯誤は「重要」性の立証が、詐欺は「相手方の故意」の立証が、それぞれ困難な場合が多いのですが、そのどちらかの主張を強制されてしまっては、戦術の選択の幅が狭まってしまい、表意者の保護に欠けることになってしまいます。こうした実務的な観点からも、二重効肯定説が妥当でしょう。

Q 詐欺と錯誤の要件をみたしている場合、どちらを主張するべきか　B

A説 二重効肯定説（我妻など有力説）

結論：いずれかを任意に選択して主張してよい。

理由：いずれも表意者保護の規定である。

3. 第三者の保護

前述したように、詐欺による意思表示は取り消すことができる（96条1項）。

では、詐欺による意思表示の後に、善意の第三者が出現した場合、この者の保護はどうなるのであろうか。

詐欺における善意の第三者については、その出現が①詐欺による取消しの前か、②詐欺による取消しの後かによって、処理が大きく異なる。以下、それぞれに分けて検討しよう。

1 詐欺による取消し前の第三者——96条3項 A⁺ ➡論証9

ア 96条3項の意義と適用範囲

96条3項は、「詐欺による意思表示の取消しは、善意でかつ過失がない第三者に対抗することができない」と定めている。

この96条3項の趣旨は、錯誤における95条4項の趣旨（➡170ページ ア）と同様であり、取消しの遡及効（121条）を制限して第三者を保護することにある。しっかりと理解して、覚えておこう。

そして、かかる趣旨に照らし、96条3項は、かかる取消しの遡及効を受ける第三者、すなわち詐欺による取消しの前に出現した第三者（詐欺取消し前の第三者）にのみ適用され、詐欺による取消しの後に出現した第三者（詐欺取消し後の第三者）には適用されないと解されている。

イ 96条3項の要件

(ア)「第三者」の意義

96条3項の「第三者」とは、詐欺による意思表示の当事者およびその包括承継人以外の者であって、詐欺による意思表示の後、新たな独立の法律上の利害関係を有するに至った者をいう。

なお、96条3項の「第三者」に該当するか否かの具体的な判断は、94条2項の「第三者」の判断（➡150ページ イ）と同様なので、当該箇所を参照してほしい。

（イ）主観的要件——善意無過失　改正

96条3項の第三者の主観面も、95条4項と同様であり、「善意でかつ過失がない」ことが必要である。

93条2項や94条2項の第三者とは異なり、無過失まで必要とされているのは、心裡留保や虚偽表示の表意者の帰責性は大きく、したがって第三者保護要件はゆるやかでよいのに対し、詐欺による表意者（被詐欺者）の帰責性は比較的小さく、したがって第三者保護要件は厳格なものとするべきであるからと解される。

（ウ）登記の要否

さらに、第三者が不動産の取得者だった場合について、96条3項の第三者として保護されるためには登記が必要かという論点がある。

第1の見解は、94条2項の権利者本人と比べて詐欺による表意者の帰責性は小さいことから、96条3項の要件は厳格に解するべきであるとして、権利保護要件としての登記が必要であるとする。

第2の見解は、96条3項の文言上、登記は要求されていないことや、第三者の取引安全を図る必要があることなどを理由として、登記は不要であるとする。平成29年改正前の判例でも、登記を不要としたものがある（**最判昭和49・9・26百選Ⅰ23**）。ただし、この判例は「第三者」が仮登記をしていた事案についてのものであるため、最高裁がおよそ登記を不要とする見解に立っているとはいえないとする判例解釈もある。

試験では、心裡留保や虚偽表示の表意者（帰責性が大きい）との対比が可能となる点で、登記必要説がおすすめである。

Ｑ 不動産取引が詐欺によって取り消された場合、96条3項の第三者として保護されるには登記を要するか　Ａ

Ａ説（我妻・内田など有力説）
結論：権利保護要件としての登記を要する。
理由：表意者の帰責性が小さいこととの均衡。

Ｂ説（判例？）
結論：登記は不要である。
理由：①本人と第三者は対抗関係に立たない。
　　　②96条3項は文言上登記を要求していない。
　　　③第三者の取引安全の観点。

2　詐欺による取消し後の第三者　🅰 ➡論証10

ア　問題の所在

　以上は、詐欺による取消し前に出現した第三者に関する問題であったが、ここからは、詐欺による取消し後に出現した第三者について検討していく。この問題は、制限行為能力や錯誤、強迫を理由とする取消し後に出現した第三者についてもそのまま妥当する、超重要基本論点である。

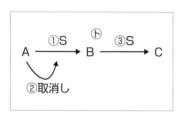

　たとえば、Bの詐欺により、①AがBに対して甲土地を売却し、Bが登記を備えたところ、②AがA・B間の売買につき、Bの詐欺を理由として取り消した。ところがその後、③Bが甲土地をCに転売したとしよう。この場合のCが、詐欺による取消し後の第三者の典型である。

　まず、詐欺による取消し後の第三者であるCには96条3項が適用されないことにつき、ほぼ争いはない。96条3項の趣旨は、詐欺による取消しの遡及効（121条）から第三者を保護することにあるところ（➡176ページア）、詐欺取消し後の第三者は、取消しの遡及効を受けることはないからである。

> 　Cが甲土地について関与する前に、すでにA・B間の契約は取り消されているわけですから、その取消しの遡及効が直接Cに及ぶわけではありません。したがって、詐欺取消し後の第三者Cには、96条3項の趣旨が妥当しないわけです。

　では、詐欺による取消し後の第三者をいかに処理するべきか。この点については、取消しの遡及効（121条）を徹底するか否かにより、2つの見解が激しく対立している。

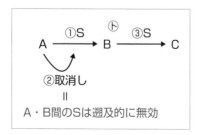

イ　他人物売買説（有力説）

　第1の見解は、取消しの遡及効（121条）を徹底する。

　その結果、A・B間の売買は遡及的に無効となり、その取消しの後になされたB・

C間の売買は他人物売買となる。

そして、登記に公信力がない以上、取消し後の第三者Cは、甲土地を取得することができないのが原則となる。

ただし、取消し後の第三者Cは、他人物売買の買主であるから、目的物が不動産である場合には、94条2項類推適用により保護されうる。

> 　取消し後の第三者Cが94条2項類推適用によって保護されるには、もちろん94条2項類推適用の要件をみたしていなければなりません。そこで問題となるのは、**Aの帰責性**の有無です。
> 　この点、たとえばA・B間の売買に伴いB名義の移転登記がなされていたところ、Aがこの売買を取り消したにもかかわらず、**長期にわたってB名義の登記を放置していたよう**な場合には、虚偽の外観作出について権利者Aに帰責性が認められます（➡160ページイ参照）。したがって、Cが善意であれば、94条2項類推適用により甲土地の所有権を取得することになります。

また、目的物が動産の場合には、即時取得（192条）の要件を満たしている場合も、やはりCはその動産の所有権を取得することになる。

本書では、便宜上、この見解を他人物売買説とよぶことにする。

ウ　二重譲渡類似説（判例）

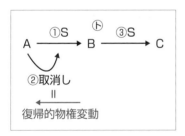

第2の見解は、取消しの遡及効を徹底しない。

すなわち、取消しの遡及効といえどもそれは一種の法的擬制にすぎないと解し、Aの取消しにより、BからAへの復帰的物権変動があったと考えていくのである。

> 　この見解は、遡及効を徹底せず、かつてAからBへの物権変動があったことを認めます。そして、取消しにより、Bに移転していた物権が、Aのもとに戻ると考えていきます。この、AからBに移転していた物権が再びAのもとに戻るという取消しの効果としての物権変動を指して、復帰的物権変動とよんでいくわけです。

その結果、BからAへの復帰的物権変動と、その後になされたB・C間の売買によるBからCへの物権変動とは、Bを起点とした二重譲渡に類似すると評価するべきことになる。

そこで、被詐欺者 A と取消し後の第三者 C とは対抗関係に立つと解し、不動産については 177 条、動産については 178 条で処理するべきと解していくのである。判例もこの見解に立っている（**大判昭和 17・9・30 百選 I 51**）。

本書では、便宜上、この見解を二重譲渡類似説とよぶことにする。

エ　検討

では、いずれの見解が妥当か。

確かに、取消しの遡及効を徹底している点で、理論的には他人物売買説が正当である。

しかし、二重譲渡類似説にも、当事者の主観という不安定な基準によらず、対抗要件の有無という画一的な基準により処理することができ、より取引安全に資するというメリットがある。

試験では、やはり判例の立場である二重譲渡類似説に立つのが妥当であろう。

> 他人物売買説に立てば、取消し後の第三者が権利を取得するか否かは、第三者の主観によって異なってきます（94 条 2 項および 192 条参照）。
>
> これに対し、二重譲渡類似説に立てば、第三者の主観は原則として考慮されません。177 条や 178 条は、原則として権利を取得した者の善意・悪意を問わず、単に対抗要件を得ているか否かという画一的な基準によって勝敗を決する規定だからです（➡ 23 ページ b）。二重譲渡類似説は、詐欺取消し後の第三者と権利者との関係は、そのような画一的な基準によって処理するほうが妥当であると解していくわけです。

Q 錯誤、詐欺・強迫、制限行為能力を理由とする取消しの後に出現した第三者の処理　**A⁺**

A説 他人物売買説（内田など有力説）

結論：94 条 2 項類推または 192 条によって処理するべきである。

理由：取消しの遡及効（121 条）からすれば、取消し後の処分は他人物売買等にあたる。

B説 二重譲渡類似説（判例・我妻など）

結論：177 条または 178 条によって処理するべきである。

理由：①取消しの遡及効（121 条）も一種の法的擬制にすぎず、取消しによる権利の復帰（復帰的物権変動）があったと評価できる。したがって、取消し後に出現した第三者は、二重譲渡の第二譲受人と同視できる。

②対抗要件の有無という画一的な基準により処理するのが、取引安全の見地から妥当である。

強迫

1. 意義　B

「強迫」（96条1項）とは、違法に相手方を畏怖させて意思表示をさせることをいう。刑法の「脅迫」とは文字が異なるので注意しよう。

2. 効果　A

強迫による意思表示は瑕疵ある意思表示であり、これを取り消すことができる（96条1項）。

詐欺と異なり、第三者による強迫の場合も、相手方の善意・悪意や過失の有無を問わず、取り消すことができる（96条2項反対解釈）。被詐欺者よりも被強迫者のほうがいっそう保護に値するからである。

なお、相手方を畏怖させるという程度を超え、完全に相手方の意思の自由を奪うに至った場合は、取消しの対象とはならず、当然に無効となる（最判昭和33・7・1 民集12-11-1601）。

3. 第三者の保護　　　　　　　　　　　　　Ａ

1　強迫による取消し前の第三者

　強迫による取消し前の第三者は、これを保護する規定がなく、およそ保護されない（96条3項反対解釈）。この点はしっかりと覚えておこう。

2　強迫による取消し後の第三者

　強迫による取消し後の第三者については、詐欺による取消し後の第三者（➡ 178ページ **2**）と同様に処理することになる。すなわち、①遡及効を徹底すれば94条2項類推適用または192条により処理するべきことになり、②遡及効は法的擬制にすぎず、取消しにより復帰的物権変動が生じると捉えれば177条または178条で処理するべきことになるわけである。この点もしっかりと覚えておこう。

> 　ここで、民法上の取消しに関する第三者の保護をまとめておきましょう。
> 　まず、取消し前の第三者が保護されるのは、錯誤と詐欺の場合だけです。制限行為能力や強迫を理由とする取消しの前の第三者は、一切保護されません。
> 　これに対し、取消し後の第三者については、すべての取消しについて、同様の処理をすることになります。
> 　いずれも超重要基本事項ですから、しっかりと確認しておいてください。

	取消し前の第三者	取消し後の第三者
錯誤	95条4項で保護	177条・178条によって処理
詐欺	96条3項で保護	（または94条2項類推・192条によって処理）
強迫	保護されない	
制限行為能力		

第 7 章

消費者契約法における特則

1. 消費者契約法の趣旨　　Ｂ

　消費者契約法は、消費者を保護するための民法の特別法（➡4ページ2.）である。

　かかる消費者契約法が適用される契約（消費者契約）においては、民法上の詐欺や強迫にあたらないような場合であっても、一定の要件のもと、消費者による取消しが認められている。

　以下、試験に必要な限度で説明する。なお、本章における条文番号は、すべて消費者契約法の条文番号を指す。

2. 消費者契約法における定義　　Ｂ

　消費者契約法は、消費者と事業者との間における消費者契約に適用される。

　「消費者」とは、事業としてまたは事業のために契約の当事者となる者以外の個人をいう（2条1項）。商売と関係なく契約の当事者となった個人のことだとイメージしておこう。また、法人が含まれない点に注意しておいてほしい。

　「事業者」とは、法人その他の団体、および事業としてまたは事業のために契約の当事者となる場合における個人をいう（2条2項）。

　「消費者契約」とは、消費者と事業者との間で締結される契約をいう（2条3

項)。

3. 取消しの原因

　消費者契約法が定める取消しの原因は、4条に定められている。

　すなわち、①重要事実についての不実告知（4条1項1号）、②不確実な事項についての断定的判断の提供（4条1項2号）、③不利益事実の不告知（4条2項）、④困惑行為（4条3項）、⑤過量販売（4条4項）の5つである。

1　不実告知　B

　これは、事業者が消費者契約の締結を勧誘するに際して、①事業者が重要事項について事実と異なることを告げ（不実告知）、②それによって消費者が誤認した場合である（4条1項1号）。

　たとえば、中古車販売業者が、故障している自動車につき「この自動車には故障はありません」と言ったため、消費者が誤認した場合がこれにあたる。

　①の不実告知について、事業者の故意は不要である（➡174ページ**1**対照）。

　また、「重要事項」の定義は、4条5項に定められている。たとえば、契約客体の内容（質・用途など）または対価その他の取引条件で、かつ、消費者の判断に通常影響を及ぼすべきものなどをいう。

2　断定的判断の提供　B

　これは、事業者が消費者契約の締結を勧誘するに際して、①事業者が、当該消費者契約の目的となるものに関し、将来における変動が不確実な事項につき断定的判断を提供し、②それによって消費者が誤認した場合である（4条1項2号）。

　たとえば、事業者が「絶対に値上がりする」と言って土地を消費者に売りつけた場合がこれにあたる。

　不実告知と同様に、事業者の故意は不要である。

3　不利益事実の不告知　 B

　これは、事業者が消費者契約の締結を勧誘するに際して、①事業者が消費者に重要事項について消費者の利益となる旨を告げ、かつ、②その重要事項について不利益となる事実を故意に告げなかったことによって、③消費者が誤認した場合である（4条2項）。

　②の不利益事実の不告知は、不作為であるので、事業者の故意が必要とされている。

　「重要事項」の定義は、前述したとおり、4条5項に定められている。

4　消費者の困惑による取消し　 B

　これは、事業者が消費者契約の締結を勧誘するに際して、①消費者の要求に反して事業者が退去せず、または事業者が消費者の退去を妨害して、②消費者を困惑させた場合である（4条3項）。

5　過量販売　 B

　これは、事業者が消費者契約の締結を勧誘するに際し、①事業者が、契約の目的となるものの分量等が当該消費者にとっての通常の分量等を著しく超えるものであることを知っていた場合、または②事業者が、消費者がすでに契約している契約の目的となるものの分量等と今回の契約の目的となるものの分量等を合算した分量等が当該消費者にとっての通常の分量等を著しく超えるものであることを知っていた場合である（4条4項）。

4. 取消しの効果と期間制限　 B

　以上の各場合には、消費者は、その意思表示を取り消すことができる（4条1項柱書、2項本文、3項柱書、4項。例外につき4条2項ただし書参照）。

　ただし、その取消しは、善意無過失の第三者に対抗することができない（4

条6項)。

　また、この取消権は、追認ができる時から1年で時効消滅する（7条1項前段）。契約締結の時から5年を経過したときも同様である（同後段）。

第 **8** 章

意思表示の効力発生時期等

本章で学ぶ内容は、主として短答式試験用である。メリハリを意識して学ん
でいこう。

1. 意思表示の効力発生時期等

1 到達主義の原則) B⁺ 改正

意思表示は、意思表示の通知と意思表示の到達との間にタイムラグが生じう
る。

では、意思表示は、いつの時点で効力が生じるのか。

この点について、民法は「意思表示は、その通知が相手方に到達した時から
その効力を生ずる」としている（97条1項）。この原則を到達主義という。

なお、平成29年改正前民法では、契約の承諾の意思表示についてだけは到
達主義ではなく発信主義が採用されていた（旧526条1項）。しかし、この旧規
定は削除されたため、承諾の意思表示についても原則どおり到達主義が適用さ
れることとなった。

2 到達の意義) B⁺

97条1項の「到達」とは、社会観念上、意思表示を相手方が了知しうる客
観的状態をいう。

ポイントは、「了知しうる客観的状態」という部分である。すなわち、意思表
示の「到達」が認められるためには、意思表示が相手方の勢力圏内に入れば足

り、相手方の了知は不要である。

　したがって、たとえばＡに対する通知がＡ宅に届けば足り、Ａがそれを開封することまでは必要でない。また、Ａ宅に同居しているＡの親族Ｂが受け取った場合にも、Ａの了知を問わず「到達」が認められ、意思表示が成立することになる（大判明治45・3・13民録18-193）。

3　到達を妨げた場合　B⁺

　相手方が正当な理由なく意思表示の通知が到達することを妨げたときは、その通知は、通常到達すべきであった時に到達したものとみなされる（97条2項）。

　たとえば、配達された郵便物の受け取りを正当な理由なく拒絶した場合は、当該郵便物に記載された意思表示は、それが本来受け取られるはずだった時点で「到達」したものとみなされるわけである。

4　意思表示の撤回　B

　以上のように、意思表示について到達主義が採用されていることの帰結として、意思表示は、通知後、相手方に到達するまでは、これを撤回することができると解されている。

> 　意思表示の撤回は、取消しや無効の主張とは体系的な位置づけが異なります。
> 　取消しや無効の主張は、意思表示ないしそれを要素とする法律行為が**成立した後**の、法律行為の有効性の問題であるのに対し、意思表示の撤回が認められれば、意思表示ないしそれを要素とする法律行為の**成立自体が否定される**ことになるのです。

5　通知後到達前の表意者の死亡・能力喪失　B⁺

　到達主義を採用したとしても、意思表示の通知を発した後、それが相手方に到達するまでの間に、表意者が、死亡したり意思能力や行為能力を喪失したりする場合がありうる。このような場合、表意者がした意思表示はどうなるのだろうか。

ア　通知後到達前の死亡・能力喪失の原則

　この点については、「意思表示は、表意者が通知を発した後に死亡し、意思能力を喪失し、又は行為能力の制限を受けたときであっても、そのためにその

効力を妨げられない」とされている（97条3項）。

　なぜなら、通知を発した後、その到達前に、表意者が死亡したり意思能力や行為能力を喪失したりしても、表意者がした意思表示は、生前または意思能力・行為能力がある状況ですでに完成されていたからである。

> 　たとえば、AがBに対して契約の承諾の意思表示をしたためた書面を発した後、Bへの到達前に死亡したり、意思能力や行為能力を喪失したとしても、通知にしたためられたAの意思表示は、Aの生前に、または意思能力や行為能力が認められる状況下で、したためられたものであるという事実に何ら変わりはありません。そのため、原則として意思表示の効力は認められるとされているのです。
> 　なお、AがBに対して意思表示の通知を発した後、Bへの到達前に死亡した場合は、意思表示の効力が生じる時点（97条1項）ではAはすでに死亡していますから、Aの相続人とBとの間で、Aの意思表示の効果が生じることになります。

イ　通知後到達前の表意者の死亡・能力喪失の例外

　ただし、この97条3項には、契約の申込みの意思表示についての例外規定がある。

　すなわち、契約法の総則の規定である526条は、①「申込者がその事実が生じたとすればその申込みは効力を有しない旨の意思を表示していたとき」、または②「相手方が承諾の通知を発するまでにその事実が生じたことを知ったとき」には、「申込みは、その効力を有しない」と定め、97条3項の適用を除外しているのである。

> 　①は、たとえば、申込みの意思表示を記載した手紙に「私が死亡した場合にはこの申込みは効力を失います」と記載していた場合のことです。この場合に、申込みの意思表示をした者が、申込みの意思表示の通知の到達前に実際に死亡した場合は、526条により97条3項の適用が排除され、申込みの意思表示は失効することになります。
> 　なお、到達後に申込みの意思表示をした者が死亡した場合は、526条の「表示」の有無や相手方の善意・悪意とは無関係に、申込みの意思表示の効力は相続人との関係で存続します。表意者の生前に到達している以上、その意思表示は当然に効力を生じているからです（97条1項）。混乱に注意しましょう。

【通知後到達前の表意者の死亡・能力喪失】

意思表示の原則（民法総則）	例外（債権法・契約総則）
不問（97Ⅲ） ＝到達すれば効力あり	申込みの意思表示は、効力を有しない旨の意思表示があるか、相手方が悪意の場合は失効（526）

2. 公示による意思表示 B⁻

意思表示をしたくても、①相手方を知ることができない（たとえば相手方が死亡しており、その相続人が誰かわからない）場合や、②相手の所在を知ることができない（たとえば相手方が故意に行方をくらませている）場合がある。これらの場合には、意思表示を実際に相手方に到達させることはできない。

そこで、これらの場合には、公示の方法によって意思表示をすることができるとされている（98条1項）。

具体的には、意思表示を裁判所の掲示場に掲示し、かつ、その掲示があったことを官報に少なくとも1回掲載する（98条2項本文）。官報への掲載に代えて、市役所等の掲示場に掲示すべきことを裁判所が命じることもできる（98条2項ただし書）。裁判所や市役所等に行った際には、ぜひこの掲示場の見学もしておこう。

そして、最後に官報に掲載した日または掲載に代わる掲示を始めた日から2週間を経過した時には、意思表示が相手方に到達したものとみなされるのである（98条3項本文）。

ただし、相手方を知らないこと、またはその所在を知らないことについて表意者に過失があったときは、到達の効力は生じない（98条3項ただし書）。

3. 意思表示の受領能力

1 意思無能力者・未成年者・成年被後見人 B⁺

①意思無能力者、②未成年者、③成年被後見人は、意思表示を受領する能力を有しない。これらの者に対して意思表示をしても、表意者は、意思表示をしたことを対抗できないのである（98条の2本文）。

ただし、これらの者に対する意思表示があったことを、その法定代理人が知った後は、意思表示の効果が生じる（98条の2ただし書1号）。意思無能力者が意思能力を回復し、または未成年者・成年被後見人が行為能力者となった場合に、これらの者がその意思表示を知った後も、意思表示の効果が生じる（同2号）。

2　被保佐人・被補助人　　B⁺

　以上に対し、④被保佐人と⑤被補助人は、意思表示を受領する能力を有する（98条の2反対解釈）。

　このように、能動的に法律行為をする場合に必要とされる能力である行為能力と、受動的に法律行為を受ける場合に必要とされる能力である受領能力とでは、それが認められる範囲につきズレがある。注意しておこう。

第 **7** 編

代理

第 1 章　代理とは
第 2 章　無権代理
第 3 章　表見代理

　代理においては、本人、代理人、相手方という
3名の関係者が登場するため、事案がやや複雑と
なる。そのため、苦手意識をもつ初学者も多い。
　しかし、代理は、試験対策としても、実務にお
いても、きわめて重要である。気合いを入れて学
んでいこう。

代理とは

1. 代理総説

1 代理の意義・効果 　A

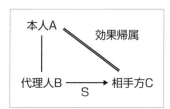

　　代理とは、他人（代理人）の独立の行為（意思表示）によって、本人が直接にその効果を取得する制度をいう。

　　代理人が、その代理権の範囲内において本人のためにすることを示してした意思表示は、すべて、直接本人に対して効果が帰属する（99条1項）。このような、有効な代理を有権代理という。

　　たとえば、Aから土地売買の代理権を与えられたBが、Aを代理してCに対してAの土地を売却したとします。
　　この売買契約の効果は、すべてダイレクトにA（とC）に帰属します。つまり、AからCに対する代金債権が発生し、また、CからAに対する土地の引渡債権が発生します（555条、99条1項）。土地の所有権も、AからCに移転します（176条、99条1項）。
　　また、代理人BがCから詐欺行為を受けていた場合、取消権は、代理人Bのもとではなく、本人Aのもとに発生します（101条1項、96条1項、99条1項）。Bは当然にはその取消権を行使できません。AがBに取消権を行使する権限を与えていたのでない限り、取消権を行使することができるのはAだけです。
　　このように、有権代理の効果は、債権的にも物権的にもすべて本人A（と相手方C）に帰属するのです。

　　他方、代理人にそもそも代理権がない場合や、与えられた代理権を超えて代理行為がされた場合には、無権代理となり、本人の追認がない限り本人に効果

が帰属しないのが原則である（113条1項 ➡ 219ページ2.以下）。

2 任意代理と法定代理) A

代理には、任意代理と法定代理がある。この2つは、代理権の発生原因により区別される。

任意代理とは、代理人の代理権が本人の授権によって（すなわち本人の意思によって）発生する場合をいう。たとえば、AがBに対して、自らの土地を売却する代理権を与える場合がこれにあたる。

法定代理とは、代理人の代理権が法律の規定によって（すなわち本人の意思によらずに）発生する場合をいう。たとえば、未成年者の父母は、818条1項・824条本文の規定により未成年者たる子を代理する権限を与えられているが、このような場合を法定代理というわけである。

3 使者) B+

任意代理と類似する制度として、使者がある。

代理においては、意思表示は代理人がするのに対し、使者は、自ら意思表示をする権限を有さず、ただ本人の意思表示を相手方に伝達するにとどまる。

たとえば、本人が書いた申込書を相手方に届ける場合や、本人が言っていたとおりの意思表示を相手方のもとに出向いて伝えてくる場合が、使者の典型である。

4 代理の機能) B

代理は、①私的自治の拡張と②私的自治の補充という機能を果たす。両者をあわせて、私的自治の拡充という。

①私的自治の拡張とは、本人の活動範囲を拡大するという代理の機能をいう。これは、任意代理の機能である。

②私的自治の補充とは、本人の能力を補充するという代理の機能をいう。これは、法定代理の機能である。

5 代理の本質) B

代理行為の主体が誰なのかについては、抽象的な争いがある。この問題は、

代理の本質の問題とよばれている。

　この点、代理をさせるという本人の意思を重視し、代理行為の主体は本人であるとする見解がある（本人行為説）。代理行為は本人が行っているのだと捉えていくわけである。

　しかし、それでは代理人と使者との区別ができなくなってしまうし、本人の意思によらない代理である法定代理を説明できなくなってしまう。また、101条が意思表示の瑕疵等の有無につき原則として代理人を基準としていること（➡206ページ1）と整合しない。

　そこで、代理における行為の主体は、本人ではなく代理人であるとするのが通説である（代理人行為説）。判例も同様の立場である（大判大正2・4・19民録19−255）。

Q **代理の本質——代理行為の主体は誰か**　**B**

A説 **本人行為説**
結論：代理行為の主体は本人である。
理由：代理をさせる本人の意思を重視するべきである。
批判：①代理人と使者の区別ができなくなる。
　　　②法定代理を説明できない。
　　　③意思表示の瑕疵等の有無を代理人につき定めるという101条と整合しない。

B説 **代理人行為説**（判例・通説）
結論：代理行為の主体は代理人である。
理由：A説への批判と同じ。

6　代理の規定の適用範囲　**B**

　代理の規定は、法律行為のほか、観念の通知、意思の通知といった準法律行為（➡132ページ5.）にも類推適用される。

　他方、婚姻、離婚、縁組、認知、遺言などの身分行為は、本人の意思を尊重するべき行為であることから、代理は認められないと解されている（通説）。なお、15歳未満の子の養子縁組については、例外的に代理が認められている（代諾養子縁組、797条）。

2. 代理の要件

　有効な代理（有権代理）と認められるための要件は、概していえば、①顕名および②顕名に先立つ代理権の存在である。

　この2つの要件をしっかりと覚えたうえで、それぞれについて見ていこう。

1　顕名　A

ア　意義

　まず、およそ代理といえるためには、代理人が相手方に本人のためにすることを示すことが必要である（99条1項）。たとえば、Bが本人Aを代理してCと取引する際には、Cに対して「Aの代理人のBです」などと表示することが必要なわけである。

　この、本人のためにすることを示す行為を顕名という。この用語はしっかり覚えておこう。

　代理の成立に顕名が要求される趣旨は、意思表示の効果帰属主体を相手方に明らかにすることにある。

イ　顕名がない場合

（ア）原則

　顕名に欠ける意思表示は、自己のためにしたものとみなされる（100条本文）。

　たとえば、Aの代理人Bが、顕名を忘れて「Bです」とだけ言って相手方Cと契約をしてしまった場合、契約の当事者はA・CではなくB・Cとなる。

（イ）例外

　ただし、これには例外がある。

　すなわち、代理人による相手方への意思表示の時点において、その意思表示が本人のためにされたことを相手方が知り、または知ることができたときは、なお代理の効力が生じる（100条ただし書・99条1項）。このような場合には、実質的には顕名があったのと同視できるからである。

　よって、Bが顕名を忘れても、CがBの代理意思につき悪意・有過失の場合

には、契約の当事者はなお A・C となる。

ウ　本人の名のみを示した場合　→論証11

　では、A の代理人 B が、「A の代理人の B です」と言うのではなく、単に「A です」と言った場合はどうか。この問題は重要である。

　そもそも、顕名（99条1項）の趣旨は、相手方に対して効果帰属主体を明らかにすることにあるが、代理人が本人の名のみを示した場合にも、かかる趣旨はみたされる。

　そこで、代理人が本人の名のみを示した場合であっても、なお顕名の要件はみたされるとするのが判例（大判大正9・4・27民録26-606）・通説である。しっかりと覚えておこう。

2　代理権 　A

ア　意義

　次に、有権代理となるためには、代理人が当該意思表示をなす代理権を有していなければならない。

　かかる代理権がないにもかかわらず、顕名および意思表示がなされた場合には、無権代理となる。

　意外と混乱している人が多いのですが、①顕名は無権代理を含めた意味で**およそ代理の成立要件**であるのに対し、②代理権の存在は**代理の有効要件**（有権代理の要件）です。つまり、顕名がなかった場合は、前ページの例外にあたらない限り無権代理ですらない（他人物売買などになる）わけです。
　無権代理となる場合でも顕名は必要だということを、しっかりとおさえておきましょう。

イ　代理権の存在時期──先立つ代理権の存在

　この代理権は、顕名ないし代理人による意思表示よりも、時間的に先行して存在しなければならない。顕名ないし意思表示に先立つ代理権の存在が、有権代理の要件となるわけである。

　仮に、顕名ないし意思表示がなされた後に本人が代理人に権限を与えたとしても、それは無権代理の追認（→220ページ3.）にすぎない。

　特に任意代理の事例では、いつの時点で代理権の授与があったのかを気にす

るようにしよう。

ウ　代理権授与行為の法的性質　➡論証12

　任意代理において、本人が代理人に代理権を与える行為を代理権授与行為という。

　この任意代理における代理権授与行為については、その法的性質をいかに解するべきかをめぐって見解が対立している。

（ア）単独行為説

内部契約

A　――――→　←――――　B

代理権授与行為

※矢印は意思表示をあらわす。
　赤い矢印で代理権が発生する。

　まず、代理権授与行為を本人による単独行為とする見解がある。

　すなわち、本人AがBに対して代理権を与える旨の意思表示を行えば、Bの承諾がなくとも、BにAを代理する代理権が発生すると解していくわけである。

　この見解は、①代理権が発生しても代理人には何らの義務も生じない以上（99条1項参照）、代理人となるべき者の承諾は不要といえること、②同様の観点から代理人の行為能力は不問とされていること（102条）をその根拠とする。

> 　この単独行為説について、少し敷衍しておきます。
> 　代理権授与行為の効果は、代理権の発生だけであり、それによって代理人には何らの義務も生じません。また、この代理権を行使して契約などの法律行為をしたとしても、その効果は代理人には一切帰属せず、すべて本人に帰属することになります。
> 　単独行為説は、このように、代理権授与行為によっては代理人に何らの義務も不利益も発生しない点に着目して、代理権の発生に代理人の承諾はいらないと考え、代理権授与行為を単独行為と解していくわけです。
> 　なお、代理人は、本人のために売買等のなんらかの法律行為をする義務を負うのが通常です。しかし、そうした義務は、代理権授与行為の効果なのではなく、これとは別の委任契約などの効果であると考えていきます。このような契約を、内部契約といいます。

（イ）無名契約説（通説）

　しかし民法は、代理と、契約である委任とを、必ずしも峻別していない（104条、111条2項など参照）。にもかかわらず、代理権は単独行為によって発生すると解するのは妥当ではない。

　そこで、通説は、代理権授与行為は単独行為ではなく、あくまでも契約であ

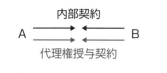

内部契約
A → ← B
代理権授与契約

ると解していく。そしてその契約は、代理権の授与のみを目的とする無名契約（➡39ページの下のコラム）であると解していくのである。

　　この見解からは、代理人となるべきBの承諾がない限り、BにAを代理する代理権は発生しないことになる。試験ではこの見解でよい。

> 　この無名契約説からは、本人と代理人との間には、①代理権授与を目的とする無名契約と、②本人のための事務を処理する義務等を発生させることを目的とする内部契約という、2つの契約が締結されると解することになります。

（ウ）事務処理契約説（近時の有力説）

事務処理契約
A → ← B

　　以上に対し、近時の有力説は、代理権授与行為の独自性を否定する。

　　すなわち、代理権は、委任（643条）、組合契約（667条1項）、雇用（623条）、請負（632条）などの内部契約（事務処理契約）から直接発生するのであり、これとは別に代理権授与行為があるわけではないと解していくのである。

　しかし、委任はともかく、組合、雇用、請負などについては、必ずしも代理権が伴うわけではない。にもかかわらず、これらの契約により代理権が発生すると解するのは妥当とはいいがたい。（イ）の無名契約説が妥当であろう。

🔍 代理権授与行為の法的性質　B

A説　単独行為説
結論：本人による単独行為である。
理由：代理権が発生しても代理人には何らの義務も生じない以上、代理人となるべき者の承諾は不要である。
批判：民法は、代理と、契約である委任とを必ずしも峻別していない。

B説　無名契約説（通説）
結論：本人と代理人との無名契約である。
理由：A説への批判と同じ。

C説　事務処理契約説（近時の有力説）
結論：本人と代理人との内部契約（事務処理契約）である。
批判：組合、雇用、請負などについては、必ずしも代理権が伴うわけではない。

エ　内部契約に瑕疵があった場合の処理

　ここで、通説である無名契約説を前提として、本人Aと代理人Bとの間の契約に瑕疵があった場合の処理をみておこう。

（ア）本人側の瑕疵

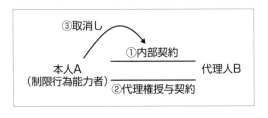

　たとえば、AがBと内部契約を締結し、代理権を授与したが、本人Aが制限行為能力者であった（または内部契約ないし代理権授与行為がBの詐欺・強迫もしくはAの錯誤によるものであった）ため、Aが内部契約を取り消したとする。

　この場合、内部契約は遡及的に無効となるが（121条）、それに伴い、代理権も遡及的に消滅すると解されている。内部契約と代理権授与行為は、密接不可分の関係にあるといえるからである。

> 　無名契約説からは、本人と代理人との間には、代理権の発生を目的とする代理権授与契約と、事務処理をする債務の発生を目的とする内部契約という2つの契約が締結されていることになります。そして、内部契約が取り消されただけですから、代理権授与契約はなお残存しているようにもみえます。
> 　しかし、この2つの契約は、内部契約が**目的**たる契約であり、代理権授与契約はそのための**手段**たる契約であるという関係にあります。したがって、目的たる内部契約が取り消された場合には、手段にすぎない代理権授与契約も取り消されたことになると考えていくわけです。

（イ）代理人側の瑕疵

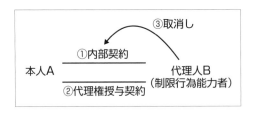

　では、逆に代理人Bが制限行為能力者であった（または内部契約ないし代理権授与行為がAの詐欺・強迫もしくはBの錯誤によるものであった）ため、Bが内部契約を取り消した場合はどうか。

　この場合、内部契約は遡及的に無効となるが（121条）、代理権は将来に向かって消滅するにとどまると解するのが通説である。代理権があっても代理人には何ら義務が生じない反面（99条1項参照）、代理権が遡及的に消滅すると、代

理行為の相手方を害することになるからである。

オ　代理権の範囲

　たとえ顕名があり、かつ代理人になんらかの代理権があった場合であって
も、その代理権の範囲を超えた意思表示がなされたのであれば、それは無権代
理となる。

　代理権の範囲は、通常、法定代理の場合は法律の規定によって定まり（たと
えば28条、918条3項、953条）、任意代理の場合は代理権授与行為によって定ま
る。

　しかし、代理人の代理権の範囲が、法律の規定や代理権授与行為によって定
められていない場合もありうる。

　そのような場合、代理人は、次の3つの行為に限って行うことができる（103
条柱書）。

①保存行為（103条1号）
②代理の目的である物または権利の性質を変えない範囲内における利用行為
　（103条2号）
③代理の目的である物または権利の性質を変えない範囲内における改良行為
　（103条2号）

①の「保存行為」とは、現状を維持する行為をいう。
②の「利用行為」とは、収益を図る行為をいう。ただし、この利用行為は、

「代理の目的である物または権利の性質を変えない範囲内」においてのみ認められる。

③の「改良行為」とは、使用価値または交換価値を高める行為をいう。この改良行為も、「代理の目的である物または権利の性質を変えない範囲内」においてのみ認められる。

それぞれの行為にあたる例とあたらない例は、以下の表のとおりである。短答式試験用に、ざっとイメージをもっておこう。

代理権が認められる行為	あたる例	あたらない例
①保存行為	・建物の修繕 ・未登記不動産の登記 ・権利者側による消滅時効の完成猶予等 ・期限の到来した債務の弁済 ・腐敗しやすい物の処分（形式的には処分行為だが実質的には保存行為）	・建物の処分
②性質を変えない利用行為	・金銭の利息付貸付け ・短期賃貸借（602条）	・金銭の無利息貸付け ・銀行預金を株式にする行為 ・借地借家法の適用を受ける土地や建物の賃貸借 　∵性質を変える利用行為
③性質を変えない改良行為	・無利息の金銭貸付けを利息付貸付けにする行為	・農地を宅地化する行為 　∵性質を変える改良行為

3 代理人の資格) B+ 改正

最後に、代理の要件と関連して、代理人の資格について説明しておく。

まず、制限行為能力者が代理人としてした行為は、行為能力の制限によっては取り消すことができない（102条本文）。代理人は、意思能力者であることは要するものの、行為能力者であることは要しないわけである。

なぜなら、①代理の効果はすべて本人に帰属する以上（99条1項）、未成年者等の制限行為能力者が代理人になっても、制限行為能力者が害されることはないし、②制限行為能力者である代理人によって本人に不利益な法律行為がなされる可能性はあるものの、制限行為能力者をあえて代理人に選んだ本人を保護する必要はないからである。

ただし、制限行為能力者が他の制限行為能力者の法定代理人としてした行為については、取り消すことができる（102条ただし書）。

　たとえば、15歳のAの唯一の親権者である父Bが成年被後見人の場合、父BがAを代理してした行為は取り消すことができる。父Bが被保佐人の場合で、父Bが保佐人の同意を得ずにAを代理してした行為も同様である（13条1項10号）。

> 　以上で述べたとおり、たとえばXの代理人として、制限行為能力者であるYが就任することは、代理行為が取り消しうるか否かはさておき、認められています。
> 　これに対し、Xの代理人として、行為能力者であるYが代理人に就任していたところ、そのYが事後的に（つまり代理人となった後に）後見開始の審判を受けた場合は、Yの代理権は消滅します（➡218ページ7.）。Yは代理人ではなくなるわけです。
> 　このように、制限行為能力者となったタイミングによって、代理人たりうるかが異なってきます。混乱しないよう、頭の中を整理しておいてください。

3. 代理行為の瑕疵 改正

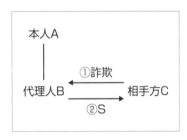

　たとえば、本人Aの代理人Bが、Aを代理してCと売買契約を締結したとする。しかし、代理人BのCに対する意思表示は、CのBに対する詐欺によるものだったとしよう。

　この場合、代理人Bを基準とすれば、CのBに対する詐欺行為がある以上、Aのもとに取消権が発生することになる（96条1項、99条1項）。

　これに対し、本人Aを基準とすれば、CのAに対する詐欺行為はない以上、取消権は発生しないことになる。

　では、このような代理行為の瑕疵の有無は、誰を基準に判断するのだろうか。

1 原則　B⁺

民法は、まず、①代理人の相手方に対する意思表示について、意思の不存在・錯誤・詐欺・強迫または悪意・有過失の有無を、代理人を基準として判断する旨定めている（101条1項）。

たとえば、上記の例では、代理人Bが相手方から詐欺を受けて意思表示をしている以上、詐欺による意思表示といえる（101条1項）。よって、本人Aは契約を取り消すことができる（96条1項、99条1項）。

次に、②相手方の代理人に対する意思表示について、悪意・有過失の有無を、やはり代理人を基準として判断する旨定めている（101条2項）。

たとえば、15歳のXの法定代理人であるYがZに対して「X所有の甲土地を売る」旨の意思表示をしたところ、Zが買う気もないのにYに対して「甲土地を買う」旨の意思表示をした場合、法定代理人YがZの心裡留保につき善意無過失であれば、Zの心裡留保に基づく意思表示は有効である（101条2項、93条1項本文）。

2 例外　B⁺

以上の原則に対し、101条3項は、「特定の法律行為をすることを委託された代理人がその行為をしたときは、本人は、自ら知っていた事情について代理人が知らなかったことを主張することができない。本人が過失によって知らなかった事情についても、同様とする」と定める。例外的に、本人を基準として悪意や有過失を認定できる場合を定めているわけである。

たとえば、甲土地の売却をAから依頼され任意代理人となったBは、「特定の法律行為をすることを委託された代理人」にあたる。このBに対してCが心裡留保に基づき甲土地を買う旨の意思表示をした場合、Bが善意無過失であっても、本人Aが悪意または有過失だったときには、Cの心裡留保に基づく意思表示は無効である（101条3項、93条1項ただし書）。

3 関連論点　B⁺

ここで、101条に関連する論点をいくつか検討しておこう。

ア　代理人が相手方と通謀して虚偽表示をした場合　→論証13

まず、代理人が、相手方と通謀して虚偽表示をした場合についてである。

この場合、① 101条1項により、本人は、相手方に対して、虚偽表示による無効を主張することができる（94条1項）。この点について問題はない。

問題は、②相手方が善意の本人に対して無効を主張することができるか否かである。

善意の本人としては、契約の無効を主張したい場合もあれば、有効を望む場合もあります。そして、本人が有効を望んでいる場合に、相手方から無効を主張することができるか否かが問題となるわけです。

まず、前提として、本人は契約の当事者であるから、94条2項の「第三者」にはあたらない。よって、本人が善意であっても、相手方の無効主張が94条2項により制限されることはない。

では、いかに解するべきか。

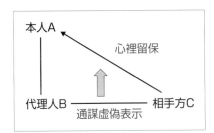

そもそも、代理人は、相手方と通謀して虚偽の意思表示をなす権限など有しない。そうだとすれば、このような事案では、代理人は、実は本人の代理人なのではなく、むしろ相手方の心裡留保に基づく意思を伝達する使者（→196ページ **3**）にすぎないというべきである。

そこで、心裡留保の規定である93条1項ただし書によって処理するのが妥当である。すなわち、本人が相手方の真意を知り、または知ることができた場合に限り、相手方は本人に対して無効を主張することができるというべきである。

判例も、同様の結論をとる（大判昭和14・12・6民集18-1490）。

Q 代理人が相手方と通謀して虚偽の意思表示をした場合、相手方は本人に対して無効を主張することができるか　**B⁺**

A説 93条1項ただし書適用説（判例）

結論：93条1項ただし書により、本人が相手方の真意を知り、または知ることができたときに限り、相手方は本人に対して無効を主張することができる。

理由：代理人は、相手方と通謀して虚偽の意思表示をなす権限など有しない以上、相手方の心裡留保に基づく意思を伝達する使者にすぎない。

イ　代理人による詐欺

　代理人が詐欺行為を行う場合については、その詐欺行為が①相手方に対してなされた場合と、②本人に対してなされた場合とで、処理が異なる。やや細かいが、頭の体操を兼ねて検討しておこう。

（ア）代理人が相手方に対して詐欺行為をした場合

　まず、代理人が相手方に対して詐欺行為をした場合についてである。

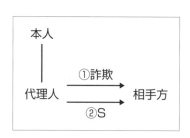

　この場合、本人が詐欺について善意か悪意かを問わず、詐欺を理由として、相手方は当該意思表示を取り消すことができる。この結論につき、特に争いはない（本人は契約の当事者であるから、96条3項の「第三者」にはあたらない点に注意）。

　問題は、かかる結論を導く法律構成についてである。

　まず、この場合について、101条1項によって処理することはできない。同項は、代理人が相手方に対して瑕疵ある意思表示などを行った場合の規定だからである。

　また、相手方が代理人に対して意思表示を行った場合について定める101条2項は、善意・悪意や有過失の点についてのみ定めているため、同項によって処理することもできない。

　この場合については、代理人と本人とを一体として捉え、代理人の詐欺を本

人の詐欺と同視することにより、相手方の取消権を導くのが妥当であろう（通説）。

（イ）代理人が本人に対して詐欺行為をした場合

次に、代理人が本人に対して詐欺行為をして、相手方との契約を締結した場合についてである。

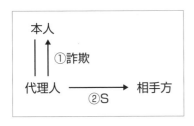

この場合は、契約の当事者ではない者が、契約の一方当事者を詐欺したといえることから、第三者詐欺（96条2項）にあたる。したがって、相手方が詐欺の事実につき悪意または有過失の場合に限り、本人は取り消すことができる。

代理人が本人を詐欺したという事案は、（ア）と異なり、いわば内輪の問題ですから、そうした内輪の問題とは無関係の相手方の取引安全を保護する必要性が高いといえます。この点からも、相手方の悪意または有過失を詐欺取消しの要件とする96条2項によるのが妥当でしょう。

なお、代理人の詐欺によって本人が代理権授与契約や内部契約をした場合は、すでに学んだ内部契約の瑕疵が問題となります（➡202ページ（ア））。

ウ　本人による相手方に対する詐欺

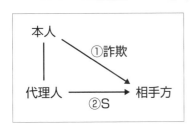

最後に、本人が相手方に対して詐欺行為をした場合についてである。

この場合は、契約の当事者たる本人が相手方を詐欺した以上、第三者詐欺には該当しない。よって、相手方は、代理人の善意・悪意や過失の有無を問わず、取り消すことができる（96条1項）。

4. 自己契約・双方代理・利益相反行為 改正

1 自己契約・双方代理 B

ア 原則

【自己契約】　【双方代理】

```
      B      Y      Z
      |      |      |
A ─── A    X ─── X
```

　A が、B と法律行為をする際に B を代理することを、自己契約という。

　X が、Y・Z 間の法律行為について Y・Z 双方を代理することを、双方代理という。

　これらの自己契約・双方代理がなされると、本人の利益を害する可能性が高い。そのため、自己契約・双方代理は、原則として無権代理とみなされる（108 条 1 項本文）。

イ 例外

　ただし、①「債務の履行」については、自己契約・双方代理が認められる（108 条 1 項ただし書）。新たに契約を締結する場合などとは異なり、すでに存在する債務の履行については、自己契約・双方代理がなされても特に本人を害さないからである。

　たとえば、弁護士が登記申請にあたって登記権利者と登記義務者の双方を代理しても、その代理は有効である（最判昭和 43・3・8 民集 22-3-540）。

　また、②「本人があらかじめ許諾した行為」についても、自己契約・双方代理が認められる（108 条 1 項ただし書）。

　自己契約・双方代理が禁止された趣旨は、本人の利益保護にあるところ、本人が許諾している場合にはこれを禁止する必要はないからである。

2 利益相反行為 A

ア 原則

　以上の自己契約や双方代理にあたらない場合であっても、代理人と本人との利益が相反する行為（利益相反行為）は、原則として無権代理とみなされる（108

条 2 項）。

　そして、この利益相反行為にあたるか否かは、相手方の取引の安全のため、行為の外形から客観的に判断するべきである（826 条についての最判昭和 37・10・2 民集 16-10-2059 など参照）。この判断基準はしっかりと覚えておこう。

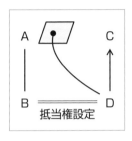

抵当権設定

抵当権設定

　したがって、①Ａの財産の管理・処分について一切の代理権を与えられたＢが、Ｂの交際相手であるＣの歓心を得る目的で、ＣのＤに対する債務の担保のために、Ａを代理してＡ所有の土地に抵当権を設定したとしても、Ｂの行為は利益相反行為にはあたらない。Ｂが行ったのは、ＢにあらざるＣの債務の担保を設定する行為だからである。よって、かかるＢの行為が 108 条 2 項により無権代理とみなされることはない。

　他方、②Ｂが、Ｄに対するＢ自身の債務の担保として、Ａを代理してＡ所有の土地に抵当権を設定した場合は、行為の外形から見て利益相反行為といえる。よって、かかるＢの行為は 108 条 2 項により無権代理とみなされることになる。

　この利益相反行為はとても重要です。もう少し敷衍して説明しておきましょう。
　まず、利益相反行為というのは、要するに⒜本人には不利益となる一方、⒝代理人には利益となる行為のことをいいます。
　そして、かかる利益相反行為にあたるか否かは、本文で述べたとおり行為の外形から客観的に判断していきます。つまり、代理人の動機・意図などの主観的な事情は無視するわけです。なぜなら、代理行為の相手方には、代理人の動機・意図などはわからないのが通常だからです。
　こうした観点から、本文①の抵当権設定契約を検討してみましょう。この抵当権設定契約は、本人Ａが抵当権の負担を負う契約ですから、本人Ａには不利益となります（⒜）。しかし、その一方で、代理人Ｂには利益とはなりません（not ⒝）。確かに、代理人Ｂには交際相手であるＣの歓心を得るという利益があるのですが、相手方であるＤの保護の観点から、このような主観的な事情は無視します。そして、行為の外形から客観的に見る限り、担保されるのはＣの債務であって代理人Ｂの債務ではない以上、Ｂには利益とはならないと判断することになるのです。したがって、本文①は利益相反行為にはあたりません。
　では、本文②の抵当権設定契約はどうでしょうか。この抵当権設定契約は、①と同じく本人Ａには不利益となります（⒜）。また、担保されるのは代理人Ｂの債務ですから、行為の外形から客観的に見ても、代理人Ｂには利益となります（⒝）。したがって、本文②は利益相反行為にあたるわけです。

イ 例外

ただし、「本人があらかじめ許諾した行為」については、利益相反行為も認められる（108条2項ただし書）。

利益相反行為が禁止された趣旨は、本人の利益保護にあるところ、本人が許諾している場合にはこれを禁止する必要はないからである。

5. 代理権の濫用 改正

代理人が、代理権の範囲内ではあるものの、自己や第三者の利益を図る目的で代理行為をした場合、かかる代理行為は有効だろうか。

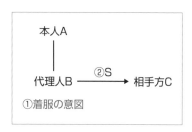

たとえば、AからA所有の不動産を売却する代理権を与えられたBが、売買代金を着服する意図で、Aを代理してCとの間でA所有の土地の売買契約を締結したとする。この場合、代理人Bの代理行為は有効なのだろうか。

この問題は、代理権の濫用（代理人の権限濫用）とよばれる超重要基本事項である。

1　107条による無権代理擬制　A⁺

まず、上記の例で、背信的な意図がありはするものの、Bは代理権の範囲内の行為を行っており、かつ、顕名および完全な代理意思が認められる。

したがって、Bの背信的意図にもかかわらず、Bの代理行為は原則として有効である。

> 代理意思とは、代理の効果を本人に帰属させようとする意思をいうのですが（99条1項参照）、ここでいう「効果」とは、**法律的効果**を指しています。いいかえれば、99条1項の「本人のため」という文言は、「本人に法律的効果を帰属させる意思で」とか「本人を当

事者とする意思で」という意味なわけです。
　この点、上記の例の代理人Bは、自分自身に当該売買契約の法律的効果（物権の移転や債権の発生など）を帰属させようとしているわけではありません。あくまでも、A（とC）を契約の当事者とし、その法律的効果はすべてA（とC）に帰属させようとしているはずです。確かに、支払われたお金は自分の懐に入れてしまおう、と意図してはいますが、それは法律的効果の帰属先の問題ではなく、あくまでも事実上誰がお金を支配することになるのかの問題、いいかえれば**経済的な効果**の帰属先の問題にすぎません。Bも、代金債権という法律上の権利は、あくまでもAからCに向けて発生することを前提としているはずです。
　したがって、代理意思については、代理権の濫用の事案でも完全に認められることになるわけです。

　しかし、常にかかる代理行為を有効としては、本人の保護に欠ける。また、代理人が自己または第三者の利益を図る目的だったことについて悪意・有過失の相手方は、保護に値しない。

　そこで、代理人のかかる目的について相手方が悪意・有過失の場合は、代理人による代理行為は無権代理とみなされる（107条）。原則とともに、しっかりと覚えておこう。

2　親権者による法定代理権の濫用　A →論証14

　以上の問題の応用形として、親権者による法定代理権の濫用の問題がある。

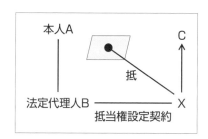

　たとえば、Aの唯一の親権者である母Bが、自らが交際中の恋人Cの歓心を得る目的で、CのXに対する債務の担保のために、Aを代理して、Aが所有する甲土地に抵当権を設定する契約を締結したとする。

　このBによる代理行為は、有効だろうか。

ア　利益相反行為への該当性

　まず問題となるのが、利益相反行為（108条2項。なお、826条1項参照）にあたり、無権代理と擬制されるのではないかという点である。

親権者である法定代理人といえども、その子の利益と相反する行為を子を代理して行うことはできません。その場合には、家庭裁判所に特別代理人を選任してもらう必要があります（826条1項）。成年後見人による代理においても同様です（860条）。これらの規定に反し、利益相反行為を法定代理人自身が代理して行った場合には、無権代理と擬制されます（108条2項）。

ここで問題となるのは、利益相反行為にあたるか否かの判断基準であるが、前述したとおり、判例は、相手方の取引の安全のため、行為の外形から客観的に判断するべきであるとする（最判昭和37・10・2民集16-10-2059など）。

上記の事例でも、Bの意図は無視して、行為の外形から客観的に判断することになる。そして、Bがした行為は、他人であるCの債務の担保を設定する行為にすぎない（B自身の債務の担保を設定する行為ではない）以上、Bの代理行為は利益相反行為にはあたらないことになる。

したがって、108条2項によって無権代理と擬制されることはない。

❓ 法定代理人による代理が利益相反行為にあたるか否かの判断基準　Ａ

A説（判例）
結論：行為の外形から客観的に判断するべきである。
理由：取引の安全。

イ　法定代理権の濫用の処理

以上のように、利益相反行為にあたらない場合には、次に法定代理権の濫用が問題となる。

この点、判例は、親権者の法定代理権については、それが濫用にあたる場合をきわめて制限的に解している。

すなわち、利益相反行為にあたらない行為については、親権者の広範な裁量にゆだねられているものというべきであり、それが子の利益を無視して自己または第三者の利益を図ることのみを目的としてされるなど、親権者に子を代理する権限を授与した法の趣旨に著しく反すると認められる特段の事情が存しない限り、親権者による代理権の濫用にあたらないと解しているのである（**最判平成4・12・10百選Ⅲ51**）。

上記の事例では、Bは子の利益を無視して、もっぱら交際中のCの歓心を得る目的でAを代理していることから、法の趣旨に著しく反すると認められる特

段の事情があるといえ、例外的に代理権の濫用にあたる。したがって、Xが悪意または有過失の場合には、Aは抵当権設定契約の無効をXに主張することができる（107条）。

Q 親権者である法定代理人による代理行為が代理権の濫用にあたるか否かの判断基準 **A**

A説（判例）

結論：子の利益を無視して自己または第三者の利益を図ることのみを目的としてされるなど、親権者に子を代理する権限を授与した法の趣旨に著しく反すると認められる特段の事情が存しない限り、代理権の濫用にあたらない。

理由：親権者が子を代理してする法律行為は、親権者と子との利益相反行為にあたらない限り、それをするか否かは子のために親権を行使する親権者が子をめぐる諸般の事情を考慮してする広範な裁量にゆだねられているものとみるべきである。

以上のように、親権者による法定代理権の濫用の問題は、①利益相反行為にあたるか、②あたらないとして代理権の濫用といえるか、という2つの論点が1セットで問題となります。芋づる式に抽出できるようにしておきましょう。

6. 復代理

1 意義 **B**

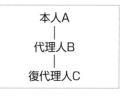

本人A
｜
代理人B
｜
復代理人C

　復代理とは、代理人がさらに他人を代理人と定めて代理をさせることをいう。その他人を復代理人という。

2 選任の要件 **B**

復代理人の選任が認められるための要件は、もともとの代理が任意代理か法

定代理かで異なる。

ア　任意代理における復代理

　任意代理においては、復代理人の選任は制限されている。すなわち、代理人は、①「本人の許諾を得たとき」、または②「やむを得ない事由」があるときに限り、復代理人を選任することができる（104条）。

　②の「やむを得ない事由」としては、本人が行方不明のためその許諾を得られない場合や、代理人が急病になり自分では代理行為ができなくなった場合などがその例である。

イ　法定代理における復代理

　法定代理においては、法定代理人は自己の責任で復代理人を選任することができる（105条前段）。法定代理人は、自由に復代理人を選任することができるわけである。

　任意代理の場合、代理人は本人から直接選ばれたわけですから、原則として自ら本人を代理する必要があります。そのため、①本人の許諾または②やむを得ない事由、という厳しい要件が課せられています。

　これに対し、法定代理人は本人から選ばれたわけでもなく、辞任も容易ではありません。そこで、法定代理の場合は、自由に復代理人を選任できるとされているわけです。

3　復代理人の権限　B+

　復代理人は、代理人の代理人ではなく、あくまでも本人の代理人である（106条1項）。よって、復代理人のなした代理行為の効果は、代理人には帰属せず、直接本人に帰属する（106条2項参照、99条1項）。

　ただし、復代理人の権限は、代理人の権限を前提とする。親亀の上に乗っている子亀のイメージである。

　したがって、復代理人の権限の範囲は、代理人の権限の範囲を越えることはできない（106条2項）。代理人の代理権が消滅した場合、復代理人の権限も消滅する。

　また、復代理人が相手方から物を受領した場合は、特別の事情がない限り、復代理人は当該物を本人に対して引き渡す義務を負うほか、代理人に対して引

き渡す義務も負う。代理人に対して引き渡した場合には、本人に対して引き渡す義務は消滅する（最判昭和 51・4・9 民集 30-3-208）。

以上の各知識は、短答式試験では重要である。

4 代理人の代理権と責任) B

ア 代理人の代理権

復代理人を選任した後も、代理人は代理関係を離脱しない（大判明治 44・4・28 民録 17-243）。代理人の代理権は存続するわけである。

イ 代理人の責任

復代理人が行った行為について、代理人は本人に対して責任を負うのだろうか。

（ア）任意代理の場合　改正

任意代理の場合、任意代理人の責任は債務不履行の一般原則によって処理される。

たとえば、復代理人が受領した金銭を横領した場合、その復代理人を選任した任意代理人は、特段の事情のない限り、本人に対し、委任契約上の債務不履行に基づく損害賠償責任を負うことになる。

（イ）法定代理の場合

法定代理の場合、法定代理人は、本人に対して責任を負う（105 条前段）。

ただし、復代理人を選任したことについてやむを得ない事由がある場合は、法定代理人の責任は軽減され、復代理人の選任および監督についての責任のみを負う（105 条後段）。

	要件	代理人の責任
任意代理	①本人の許諾を得た ②やむを得ない事由	債務不履行の一般原則による
法定代理	自由に選任可	原則：責任を負う 例外：選任についてやむを得ない事由がある場合は 　　　選任・監督についての責任のみ負う

7. 代理権の消滅　B

　代理権の消滅原因については、111条に定めがある。

　まず、1項が法定代理と任意代理とに共通する代理権の消滅原因を定める。すなわち、①本人が死亡したこと、②代理人が死亡したこと、③代理人が破産手続の開始決定を受けたこと、④代理人が後見開始の審判を受けたことの4つである（111条1項）。

【法定代理権の消滅原因・111条1項】

	死亡	破産手続開始決定	後見開始審判
本人が	消滅	—	—
代理人が	消滅	消滅	消滅

　また、2項は、任意代理権固有の消滅原因として、委任の終了を定める（111条2項）。そのため、⑤本人が破産手続の開始決定を受けたこと（653条2号）、および⑥委任契約が解除されたことも、任意代理権の消滅原因となる。

【任意代理権の消滅原因・111条1項2項】

	死亡	破産手続開始決定	後見開始審判	委任の解除
本人が	消滅	消滅	—	消滅
代理人が	消滅	消滅	消滅	消滅

　　頭の体操を兼ねて、111条2項について補足しておきます。
　　およそ委任契約は、a委任者または受任者が死亡したこと、b委任者または受任者が破産手続の開始決定を受けたこと、c受任者が後見開始の審判を受けたこと、のいずれかによって終了します（653条）。また、d委任契約の解除によっても終了します。
　　これらのうち、aは上記本文の①②と重なり、bは③と受任者＝代理人の点で重なります。cも、④と重なっています。したがって、任意代理権固有の消滅原因である委任の終了（111条2項）としては、具体的には⑤委任者＝**本人が破産手続の開始決定**を受けたこと（bから③を控除）、および⑥**委任契約が解除**されたことを指すことになるわけです。
　　なお、法定代理の場合と異なり、⑤本人の破産手続の開始決定が委任契約の終了原因ないし任意代理権の消滅原因とされているのは、それ以後の本人の財産管理は、任意代理人ではなく破産管財人が行うべきだからです。

無権代理

1. 意義　A⁺

　　無権代理とは、代理人として代理行為をした者が、当該行為について代理権を有しない場合をいう。

　　すなわち、顕名および先立つ代理権の存在という有権代理の要件（➡ 198 ページ 2.）のうち、顕名は行ったが、代理権が欠けていた場合を無権代理というわけである。事案分析の出発点となる知識なので、しっかりと覚えておこう。

　　仮に、先立つ代理権がなく、かつ顕名もない場合は、無権代理ではなく、他人物売買等にあたることになる（➡ 199 ページのコラム）。

2. 無権代理行為の効果　A⁺

　　無権代理行為は、本人がその追認をしなければ、本人に対してその効力を生じない（113 条 1 項）。本人の追認がない限り、無権代理行為は原則として無効である。

　　答案でも頻繁に書くので、この効果はしっかりと覚えておこう。

無権代理行為は無効、という場合の「無効」は、厳密には「本人に効果が帰属しない」という意味です。つまり、有効ではあるものの、その効果は本人に帰属しないため（113条1項）、いわば無権代理行為の効果はフワフワ空中に浮いている状態にあるわけです。その意味で、通常の無効（およそ効果が発生しないという意味の無効）とは、体系的な位置づけが異なります。無権代理行為の効果を厳密に表現するならば、「無効」ではなく「効果不帰属」なのです。答案では単に「無効」と書いてしまってOKですが、一応その厳密な意味も理解しておきましょう。

　また、次に学ぶとおり、本人の追認があれば遡及的に有効となります（113条1項）。フワフワ浮いていた効果が、本人に遡及的に帰属することになるわけです。その点で、無権代理行為は「不確定的に無効（不確定的に効果不帰属）」と表現することができるでしょう。

3. 無権代理行為の追認・追認拒絶

1 追認の意義) A

　無権代理における本人は、無権代理行為を追認することができる（113条1項）。

　ここで追認とは、代理権なしにされた代理行為の効果を自己に帰属させる意思表示をいう。

2 追認の効果) A⁺

ア　遡及効

　本人が無権代理行為を追認すると、無権代理行為はその無権代理行為がなされた当時にさかのぼって有効となる（116条本文）。いいかえれば、遡及的に有権代理となり、浮遊していたはずの無権代理行為の効果が、遡及的に本人に帰属していたことになるわけである。

　この追認の効果はしっかりと覚えておこう。

　今学んでいる「追認」は、あくまでも**無権代理行為の追認**です。取り消すことができる行為の追認（➡270ページ4.）や、通常の意味で無効な行為の追認（➡265ページ1）

とは異なります。混乱しがちな箇所ですが、体系的な位置づけを意識しておいてください。

　ただし、無権代理行為の追認の遡及効を定めた 116 条は、他人の権利を無断で処分した場合にも類推適用されます（大判昭和 10・9・10 民集 14-1717、**最判昭和 37・8・10 百選 I 35**）。たとえば、**所有者が他人物売買を追認した場合には、116 条が類推適用**され、買主は遡及的に所有権を取得することになるわけです。詳しくは債権各論で学びますが、この判例の結論も早めに覚えておきましょう。

イ　遡及効の例外

　この追認の遡及効には、2 つの例外がある。

　まず、①「別段の意思表示」があった場合である（116 条本文）。「別段の意思表示」とは、遡及させない旨の相手方の同意または相手方との契約のことである。

　次に、②「第三者の権利を害する」場合である（116 条ただし書）。この 116 条ただし書の制限は知っておこう。

　もっとも、116 条ただし書が適用される場面は、実はあまりありません。

　たとえば、A の無権代理人 B が、A の土地を無権代理行為によって C に売却したとします。この場合、「第三者」は出現していませんから、116 条ただし書は適用されず、A の追認は認められます。

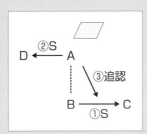

　では、A 自身が D に当該土地を売却し、その後に A が追認した場合はどうでしょうか。

　この場合、A の追認は D を害するから 116 条ただし書が適用される、とも思えますが、116 条ただし書は適用しないのが通説です。このような場合は、追認の遡及効を認めたうえで、単に A を起点とした C・D への**二重譲渡**として、177 条により処理すればいい、と考えていきます。

　結局、116 条ただし書が適用されるのは、無権代理行為の相手方 C と第三者 D の取得する権利が、ともに排他性を備えるという特殊な場合だけです。

排他性という概念、および 116 条ただし書を適用する具体的な場面は、物権法や債権総論で学ぶことになります。

3　追認権者) B+

　追認権者は、無権代理における本人である（113 条 1 項）。

4　追認の性質・方法・相手方) B

　追認は、相手方のある単独行為である。つまり、追認は、相手方の承諾を要

せずその効果を生ずるわけである。

　追認の方法は、明示・黙示を問わない。たとえば、無権代理人の締結した契約の履行を本人が相手方に請求する行為は、黙示の追認にあたる（大判大正3・10・3民録20-715）。

　追認の意思表示は、代理行為の相手方に対してしてもよく、また無権代理人に対してしてもよい。ただし、無権代理人に対してした場合には、相手方が追認の事実を知らない限り、相手方に対して追認の効果を対抗（主張）することができない（113条2項）。

5　追認拒絶 Ａ

　本人は、無権代理行為につき、追認ができるだけでなく、追認を拒絶することもできる（113条2項参照）。

　本人が追認を拒絶すると、無権代理行為の無効が確定する。よって、追認を拒絶した後に、翻意して追認することはできない。しっかりと覚えておこう。

　追認拒絶の性質、方法、相手方は、追認と同様である（➡上記4）。

4. 相手方保護のための制度

1　総説 Ｂ

　無権代理行為の相手方を保護するための制度として、法は①相手方の催告権（114条）、②相手方の取消権（115条）、③無権代理人の責任（117条）、④表見代理（109条、110条、112条）を定めている。

　ここでは、①相手方の催告権と②相手方の取消権について説明する。

2　相手方の催告権 Ｂ

　無権代理行為の相手方は、本人に対し、相当の期間を定めて、その期間内に追認をするか否かを確答するよう催告することができる（114条前段）。相手方

の善意・悪意を問わない点が特徴である。

かかる催告に対し、本人が期間内に確答しないときは、追認拒絶が擬制される（114条後段）。この効果は短答式試験用に覚えておこう。

> 追認が擬制されるのではなく、追認拒絶が擬制されるのは、無権代理行為は**無効**である以上、本人が確答しないからといって追認を擬制するのはやりすぎだからです。
> ちなみに、制限行為能力者の相手方による催告（20条）では、追認が擬制される場合がありました（同1項後段、2項後段 ➡ 83ページア）。これは、制限行為能力者の行為は**不確定的ながらも有効**であり、その効果は制限行為能力者に帰属しているため、追認を擬制しても必ずしもやりすぎとはいえないからです。混乱しないよう、違いを理解しておきましょう。

3　相手方の取消権　　B+

ア　意義

無権代理行為を本人が追認しない間は、善意の相手方は無権代理行為を取り消すことができる（115条）。

この取消権の趣旨は、善意の相手方を不安定な地位から解放することにある。

イ　効果

この取消権が行使されると、無権代理の無効が確定することになる。

その結果、本人は、無権代理行為を追認することができなくなる。

また、取消権を行使した後は、相手方は、無権代理人の責任（117条1項）を追及することはできなくなる。

ウ　本人の追認権との関係

本人が追認した後は、相手方は無権代理行為を取り消すことができない（115条本文）。他方、相手方が取り消した後は、上記のとおり本人は追認することができなくなる。

つまり、無権代理行為の善意の相手方の取消権と、本人の追認権は、先に行使された方が優先されるという関係にあるわけである。

制度	主観的要件	行使の効果
催告権（114）	不問	追認拒絶の擬制
取消権（115）	善意（行為時）	無効が確定→追認不可 無権代理人の責任の追及不可

5. 無権代理人の責任

1 意義) A

　無権代理人は、本人の追認を得ることができなかったときは、相手方の選択に従い、履行または損害賠償をする無過失責任を負うことがある（117条1項）。この責任を無権代理人の責任という。

2 要件) A 改正

　無権代理人の責任の要件は、①他人の代理人として契約をした者が代理権を証明できなかったこと、②本人の追認を得なかったこと（117条1項）、③相手方が善意であること（同2項1号）、④相手方が無過失または無権代理人が悪意であること（同2号）、⑤無権代理人が行為能力を有すること（同3号）である。③から⑤はしっかりと覚えておこう。

　なお、無権代理人の過失は、無権代理人の責任の要件とはされていない。すなわち、117条の無権代理人の責任は、無過失責任である（**最判昭和62・7・7百選I31**）。無権代理行為をしたことにつき、無権代理人に過失がない場合であっても、上記①から⑤の要件が満たされる限り、無権代理人は履行または損害賠償の責任を負うわけである。

　また、前述したとおり、善意の相手方が無権代理行為を115条により取り消した後は、もはや相手方は無権代理人の責任を追及することはできない（➡前ページ**イ**）。

3 効果) A

　以上の要件を満たせば、無権代理人に対し、相手方はその選択に従い①履行責任または②損害賠償責任を追及することができる（117条1項）。

ア　履行責任

　相手方が「履行」の責任追及を選択すると、相手方と本人との間で成立する

はずだった法律関係が、相手方と無権代理人との間で発生することになる（大判昭和8・1・28民集12-10、最判昭和41・4・26民集20-4-826）。

　たとえば、本人Aを代理して、無権代理人BがCに対して米10キログラムを売却する契約を締結した場合、117条の要件をみたす限り、Cは、無権代理人Bに対して米10キログラムを引き渡せと請求できるわけである。

　一方、本人Aの所有する特定物（たとえばA所有の特定の建物）を無権代理人BがCに売却した場合、いかに117条の要件をみたしていても、CはBに対してその特定物の履行そのものを請求することはできないのが原則である。特定物の引渡しは、通常は無権代理人Bにおいて履行不能だからである。

　ただし、特定物であっても、無権代理人Bが本人Aからその所有権を取得した場合には、履行責任の追及はもちろん可能である（➡ 234ページ7.）。

イ　損害賠償責任

　117条1項の「損害賠償」は、信頼利益の賠償だけでなく、履行利益の賠償をも含むと解されている（大判大正4・10・2民録21-1560）。117条1項が、「損害賠償」を「履行」と並べて規定しているからである。

　信頼利益とは、ここでは代理が有効だと信じたことによって被った損害をいう。たとえば、無権代理人BからA所有の家屋を買ったCが、その代金債務の支払いのために銀行から金員を借りたとする。その借りた金員についてCが銀行に支払うべき利息が、信頼利益の典型である。

　履行利益とは、有効な契約の履行があったのと同一の利益をいう。転売利益がその典型である。この履行利益は、しばしば高額になる。

> **Q** 117条1項の「損害賠償」の内容　**A**
>
> **A説**（判例・通説）
> 結論：信頼利益の賠償にとどまらず、履行利益の賠償を含む。
> 理由：履行責任と並べて規定されている。

4　表見代理との関係　**A**　➡論証15

　117条の無権代理人の責任の追及と、第3章で学ぶ表見代理の成立の主張とは、選択的な関係にある。すなわち、相手方は、その自由な選択により、無権代理人の責任を追及してもいいし、表見代理の成立を主張して本人に対して履

行を請求してもいいわけである。

　また、相手方が無権代理人の責任の追及を選択した場合、無権代理人は、表見代理の成立を主張・立証して無権代理人の責任を免れることはできない（最判昭和62・7・7百選Ⅰ31）。つまり、責任の追及を受けた無権代理人が、「本件では表見代理の要件がみたされているのだから、本人に履行を請求してくれ。本人に履行を請求できるのに、私の責任を追及するのはおかしいじゃないか」などと反論することは、認められないわけである。表見代理はあくまでも相手方を保護するための制度であって、無権代理人を免責するための制度ではないから、というのがその理由である。

　これらは重要な基礎知識なので、しっかりと覚えておこう。

> **Q** 相手方が無権代理人の責任の追及を選択した場合、無権代理人は、表見代理の成立を主張・立証して無権代理人の責任を免れることができるか　**A**
>
> **A説** 免責否定説（判例・通説）
> 結論：できない。
> 理由：①表見代理は相手方を保護するための制度であり、無権代理人を免責するための制度ではない。
> 　　　②無権代理人に表見代理の主張を認めると訴訟の引き延ばしの手段として悪用されるおそれがある。
>
> **B説** 免責肯定説
> 結論：できる。
> 理由：本人に履行を請求できる以上、無権代理人の責任の追及を認める必要はない。

6. 無権代理と相続

　無権代理行為が行われた後、本人と無権代理人との間に相続が生じた場合の処理については、重要な基本論点となっている。

　「無権代理と相続」とよばれるこの一連の論点を学ぶ際には、場合分けを意識し、問題となる事案をしっかりと把握することが重要である。

　以下、①基本形として単独相続の場合（これは、さらに本人が死亡した場合と無権代理人が死亡した場合とに分かれる）を学んだ後、②その応用形として共同相続

の場合について学び、さらに③無権代理人の死亡後に本人が死亡した場合について学んでいこう。

1　単独相続の場合　A

まず、無権代理行為の後、本人と無権代理人との間に単独相続が生じた場合について、どちらが死亡したのかにより場合を分けて検討する。

ア　本人が死亡し、無権代理人が単独相続した場合　➡論証 16

まず、本人が死亡した場合についてである。

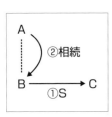

たとえば、Aの無権代理人Bが、Aを代理してCに対してAの土地を売却した。その後、本人Aが死亡し、無権代理人Bが本人Aの地位を単独相続した場合がこれにあたる。

（ア）追認拒絶権の存否

この場合にまず問題となるのが、本人が有していた追認拒絶権が無権代理人のもとで存続するか否か（いいかえれば、相続によって無権代理行為が当然に有効となるか否か）である。

この点、本人と無権代理人との間の相続により、両者の人格上の地位が融合し、無権代理人は本人の追認拒絶権を喪失するとする見解がある。この見解によれば、相続により、無権代理行為は当然に有効となる。

しかし、そのように解しては、善意の相手方の取消権（115条）を奪うことになってしまい、妥当でない。

また、無権代理人が死亡し、本人が無権代理人を単独相続した場合（➡ 229 ページ**イ**）にも、無権代理行為が当然に有効となってしまうという不都合性も生じる。

そこで、両者の地位は併存し、無権代理人のもとで追認拒絶権は存続すると解するのが妥当である。

> **Q** 本人が死亡し、無権代理人が本人の地位を単独相続した場合、追認拒絶権
> は存続するか　A
>
> **A説** 資格融合説（少数説）
> 結論：無権代理人は本人の追認拒絶権を喪失する。

<blockquote>
帰結：無権代理行為は当然に有効となる。
理由：相続により、両者の人格上の地位が融合する。
批判：①善意の相手方の取消権（115条）を奪うことになってしまう。
　　　　②無権代理人が死亡し、本人が無権代理人を単独相続した場合にも、無権代理行為が当然に有効となってしまう。

B説　資格併存説（通説）
結論：追認拒絶権は存続する。
帰結：無権代理行為は当然には有効とならない。
理由：A説への批判と同じ。
</blockquote>

（イ）追認拒絶の可否

　では、無権代理人は、追認拒絶権を行使しうるのか。

　確かに、無権代理人は、本人の追認拒絶権を有する。しかしながら、自らが行った無権代理行為の追認を拒絶するのは、矛盾挙動（➡50ページ**1**）に他ならない。

　そこで、無権代理人は、信義則（1条2項）上、追認拒絶権を行使できないと解するのが妥当であろう。

　したがって、相手方が契約の履行を求めた場合には、無権代理人は追認せざるを得ず、無権代理行為は遡及的に有効となる（116条本文）。

<blockquote>
　ただし、この見解に立つと、信義則に反しないと認められる特段の事情がある場合には、例外的に無権代理人による追認拒絶が認められることになります。この論点が論述式試験のメイン論点として出題された場合には、問題文にそうした例外的な事情がちりばめられている可能性があります。問題文をよく読んで、追認拒絶が通常どおり信義則に反するというべきなのか、それとも例外的に信義則に反しないといえる特段の事情があるのか、しっかりと分析するようにしましょう。
</blockquote>

　Q　（資格併存説に立ったとして）無権代理人は追認拒絶権を行使できるか　**A**

<blockquote>
A説　信義則説（近江など有力説）
結論：無権代理人は、追認拒絶権を行使できない。
帰結：相手方が契約の履行を求めた場合には、無権代理行為は遡及的に有効となる（116条本文）。
理由：自らのなした無権代理行為の追認を拒絶するのは矛盾挙動であり、信義則に反する。
</blockquote>

（ウ）追認拒絶後に本人の地位を相続した場合　➡論証17

　では、本人が追認を拒絶した後に死亡し、無権代理人が本人の地位を相続した場合はどうか。

この場合は、本人が追認を拒絶した時点で無権代理行為の無効が確定し、以後、本人ですら翻意して追認することはできなくなる（➡222ページ**5**）。したがって、追認拒絶の後に無権代理人が本人の地位を相続したとしても、なお本人がした追認拒絶の効果には何ら影響がないというべきである。

判例も同様の立場といってよい（最判平成10・7・17民集52-5-1296）。

❓ 本人が追認を拒絶した後に死亡し、無権代理人が本人の地位を相続した場合、追認拒絶の効果はどうなるか　Ａ

A説（判例）

結論：本人がした追認拒絶の効果には何ら影響がない。

理由：本人ですら翻意して追認することはできないにもかかわらず、相続によってその結論が翻るのは妥当でない。

イ　無権代理人が死亡し、本人が単独相続した場合　➡論証18

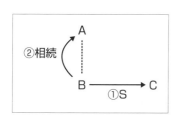

次に、無権代理人が死亡した場合についてである。

たとえば、本人Ａの無権代理人Ｂが、本人Ａを代理してＣに対して本人Ａの土地を売却した。その後、無権代理人Ｂが死亡し、本人Ａが無権代理人Ｂの地位を単独相続した場合がこれにあたる。

（ア）追認拒絶権の存否

この場合も、まず追認拒絶権が存続するか否か（当然に有効となるか否か）が問題となるが、本人と無権代理人の地位が融合し、当然に有効になると解しては、善意の相手方の取消権（115条）を奪うことになり、また、本人を害することになる。

そこで、両者の地位は併存し、本人の追認拒絶権は存続すると解するべきである。

（イ）追認拒絶の可否

では、本人はかかる追認拒絶権を行使しうるか。

確かに、本人は無権代理人の地位を相続している。しかし、本人自身が無権代理行為をしたわけではない以上、本人が追認を拒絶しても、矛盾挙動にはあ

たらない。

そこで、**ア**の場合とは異なり、本人が追認拒絶権を行使することは、何ら信義則（1条2項）に反しないというべきである。本人は追認拒絶権を行使できると解するのが妥当であろう。

判例も、本人が追認を拒絶しても信義則に反することはないとしている（**最判昭和37・4・20百選Ⅰ32**）。

Q 無権代理人Ｂが死亡し、本人Ａが無権代理人Ｂの地位を単独相続した場合の処理　**A**

A説 資格融合説
結論：追認拒絶権は消滅し、無権代理行為は当然に有効となる。
批判：①善意の相手方の取消権（115条）を奪うことになってしまう。
　　　②本人を害する。

B説 信義則説（判例）
結論：本人の追認拒絶権は存続し、かつ、本人は追認拒絶権を行使しうる。
理由：①A説への批判と同じ。
　　　②本人が追認拒絶権を行使することは、何ら信義則（1条2項）に反しない。

（ウ）無権代理人の責任の相続　➡論証19

また、この類型では、本人が117条の無権代理人の責任を相続するかも問題となる。

まず、117条の責任のうち、①損害賠償責任は相続されると解してよい。

問題は②履行責任であるが、金銭債務や不特定物の給付義務は相続されるものの、特定物の給付義務は相続されないとする見解が有力である。判例も同様の立場といってよい（最判昭和48・7・3民集27-7-751参照）。

仮に特定物の給付義務の相続を肯定すると、相続という偶然の事情によって不当に相手方を利することになる。判例・有力説は妥当であろう。

　　無権代理人が生きている間は、たとえ117条の要件をみたしていても、相手方は無権代理人に対して特定物の引渡しを請求することはできませんでした（➡224ページア）。
　　にもかかわらず、たまたま無権代理人の地位を本人が相続したからといって、特定物の引渡しを請求できるようになると解しては、相手方に不当なタナボタを与えることになり、また、本人を不当に害することになってしまいます。そこで、本人が相続する117条の履行責任の範囲は、本来相手方が無権代理人に対して請求できた内容、すなわち金銭の支払いや不特定物の引渡しに限定するのが妥当だと考えていくわけです。

Q 本人は無権代理人の責任を相続するか　A

A説 部分的肯定説（判例・有力説）

結論：①損害賠償責任については相続する。
　　　②履行責任については、金銭債務や不特定物の給付義務は相続するものの、特定物の給付義務は相続しない。

理由：本人に固有に帰属する特定財産については、追認拒絶によって本人を保護するべきである。

2　共同相続の場合　A　→論証20

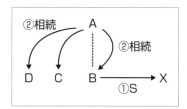

```
②相続        A
          /  ⁝  ＼
②相続      ＼ ②相続
  ↓    ↓    ↓
  D    C    B ――――→ X
              ①S
```

次に、上記**１ア**（→ 227 ページ）の応用形として、無権代理行為の後、本人が死亡し、本人の地位を無権代理人を含む複数の相続人が共同相続した場合について検討する。

たとえば、本人 A を代理して、無権代理人 B が X に対して A 所有の甲土地を売却した後、本人 A が死亡し、その地位を無権代理人 B と、他の相続人 C・D とが共同相続した場合がその典型である。

ア　一部有効説

この場合、無権代理人以外の共同相続人は追認を拒絶できるが、無権代理人は信義則（1条2項）上追認を拒絶できないとし、相手方が履行を求める限り、無権代理行為は無権代理人の相続分の限度で有効になるとする見解がある。

つまり、B の相続分に相当する部分について、B の単独相続の場合（→ 227 ページ**ア**）と同様に考えていくわけである。

この見解によれば、上の例で共同相続人 C または D が追認を拒絶した場合でも、X は甲土地につき無権代理人 B の相続分に相当する部分はなお取得でき、その結果、甲土地は共同相続人 C・D と相手方 X の共有ということになる。

イ　全部無効説（判例）

これに対し、判例は、「無権代理行為を追認する権利は、その性質上相続人全員に不可分的に帰属する」とし、「他の共同相続人全員の追認がない限り、無権代理行為は、無権代理人の相続分に相当する部分においても、当然に有効

となるものではない」とする（**最判平成5・1・21百選I33**）。試験ではこの見解でよい。

　この見解からは、上の例で①共同相続人CおよびDが追認した場合にはXは甲土地の所有権を取得するが、②共同相続人CまたはDが追認しなかった（追認を拒絶した）場合には、Xは無権代理人Bの相続分に相当する部分も含めて、何ら所有権を取得できないことになる。

> 　この判例によれば、共同相続人は、全員で1つの追認権を有していることになります。そして、その追認権を行使するには、全員の一致が必要なわけです。したがって、他の共同相続人であるCおよびDが追認しない限り、無権代理人Bも追認をすることはできません。そのため、「CやDが追認しないので、私も追認できません」というBの言い分は正当ということになるわけです。
> 　ちなみに、さらなる問題として、相手方であるXは、Bに対して無権代理人の履行責任を追及し（117条1項）、Bの持分を取得することができるのではないかという問題も生じます。この問題については、どのように考えるべきでしょうか。
> 　仮に、常に相手方XによるBの履行責任の追及を認めてしまうと、**他の共同相続人であるC・Dの遺産分割の利益**が害されてしまいます。すなわち、本来、CやDは、遺産分割によって甲土地の全部を単独で取得するということもできたはずなのですが、仮にXによるBに対する履行責任の追及を認めてしまうと、CやDが甲土地の全部を単独で取得することができなくなってしまう（Xとの共有となってしまう）ことになり、CやDの遺産分割の利益が害されてしまうわけです。
> 　そこで、相手方Xによる無権代理人Bに対する履行責任の追及は、**遺産分割により甲土地が無権代理人Bの単独所有となった場合に限って認められる**とする見解が有力です。

Q 無権代理行為の後、本人が死亡し、本人の地位を無権代理人を含む複数の相続人が共同相続した場合の無権代理行為の効力　**A**

A説 一部有効説

結論：相手方が履行を求める限り、無権代理行為は無権代理人の相続分の限度で有効になる。

理由：無権代理人以外の共同相続人は追認を拒絶できるが、無権代理人は信義則上追認を拒絶できない。

B説 全部無効説（**判例**）

結論：他の共同相続人全員の追認がない限り、無権代理行為は、無権代理人の相続分に相当する部分においても無効である。

理由：無権代理行為の追認権は、その性質上相続人全員に不可分的に帰属するというべきである。

3 無権代理人の死亡後に本人が死亡した場合 B⁺

次に、無権代理人が死亡した後に本人が死亡した場合について検討する。

たとえば、Aの所有する土地を無権代理人BがAを代理してXに売却した後、無権代理人Bが死亡し、その地位をAおよびCが相続した。その後、さらに本人Aが死亡し、その地位をやはりCが相続したとする。

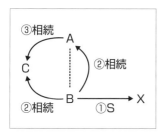

この場合に、Cが追認を拒絶できるかが問題となるが、判例は、Cは追認を拒絶できないとする（最判昭和63・3・1 判時1312-92）。無権代理人が本人を単独相続した場合（➡227ページ**ア**）と同じだと捉えるわけである。結論は覚えておこう。

Cは、まず無権代理人Bの地位を一部相続しています。その後、Cは本人Aの地位（および無権代理人Bの地位の残り）を相続しています。そして、最後の相続だけを眺めれば、あたかも無権代理人が本人の地位を相続したのと変わらないはずだ、と判例は考えていくわけです。

しかし、Cは自ら無権代理行為を行ったわけではありませんから、追認を拒絶しても信義則（1条2項）に反しないと解するほうが正当だろうと思います。答案では、判例を紹介し、批判したうえで、追認拒絶を認めてもいいでしょう。

4 無権代理人が本人の成年後見人に就職した場合 B ➡論証21

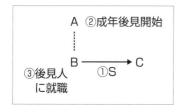

最後に、無権代理人が本人の地位を単独相続した場合（➡227ページ**ア**）と似た場面の問題として、無権代理人が本人の成年後見人に就職した場合について検討する。

たとえば、Aの無権代理人Bが、Aを代理してCに対してAの土地を売却した。その後、本人Aが後見開始の審判を受け、その成年後見人に無権代理人Bが就職したとする。この場合、BはCからの履行の請求に対し、Aが有する追認拒絶権を代理行使できるのか。

まず、無権代理人が本人の地位を相続した場合は、無権代理人のもとで本人の追認拒絶権が存続するものの、これを行使することは信義則（1条2項）に

反し、原則として許されなかった（➡222ページ**ア**）。

しかし、これと異なり、無権代理人が本人の成年後見人に就職した場合は、本人の追認拒絶権を代理行使することも、原則として信義則に反しないというべきであろう。本人が生存している以上、本人の利益の保護（869条、644条参照）が必要だからである。

判例も、同様の結論に立つ（**最判平成6・9・13百選Ⅰ5**）。

> ただし、この判例は、例外的に信義則に反する場合があることをも認めています（➡論証21の備考）。論文で出題された場合には、問題文の事情をよく読み、原則どおり信義則に反しないのか、それとも例外的に信義則に反するのかを、しっかりと考えるようにしましょう。

7. 無権代理人が本人から権利を取得した場合 Ｂ

無権代理行為の後に、無権代理人が本人から目的物を取得した場合、無権代理人による履行が可能となる。

この場合、①無権代理行為は当然に有効になるのか、それとも②相手方による履行責任の追及（117条1項）を待ってはじめて有効になるのかについて争いがあるが、判例は②の見解に立つ（**最判昭和41・4・26民集20-4-826、最判昭和45・12・15集民101-733**）。

②のように解したほうが、柔軟な処理が可能になる。判例が妥当であろう。

第 **3** 章

表見代理

---

1. 表見代理総論

1　意義 ）Ａ

　表見代理とは、無権代理となる場合において、一定の要件のもと、その無権代理行為の効果を本人に帰属させる制度である。

　この表見代理制度の理論的根拠は、禁反言の原理ないし権利外観法理にある。

> 　かつては、英米法系の禁反言の原理にのみその根拠を求める見解と、大陸法系の権利外観法理にのみその根拠を求める見解とが対立していました。そして、どちらの見解に立つかによって、表見代理の成立に本人の帰責性が必要か否かが決まる（禁反言の原理説からは必要、権利外観法理説からは不要）と解されていたのです。
> 　しかし、現在では、権利外観法理自体の理解が変化しており、権利外観法理でも本人の帰責性が必要だと解されるようになっています。そのため、この2つの見解には、実質的な違いはなくなりました。本文で述べたとおり、禁反言の原理ないし権利外観法理が表見代理の理論的根拠である、と理解しておけば十分です。

2　種類 ）Ａ⁺

　表見代理として、民法は①代理権授与表示による表見代理（109条）、②権限外（権限踰越）の行為の表見代理（110条）、③代理権消滅後の表見代理（112条）、の3つを定めている。

　①は、AがBに代理権を与えていないのに、「Bに代理権を与えた」とCに表示した結果、Cがこれを信頼し、無権代理人Bと取引をした場合である。

②は、AがBに代理権（たとえば自動車を売却する代理権。これを基本代理権という）を与えたところ、Bがその代理権（基本代理権）の範囲外の代理行為（たとえば土地の売却）をCとの間でなした場合である。

③は、AがかつてBに代理権を与えていたが、これが消滅した後に、なおBがAを代理してCと取引をした場合である。

より詳しい要件はそれぞれの箇所で学ぶが、以上の簡単なイメージは早めに記憶しておこう。

3 効果 ） A

およそ表見代理の効果は、無権代理行為の本人への効果帰属である。すなわち、無権代理行為の相手方は、有権代理だった場合と同様の内容を、本人に対して請求できることになるわけである。

なお、表見代理が成立しても、無権代理が有権代理になるわけではない（通説）。したがって、相手方は、表見代理が成立している場合でも、表見代理の主張を選択せず、117条による無権代理人の責任の追及を選択してもよい（➡ 225ページ **4**）。

2. 権限外の行為の表見代理

1 意義 ） A⁺

権限外の行為の表見代理（110条）は、本人が代理人に代理権を与えていたところ、代理人がその代理権の範囲外の代理行為を行った場合の規定である。権限踰越の表見代理ともよばれる。

この110条の表見代理は、表見代理の中で最も重要である。表見代理の条文の並び順とは異なるが、学習効率上、この110条の表見代理から説明しよう。

2 要件 [A]

110条の表見代理が成立するための要件は、①基本代理権の存在、②かかる基本代理権の範囲外の代理行為、③代理権の存在を信ずべき正当な理由である。これはしっかりと覚えてほしい。

たとえば、①AがBに自動車を売却する代理権を与えたところ、②BがAを代理してCに土地を売却した事案で、③CがBの土地売却の代理権の存在を信ずべき正当な理由がある場合は、Cは110条に基づきAへの効果帰属を主張することができるわけである。

以下、各要件を詳しく検討しよう。

ア 基本代理権の存在

まず、110条の表見代理が成立するためには、代理人が本人からなんらかの代理権（実際にされた代理行為とは範囲の異なる代理権）を与えられていることが必要である。この代理権を、基本代理権という。

この基本代理権の存在により、本人の帰責性が基礎づけられることになる。

（ア）事実行為をなす権限 →論証22

この基本代理権に関してまず問題となるのが、事実行為をなす権限が基本代理権にあたるか否かである。

> たとえば、Aが、お手伝いさんであるBに、子守やAの預金の出し入れ、印鑑の保管を任せていたところ、Bが印鑑を悪用して、Bの債権者Cとの間で、Bを主債務者、Aを保証人とする保証契約を、Aを代理して勝手に締結してしまったとします。
> この場合、110条の表見代理が成立するでしょうか。
> そもそも、AがBに任せていた子守や預金の出し入れ、印鑑の保管は、契約などの法律行為ではなく、単なる事実行為にあたります。そこで、かかる事実行為をなす権限が、110条の基本代理権にあたるか否かが問題となるのです。

判例は、事実行為をなす権限は基本代理権にはあたらないとする（**最判昭和35・2・19百選Ⅰ28**）。

これに対し、学説では、社会的・経済的に重要な事実行為を任せていた場合には本人の帰責性を肯定できるとして、社会的・経済的に重要な事実行為をなす権限は基本代理権にあたるとする見解が有力である。

上の例で、子守は経済的に重要な事実行為とはいえないものの、預金の出し入れや印鑑の保管は、社会的・経済的に見て重要な事実行為といえます。したがって、学説からは、Bに基本代理権が認められることになります。
　　判例が否定説であることは覚えておく必要がありますが、学説でも答案を書けるようにしておきましょう。

❓ 事実行為をなす権限が 110 条の基本代理権にあたるか　**B**

A説　**法律行為限定説**（判例）

結論：あたらない。
理由：本人の利益保護の観点。

B説　**事実行為包含説**（有力説）

結論：社会的・経済的に重要な事実行為をなす権限は基本代理権にあたる。
理由：かかる重要な事実行為を任せていた場合には本人の帰責性を肯定できる。

（イ）公法上の行為の代理権　➡論証 23

　　次に、公法上の行為の代理権についても、それが 110 条の基本代理権にあたるかが問題となる。

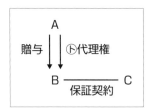

たとえば、A が B に土地を贈与したうえで、その移転登記申請を B に依頼し、実印、印鑑証明書、登記済証を B に交付したところ、B が C との間で B を主債務者、A を連帯保証人とする連帯保証契約を、A を代理して締結してきたとする。

　　この場合、B が有しているのは、登記申請行為という公法上の行為の代理権である。では、かかる公法上の行為の代理権が、110 条の基本代理権にあたるか。

　　この事案で、判例は、公法上の行為の代理権は原則として基本代理権にあたらないとしつつ、公法上の行為が特定の私法上の取引行為の一環としてなされるものであるときは、その公法上の行為の代理権も 110 条の基本代理権にあたるとし、B が有する登記申請行為の代理権は基本代理権にあたるとした（最判昭和 46・6・3 民集 25-4 -455）。

　　公法上の行為が特定の私法上の取引行為の一環としてなされるものである場合は、そのための代理権が私法上の行為に関しても濫用されるおそれが大きい。そうだとすれば、かかる代理権を与えた本人には帰責性が認められるとい

える。判例は妥当であろう。

Q 公法上の行為の代理権が 110 条の基本代理権にあたるか　B

結論：原則としてあたらないが、公法上の行為が特定の私法上の取引行為の一環として
　　　なされるものであるときはあたる（判例）。
理由：公法上の行為が特定の私法上の取引行為の一環としてなされるものである場合
　　　は、そのための代理権が私法上の行為に関しても濫用されるおそれが大きい以
　　　上、かかる代理権を与えた本人には帰責性が認められる。

（ウ）法定代理権　➡論証 24

　最後に、法定代理権が 110 条の基本代理権にあたるかについても争いがある。

　従来の通説は、取引の安全を重視し、法定代理権も基本代理権にあたるとす
る。判例も、法定代理権を基本代理権とすることを肯定している（大連判昭和
17・5・20 民集 21-571。ただし、日常家事代理権については否定している。➡245 ペー
ジ（ア））。

　これに対し、近時では、法定代理権は本人が与えたものではない以上、本人
の帰責性が認められないとして、法定代理権は基本代理権にあたらないとする
見解が有力である。

　かつては、表見代理の根拠を権利外観法理に求め、それゆえに表見代理の成立に本人の
帰責性は不要とする見解が通説でした（➡ 235 ページのコラム参照）。
　しかし、現在では権利外観法理においても本人の帰責性が重要な要素であると解されて
いる以上、肯定説はもはやその理論的根拠を失ったといえます。筋としては近時の有力説が
正当でしょう。

Q 法定代理権が 110 条の基本代理権にあたるか　B⁺

A説 肯定説（判例）

結論：あたる。
理由：①取引の安全を重視するべきである。
　　　②本人の保護は、「正当な理由」の認定によって図ればよい。

B説 否定説（有力説）

結論：あたらない。
理由：法定代理権は本人が与えたものではない以上、本人の帰責性が認められない。

イ　信ずべき正当な理由

次に、110 条の表見代理が成立するためには、第三者において、代理人に当該代理行為を行う代理権があると信ずべき「正当な理由」がなければならない。

(ア) 意義

この「正当な理由」は、無過失と同義である（大判大正 3・10・29 民録 20-846、大判昭和 15・7・20 民集 19-1379）。

つまり、110 条の表見代理が成立するためには、代理人に当該代理行為を行う代理権があると相手方が無過失で信じたことが必要なのである。これは覚えておこう。

(イ) 判断基準

「正当な理由」すなわち無過失の有無は、具体的な事例に即して個別的に判断される。

たとえば、安価な動産の取引であれば、比較的無過失を認定しやすいが、不動産のような重要な取引であれば、無過失の認定には慎重な検討が必要となろう。

(ウ) 本人の実印または印鑑登録証明書を所持していた場合

この「正当な理由」の認定に際して実務上しばしば問題となるのが、110 条の無権代理人が本人の実印または印鑑登録証明書を所持していたために、無権代理人に代理権があると第三者が誤信した場合である。少し詳しく説明しておこう。

> 実印とは、その印影を区市町村の役所に登録してある印章のことです。つまり、ハンコを紙に押した際に紙にあらわれるマークを印影というのですが、その印影を役所に登録してあるハンコのことを、実印というわけです。
> 印鑑登録証明書とは、登録されている印影と登録者の住所・氏名などが記載された、役所が発行する書類のことをいいます。

a　原則

まず、無権代理人が本人の実印または印鑑登録証明書（以下、「実印等」と表記する）を所持している場合には、「正当な理由」が肯定されることが多い（実印につき大判大正 8・2・24 民録 25-340、印鑑証明書につき**最判昭和 51・6・25 百選 I 29** 参照）。

なぜなら、取引慣習上、実印等はきわめて重要な物とされており、その保

管・使用はきわめて慎重になされるのが通常であるところ、代理権を与えられていない者が本人の実印等を所持していることは通常は考えがたいからである。

b 修正

しかし、いくら無権代理人が本人の実印等を所持していたとしても、①その無権代理人が本人と同居する親族であった場合は、話が異なってくる。本人と同居する親族が本人の実印等を本人に無断で持ち出すことは、多くの場合可能かつ容易だからである。

そこで、代理人と称する者が本人と同居する親族であった場合には、第三者において、代理権授与の有無またはその範囲を本人に確認する義務が生じ、その義務が果たされてはじめて「正当な理由」が肯定されることになる（最判昭和27・1・29民集6-1-49、最判昭和28・12・28民集7-13-1683参照）。

また、②本人の負担が極度に大きい行為を代理人が代理した場合についても、第三者において、本人への確認義務が生じ、その義務が果たされてはじめて「正当な理由」が肯定される。

判例も、本人の実印を所持する無権代理人が、本人を保証人とする極度額および期間の定めのない保証契約を締結した事案において、「代理人と称する者が本人の実印を所持していたとしても、他にその代理人の権限の存在を信頼するに足りる事情のないかぎり、保証人本人に対し、保証の限度等について一応照会するなどしてその意思を確かめる義務がある」とし、かかる義務を果たさなかった第三者には「正当な理由」があるとはいえないとしている（最判昭和45・12・15民集24-13-2081）。

さらに、③取引経緯や合意内容が不自然だった場合や、④第三者が金融機関だった場合なども、第三者において、本人への確認義務が生じ、かかる義務が果たされない限り、「正当な理由」があるとはいえないであろう（最判昭和45・12・15民集24-13-2081参照）。

(エ) 証明責任

第三者が代理権の存在を信じたことについては、民事訴訟法の原則どおり、110条の効果を主張する第三者が証明責任を負う（大判大正3・10・29民録20-846参照）。

「正当な理由」すなわち無過失の証明責任についても、民事訴訟法の原則ど

おり、やはり第三者が証明責任を負う（通説）。

> 110条の要件のうち、「正当な理由」＝無過失は、抽象的な要件です。そのため、実際の訴訟においては、「正当な理由」＝無過失そのものは主張・立証の対象ではなく、**「正当な理由」＝無過失を根拠づける具体的事実**（たとえば代理人が本人の実印を所持していたこと）こそが主張・立証の対象になる事実であると解されています。実務では、このような具体的事実のことを、**評価根拠事実**とよんでいます。これらの点は、民事訴訟法で詳しく学びます。

ウ 「第三者」

（ア）「第三者」の範囲　➡論証25

110条の「第三者」については、代理行為の直接の第三者（直接の相手方）に限られるか、それとも転得者をも含むかが、重要な論点となっている。

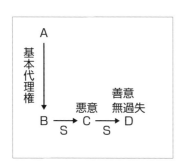

たとえば、Aの代理人Bが、その権限を越えてAの土地をCに売却し、Cがさらにその土地をDに転売したとする。Cは悪意、Dは善意無過失だったとしよう。この場合、Dが「第三者」に該当すれば、110条により土地の所有権を取得することになる。

では、転得者Dは「第三者」にあたるか。

そもそも表見代理は、代理権の存在を信じた者を保護する制度であるところ、転得者Dが信じたのは無権代理人Bの代理権ではなく、前主Cの所有権である。したがって、転得者Dには表見代理の趣旨が妥当しない。

そこで、「第三者」は直接の第三者に限られると解するのが妥当である。判例も同様の結論である（大判昭和7・12・24法律新聞3518-17）。

Q 110条の「第三者」の範囲　B⁺

A説 転得者非包含説（判例・多数説）
結論：直接の第三者に限られる。
理由：表見代理は、代理権の存在を信じた者を保護する制度であるところ、転得者は代理権の存在を信じたわけではない。

B説 （穂積など少数説）
結論：直接の第三者からの転得者も含まれる。

理由：取引安全の要請は転得者にも妥当する。

（イ）表見代理成立後の悪意の転得者

直接の第三者は善意無過失だったが、その第三者からの転得者が悪意だった場合、この悪意の転得者が権利を取得するかについても争いがある。

この点については、他の類似の問題（➡ 91 ページ（**ウ**）、➡ 156 ページ（**イ**））と同様に、法律関係の早期安定と簡明さの見地から、悪意の転得者は善意無過失の第三者から有効に権利を取得すると解するのが妥当である。

---

3 夫婦の一方による代理行為) Ａ ➡論証 26

夫婦の一方が、その他方を、他方の同意に基づかないで代理した場合には、一連のきわめて重要な問題が生じる。

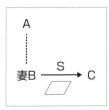

たとえば、Aの病気による入院療養が長期に及んだため、Aの妻Bが、Aの医療費調達の目的で、Aに無断で、Aを代理してA所有の土地をCに売却したとする。この場合、CはAに対して、Bによる代理行為の効果を主張できるのだろうか。

ア 夫婦相互の法定代理権

まず、仮に①夫婦相互に法定代理権があり、②妻Bによる売却行為がその法定代理権の範囲内といえるのであれば、Bによる代理は有権代理といえる。Cの主張が認められることになるわけである。

（ア）法定代理権の有無

では、夫婦相互に法定代理権が認められるか。

この点、明文はないものの、761 条を根拠にして、夫婦相互に日常の家事に関する法律行為の法定代理権が認められるとするのが判例である（**最判昭和44・12・18 百選Ⅲ 9**）。

この 761 条は、文言上は連帯責任の規定であり、代理権の規定ではない。しかし、夫婦生活を維持するうえでの便宜を図るためには、夫婦相互に日常の家事に関する法律行為の法定代理権を認める必要がある。判例は妥当であろう。

761条は、文言上は、日常の家事に関する法律行為に関して、夫婦の連帯責任を定めた規定です。

【夫婦間の連帯責任】

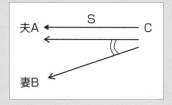

たとえば、夫Aが明日の朝食用にパンを買った場合、妻Bもそのパンの代金を支払う債務を自動的に負担する、というのが、この条文の本来の意味なわけです。

しかし、判例はそこから一歩進めて、761条は、日常の家事に関する法律行為を代理するという内容の法定代理権を、夫婦相互に認めた規定でもあると解釈していくわけです。

なお、この夫婦相互の法定代理権は、①通常の代理と異なって**顕名が不要**であり、また②代理行為の**効果が代理人にも生じる**、という特殊な代理権であると解されています。これらの点も覚えておくとベストでしょう。

Q 夫婦相互に法定代理権が認められるか　A

結論：761条により、夫婦相互に日常の家事に関する法律行為の法定代理権が認められる（判例・通説）。

理由：夫婦が相互に代理権をもたないとすると、日常の家事を処理するについて不便が生じる。

（イ）日常家事の判断基準

したがって、Bによる夫Aの土地の売却行為が、この「日常の家事に関する法律行為」にあたるのであれば、Bによる代理は有権代理といえる。

では、「日常の家事に関する法律行為」にあたるか否かは、どのような基準で判断するべきか。

この点について、前掲の判例は、「単に夫婦の共同生活の内部的な事情やその行為の個別的な目的のみを重視して判断すべきではなく、さらに客観的に、その法律行為の種類、性質等をも十分に考慮して判断すべきである」とする。

上記の事例でいえば、Bの行為には、その背景に夫Aの長期入院という内部的な事情があり、また夫Aの医療費調達という目的があるものの、Bのした代理行為が土地の売却という高額な取引行為である以上、客観的にみて「日常の家事に関する法律行為」にはあたらないことになろう。

Q 「日常の家事に関する法律行為」にあたるか否かの判断基準　A

結論：単に夫婦の共同生活の内部的な事情やその行為の個別的な目的のみを重視して判断すべきではなく、さらに客観的に、その法律行為の種類、性質等をも十分に考慮して判断すべきである（判例・通説）。

理由：761条は夫婦の一方と取引関係に立つ第三者の保護を目的とする規定であるから、その夫婦の立場のみに立って判断するのは妥当でない。

イ　110条の表見代理の成否

したがって、Bによる代理は、有権代理ではなく、無権代理にあたる。本人Aによる追認がない限り、Bによる行為は原則として無効である（113条1項）。

しかしながら、問題はそこでは終わらない。さらに110条の適否を検討する必要がある。

（ア）基本代理権への該当性

110条の適否の検討に際しては、まず、761条の法定代理権が110条の基本代理権たりうるかが問題となるが、前掲の判例はこれを否定する。

761条の法定代理権が110条の基本代理権たりうると解しては、夫婦の財産的独立（762条参照）の趣旨を没却するおそれがある。判例は妥当であろう。

したがって、Bの代理行為について、110条が直接適用されることはない。

（イ）110条の趣旨の類推適用

ただし、前掲の判例はさらに論を進める。

すなわち、761条の法定代理権の基本代理権への該当性を否定し、110条の直接適用を否定しつつも、なお「当該越権行為の相手方である第三者において、その行為が当該夫婦の日常の家事に関する法律行為の範囲内に属すると信ずるにつき正当の理由のあるとき」には、「110条の趣旨を類推適用する」とするのである。この規範はしっかりと覚えておこう。

最低限の取引安全の見地からして、この結論も妥当であろう。

この判例は「110条の趣旨を類推適用する」というめずらしい表現を用いていますが、これは普通に「110条を類推適用する」という意味だと考えておけばOKです。ただし、答案では判例の表現を正確に再現してください。

より重要なのは、類推適用の要件です。

判例は、まず**その行為が当該夫婦の日常の家事に関する法律行為の範囲内に属すると信ずる**ことを要求します。したがって、たとえば相手方であるCが「Bは、この土地を売却する代理権をAから与えられている」と信じたとしても、この要件はみたされません。あくまでも、Cが「このA・Bという夫婦の間では、この土地の売却も、パンの購入と同じような、日常の家事に関する法律行為なのだ」と信じたことが必要なわけです。

そのような信頼は、なかなか生じません。したがって、ほとんどのケースでは110条の趣旨の類推適用は否定されるはずです。

しかも、判例は、そのような信頼があったとしてもそれだけでは足りず、さらにそのよう

な信頼について「**正当の理由**」すなわち無過失を要求します。
　したがって、この判例の要件をみたす場合というのは、通常はまず考えられないといっていいでしょう。

Q 761条の法定代理権を基本代理権として110条を適用できるか　**A⁺**

結論：①適用できない。
　　　②ただし、当該越権行為の相手方である第三者において、その行為が当該夫婦
　　　　の日常の家事に関する法律行為の範囲内に属すると信ずるにつき正当の理由
　　　　のあるときには、110条の趣旨を類推適用することができる（判例）。
理由：①適用を認めれば、夫婦の財産的独立（762条参照）の趣旨を没却する。
　　　②相手方の取引安全を図る必要がある。

4　無権代理人を本人と誤信した場合　**B**　➡論証27

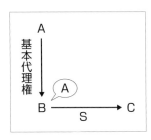

　　　　　　　　最後に、相手方が、権限外の行為をなした無権
代理人を、本人と誤信した場合について検討する。
　　　　たとえば、本人Ａの所有する建物を売却する
代理権が与えられているＢが、自らを「Ａ」と称
した。そのため、ＢをＡと信じたＣが、ＢからＡ
の所有する土地を購入したとする。
　　　　このように、第三者が無権代理人を本人と誤信
した場合にも、110条が適用されるか。

　そもそも、表見代理は、代理権の存在を信じた者を保護する制度であるところ、第三者Ｃが信じたのは無権代理人Ｂの代理権ではない。したがって、110条を直接適用することはできない。

　しかし、本人Ａに効果が帰属すると信じている点で、Ｃの信頼は110条の信頼と共通している。

　そこで、110条の類推適用を認めるのが妥当であろう。判例も110条の類推適用を認めている（最判昭和44・12・19民集23-12-2539）。

　　このように、第三者が無権代理人を本人だと誤信した場合には、第三者は「本人に効果が帰属する」と信頼している点で110条に類似しているため、110条の類推適用が認められます。
　　これに対し、転得者の論点（➡242ページ（ア））では、転得者は「本人に効果が帰属する」と信頼しているわけではない以上、110条の趣旨が妥当せず、したがって類推適用

もできないと解することになります。
　この２つの論点は、混乱しがちですから注意しましょう。

Q 相手方が、権限外の行為についての無権代理人を本人と誤信した場合の処理 B

　結論：110条が類推適用されうる（判例・通説）。
　理由：代理権の存在を信じたわけではないものの、本人に効果が帰属すると信じている点で、110条の信頼と共通している。

3. 代理権授与表示による表見代理

1 意義 A

　代理権授与表示による表見代理（109条）は、本人が、無権代理人による無権代理行為の相手方（第三者）に対して、無権代理人に「代理権を与えた」旨を表示してしまった場合の規定である。

　たとえば、Ａの代理人を名乗る無権代理人ＢからＡの自動車を購入するに際し、Ｂの代理権の存否について不審に思ったＣが、Ａに電話で問い合わせたところ、Ａが、Ｂに代理権を一切与えていないにもかかわらず、なんらかの事情によってＣに対して「Ｂにその自動車を売却する代理権を与えた」との間違った回答をしてしまった場合が、その典型である。

　この場合、Ｃが悪意・有過失でない限り、ＣはＡに対して自動車の引渡しを請求することができることになる。

　すでに学んだ110条は、無権代理人に**基本代理権がある**場合の規定でした。これに対し、これから学ぶ109条は、無権代理人に**代理権が一切ない**場合の規定です。それぞれの適用場面を、しっかりと確認しておきましょう。

この代理権授与表示による表見代理の規定は、①表示された代理権の範囲内の行為が行われた場合（109条1項）と、②表示された代理権の範囲外の行為が行われた場合（109条2項）とがある。

以下では、まず①の場合を説明し（➡下記 **2**）、次いで②の場合を説明する（➡下記 **3**）。

2　109条1項の表見代理　Ａ

ア　代理権授与表示

109条1項の表見代理が成立するためには、まず、①本人が「第三者に対して他人に代理権を与えた旨を表示」したことが必要である（109条1項本文）。

この表示を代理権授与表示という。これによって、本人の帰責性が基礎づけられるわけである。この要件はしっかりと覚えておこう。

> 条文から明らかなように、代理権授与表示は本人から「第三者」に対して、すなわち**本人から無権代理行為の相手方に対して**なされる必要があります。無権代理人による表示や、無権代理人に対する表示は、代理権授与表示にはあたりません。
> この点は、白紙委任状の問題（➡ 250 ページ **4**）を検討するに際して必要な前提知識となります。イメージをもっておきましょう。

なお、代理権授与表示は、法律行為ではなく、観念の通知（➡ 132 ページ5.）である。ただし、意思表示と同等の効力を生じさせる行為であるため、法律行為の規定が類推適用される（通説）。

イ　他人による代理行為

次に、②無権代理行為は、「その他人」、すなわち代理権を与えられた旨表示された者がなすことを要する（109条1項本文）。

たとえば、Aが相手方Cに対して「Bに代理権を与えた」旨を表示したのならば、Bによって無権代理行為がなされなければならない。仮に、DがAを代理した場合には、109条1項の表見代理は成立しない。

ウ　表示された代理権の範囲内の代理行為

さらに、③無権代理人の代理行為は、「その代理権の範囲内」の行為でなければならない（109条1項本文）。すなわち、本人によって相手方に表示された代

理権の範囲内の行為でなければならないのである。

　したがって、たとえば、AがCに対して「自動車を売却する代理権をBに与えた」と表示した事案では、無権代理人BがAを代理して自動車を売却した場合にのみ、109条1項が適用されうる。BがAの土地をCに売却した場合には、109条1項の表見代理は成立せず、109条2項の問題となる（➡下記**3**）。

エ　代理権授与表示を受けた「第三者との間」の行為

　また、④無権代理人の代理行為は、「第三者との間」で、すなわち代理権授与表示を受けた者との間でされなければならない（109条1項本文）。

　したがって、たとえばAがCあての書面で「Bに代理権を与えた」旨の表示をしたところ、その書面をみたDがBの代理権を信頼し、Bと取引をしたとしても、Dに109条1項は適用されない（大判明治38・2・21民録11-196）。

オ　第三者が悪意・有過失でないこと

　最後に、⑤第三者（無権代理行為の相手方）が、代理人に代理権が与えられていないことにつき悪意または有過失の場合は、109条1項の表見代理は成立しない（109条1項ただし書）。この要件はしっかりと覚えておこう。

　この第三者の悪意・有過失は、民事訴訟法の原則に従い、本人が証明責任を負う。すなわち、原告たる第三者が109条1項本文の要件を主張し、その立証に成功した場合、被告たる本人は、第三者の悪意・有過失の立証に成功しない限り、109条1項ただし書の適用を受けられず、109条1項本文による表見代理責任を負うことになる。

3　109条2項の表見代理　🅱⁺　改正

　上記**ウ**で述べたとおり、表示された代理権の範囲外の行為が行われた場合は、109条1項の表見代理は成立しない。たとえば、AがCに対して「自動車を売却する代理権をBに与えた」と表示したところ、BがAを代理してAの土地をCに売却した場合、Cは109条1項に基づきAへの効果帰属を主張することはできないわけである。

　しかし、かかる場合でも、「第三者がその行為についてその他人の代理権があると信ずべき正当な理由があるとき」は、109条2項の表見代理が成立する。

ここで「正当な理由」とは、無過失をいうと解される。109条1項の善意無過失という要件（➡上記**2オ**）は、この「正当な理由」に統合・吸収される。

　したがって、上記のAがCに対して「自̇動̇車̇を売却する代理権をBに与えた」と表示したところ、BがAを代理してAの土̇地̇をCに売却したという事案で、BにAの土̇地̇を売却する代理権があるとCが信じ、かつそう信じたことについて「正当な理由がある」すなわち無過失である場合は、Cは109条2項に基づきAへの効果帰属を主張することができるわけである。

　なお、「代理権があると信ずべき正当な理由」の有無は、民事訴訟法の原則に従い、第三者が証明責任を負うと解される（私見）。

4　白紙委任状の交付　　B⁺

　109条の表見代理に関して重要な問題となるのが、白紙委任状が交付された場合の処理である。

ア　問題の所在

白紙委任状
・代理人欄が白紙
・委任事項欄が白紙
・双方が白紙

　本人が他人に代理権を授与する場合、委任状を作成し、交付することが多い。そして、その委任状には、①代理人の氏名と②代理権の内容が記載されるのが通常である。

　ところが、場合によっては、①代理人の氏名（代理人欄）と②代理権の内容（委任事項欄）の、一方または双方を記載しない委任状が交付されることがある。そのような委任状を、白紙委任状という。

　もちろん、白紙委任状が交付された場合であっても、本人とその交付を受けた者との間では、①代理人の範囲や②代理権の内容についての合意が存在するのが通常である。

　したがって、①代理人の範囲および②代理権の内容につき、すべて合意の範囲内で代理行為がなされたのであれば、それは有権代理そのものであり、何ら問題は生じない。

たとえば、①代理人を B とし、②代理権の内容を **A の土地の売却**とする合意のもとで、A が B に対して白紙委任状を交付したとします。

　この場合、**B 自ら代理人として、C に A の土地を売却**したのであれば、それは完全な有権代理です。その効果は当然に本人 A に帰属します。

　また、たとえば、① B に加え、**委任状の正当な取得者すべてに代理権を与える**こととし（このような場合を転々譲渡型といいます）、②代理権の内容を **A の土地の売却**とする合意のもとで、A が B に対して白紙委任状を交付したとします。

　この場合、委任状の直接受領者である B から**委任状を正当に取得した X** が、A を代理して C に **A の土地を売却**したのならば、やはり完全な有権代理です。

　白紙委任状の問題で混乱している人は、これらの前提を理解していないことが多いようです。しっかりと理解を確認しておきましょう。

　問題となるのは、無権代理となる場合、すなわち①代理人の範囲や②代理権の内容についての合意と異なる代理行為が、白紙部分が勝手に補充されて行われた場合である。

イ　合意と異なる代理行為

　この問題は、①代理人の範囲についてのみ合意と異なる場合、②代理権の内容についてのみ合意と異なる場合、③代理人の範囲と代理権の内容の両方につき合意と異なる場合、の 3 つに分けて検討する必要がある。

合意違反	処理
代理人の範囲のみ	109 条（表示は肯定）
代理権の内容のみ	通常は 110 条。例外的に 109 条（表示は肯定）
両方	109 条（表示または善意無過失を否定）

（ア）代理人の範囲についてのみ合意と異なる場合　**B⁺**　→論証 28

　まず、代理人の範囲についてのみ合意と異なる代理行為がなされた場合についてである。

　たとえば、A が B との間で①代理人は B のみ、②代理権の内容は A の土地の売却と合意し、代理人の氏名欄が白紙の委任状を交付したとする。ところが、この白紙委任状を B から譲り受けた C が、委任状の代理人の氏名

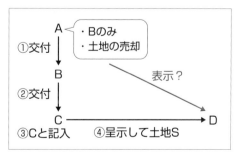

欄に「C」と記入したうえで、その委任状を第三者Dに示して、Aを代理してAの土地を売却したとしよう。

この場合、委任状の正当な取得者すべてに代理権を与えるとの合意は存しない（すなわち転々譲渡型〔➡ 前ページコラム〕ではない）ため、Cは代理権を有しない。したがって、Cの行為は無権代理行為である。

では、109条1項の表見代理が成立するか。

ここで問題となるのが、本人Aが、第三者Dに対して「Cに当該行為の代理権を与えた」旨を表示したといえるか否かである。

> Cによって Dに示された委任状の「C」という部分は、Cが後から勝手に記入しています。にもかかわらず、AがDに対して「Aの土地を売却する代理権をCに与えた」と表示したといえるのかが、ここで問題となるのです（➡ 248ページア参照）。

この点、無権代理人Cによる補充は偽造である以上、本人Aの第三者Dに対する代理権授与表示があったとはいえないとして、109条1項の適用を否定する見解がある。

しかし、通説は、本人Aによる代理権授与表示を肯定する。下級審判例でも、代理権授与表示を肯定したものがある（福岡高判昭和37・2・27判時302-20）。

そもそも、代理権授与表示は本人Aの帰責性を基礎づける要件であるところ、本人Aが任意に白紙委任状を交付したのであれば、本人Aに帰責性が認められるといえる。本人Aの代理権授与表示を肯定する通説は妥当であろう。

したがって、第三者Dが悪意・有過失でない限り、109条1項により、DはAへの効果帰属を主張することができる。

（イ）代理権の内容についてのみ合意と異なる場合　➡論証29

次に、代理権の内容についてのみ合意と異なる代理行為が行われた場合である。

この場合、そもそも代理行為をした者には、本人から、なんらかの私法上の行為の代理権が与えられているのが通常である。

したがって、通常は、権限外の行為による表見代理の規定である110条を適用すれば足りる。

　ただし、例外的に、白紙委任状の直接受領者Bに対して、私法上の行為の代理権が何ら与えられていない場合もありうる。

　この場合は、原則として110条を適用できないため、109条の適否を検討する必要がある。そして、その際にやはり問題となるのが、本人Aが、第三者Cに対して「Bに当該行為の代理権を与えた」旨を表示したといえるか否かである。

　この点については、251ページ（ア）で述べたとおり、本人Aが任意に白紙委任状を交付したのであれば、本人Aの代理権授与表示が認められると解するのが妥当である。

（ウ）代理人の範囲と代理権の内容の両方が合意と異なる場合　➡論証30

　では、合意と異なる者によって、合意と異なる内容の代理行為が行われた場合はどうか。

　たとえば、AがBとの間で①代理人はBのみ、②代理権の内容はAの土地の売却と合意し、代理人の氏名欄および代理権の内容欄（委任事項欄）が白紙の委任状を交付したとする。ところが、この委任状をBから譲り受けたCが、委任状の代理人の氏名欄に「C」と記入し、代理権の内容欄（委任事項欄）に

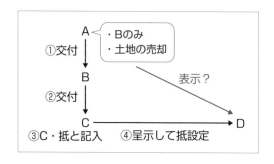

「Ａの土地への抵当権の設定」と記入したうえで、その委任状を第三者Ｄに示して、Ａを代理してＡの土地にＣの債務の担保のための抵当権を設定したとしよう。

この場合、ＣはＡから何らの代理権も与えられていないため、Ｃの行為は無権代理行為である。基本代理権がないから、110条の表見代理も成立しない。

では、109条1項の表見代理は成立するか。

確かに、任意に白紙委任状を交付している以上、本人Ａの帰責性は肯定できるとも思える。

しかし、代理人の範囲と代理権の内容の両方について合意と異なる行為がなされているため、本人Ａを保護する必要性は他の場合に比べて高い。

そこで、109条1項の成立は原則として否定するのが妥当であろう。

問題は、109条1項の要件のうち、どの要件を充足しないと解するべきかであるが、判例は、①代理権授与表示を否定したり（**最判昭和39・5・23百選Ⅰ26**等）、②第三者の悪意・有過失を認定したりしている（最判昭和41・4・22民集20-4-752等）。答案でも、このいずれかの処理でよいであろう。

5 法定代理への適用の有無 　Ｂ

109条が法定代理に適用されるかについては争いがあるが、法定代理にはそもそも代理権の「授与」自体があり得ないため、これを否定するのが通説である。

判例も、法定代理への109条の適用を否定している（大判明治39・5・17民録12-758）。他の表見代理と異なるので注意しよう。

Ｑ 109条は法定代理に適用されるか　Ｂ

Ａ説（判例・通説）

結論：適用されない。

理由：法定代理にはそもそも代理権の授与があり得ない。

4. 代理権消滅後の表見代理

1 意義 A

代理権消滅後の表見代理（112条）は、かつて代理権を有していた者が、その代理権の消滅後に代理行為を行った場合の規定である。

たとえば、本人Aが、代理人Bに対し、Aが所有する甲土地を売却する代理権を与え、さらに代理人Bが適法に復代理人Cを選任していたところ、Bが死亡したゆえにCの代理権も消滅した（➡216ページ**3**、218ページ7.）。ところが、その後にCがAを代理して、第三者Dに甲土地を売却したような場合が、その典型である。

この代理権消滅後の表見代理の規定は、①消滅した代理権の範囲内の行為が行われた場合（112条1項）と、②消滅した代理権の範囲外の行為が行われた場合（112条2項）とがある。

以下では、まず①の場合を説明し（➡下記**2**）、次いで②の場合を説明する（➡257ページ**3**）。

2 112条1項の表見代理 A

ア 代理権の消滅

112条1項の表見代理が成立するためには、まず、かつて有していた代理権が消滅したことが必要である（112条1項本文）。

（ア）法定代理権の該当性

ここで問題となるのが、法定代理権が、かつて有していた「代理権」にあたるかである。

いいかえれば、法定代理権が消滅した後に元法定代理人が代理行為をした場合に、112条1項が適用されるのであろうか。

判例はこれを肯定する（大判昭和2・12・24民集6-754）。

しかし、法定代理権は本人が与えたものではない以上、無権代理人にかつて法定代理権があったという点につき、本人に帰責性は認められない。したがっ

て、法定代理権は 112 条 1 項の「代理権」たり得ないと解するのが筋としては正当であろう。

> **Q** 法定代理権が 112 条 1 項の代理権にあたるか　**B**
> **A説** 肯定説（判例）
> 理由：①取引の安全の重視。
> 　　　②本人の保護は、相手方の善意・無過失の認定によって図ればよい。
> **A説** 否定説（四宮など有力説）
> 理由：法定代理権は本人が与えたものではない以上、本人に帰責性が認められない。

（イ）消滅前の取引の要否

112 条 1 項の要件として、無権代理人と第三者との間で、代理権が消滅する以前に取引があったことが必要かという細かい論点があるが、判例はこれを不要としている（最判昭和 44・7・25 判時 574-26）。

ただし、代理権が消滅する以前に取引をしたことがある場合は、第三者の善意無過失（112 条 1 項ただし書 ➡ 下記 **ウ**）が認定されやすくなろう。

イ　かつての代理権の範囲内の代理行為

次に、無権代理人のした代理行為が、かつて有した代理権の範囲内の代理行為でなければならない（112 条 1 項本文）。

かつて有した代理権の範囲外の代理行為が行われた場合には、112 条 2 項の問題となる（➡ 下記 **3**）。

ウ　第三者が善意であり有過失でないこと

さらに、第三者は、代理権の消滅について善意であることが必要である（112 条 1 項本文）。また、善意であっても有過失の場合は、112 条 1 項の表見代理は成立しない（112 条 1 項ただし書）。

（ア）「第三者」の範囲

この「第三者」に転得者が含まれるかについては、争いがある。

この点については、転得者は代理権の存在を信じたわけではない以上、無権代理行為の直接の第三者（直接の相手方）に限られると解するのが妥当であろう（➡ 242 ページ（ア）参照）。

判例も、「第三者」は直接の第三者に限られるとしている（大判昭和 2・12・24

民集 6 -754）。

Q 112 条 1 項の「第三者」の範囲　B⁺

A説 **転得者非包含説**（判例・多数説）
結論：直接の第三者に限られる。
理由：表見代理は、代理権の存在を信じた者を保護する制度であるところ、転得者は
　　　代理権の存在を信じたわけではない。

B説 **転得者包含説**（少数説）
結論：直接の第三者からの転得者も含まれる。
理由：取引安全の要請。

（イ）証明責任

　民事訴訟法の原則どおり、善意については 112 条 1 項本文の効果を主張する
第三者が証明責任を負い、無過失については、112 条 1 項ただし書の効果を主
張する本人が証明責任を負う。

3　112 条 2 項の表見代理 　B⁺　改正

　上記 **2イ** で述べたとおり、消滅した代理権の範囲外の行為が行われた場合
は、112 条 1 項の表見代理は成立しない。

　たとえば、A が B に対して「自動車を売却する代理権」をかつて与えてお
り、その代理権が消滅した後に、B が A を代理して A の土地を C に売却した
場合、C は 112 条 1 項に基づき A への効果帰属を主張することはできないわけ
である。

　しかし、かかる場合でも、「第三者がその行為についてその他人の代理権が
あると信ずべき正当な理由があるとき」は、別途、112 条 2 項の表見代理が成
立する。

　ここで「正当な理由」とは、無過失をいうと解されている。112 条 1 項の善
意無過失という要件（➡上記 **2ウ**）は、この「正当な理由」に統合・吸収され
る。

　「代理権があると信ずべき正当な理由」の有無は、民事訴訟法の原則に従い、
第三者が証明責任を負うと解される（私見）。

　なお、表見代理における第三者の主観的要件について、次ページの表にまと
めておくので、各自再確認しておこう。

【表見代理における第三者の主観的要件のまとめ】

類型	主観的要件
109 I	悪意・有過失なら×
109 II	信ずべき正当な理由が必要*
110	信ずべき正当な理由が必要*
112 I	善意が必要＋有過失なら×
112 II	信ずべき正当な理由が必要*

＊権限外ないし範囲外の類型では、「信ずべき正当な理由」（＝無過失
　で信じたこと）が必要となる。

第 8 編

無効・取消し

第1章　無効
第2章　取消し

本編では、ここまでにも出てきた無効や取消し
について、詳しく学ぶ。
　重要な内容も点在しているので、メリハリを意
識して学んでいこう。

第 1 章

無効

1. 意義 B

　無効とは、法律行為の形式的な成立があっても、法律行為の効力が最初から生じないことをいう。

　なお、無権代理ゆえの無効は、この意味の無効ではなく、有効ではあるものの本人にその効果が帰属しないという意味だった（➡ 220 ページ上のコラム）。本章で説明するのは、無権代理における無効以外の、通常の意味での無効である。

2. 取消しとの違い

　無効と類似するものとして、取消しがある。

　しかし、両者は以下の点で異なる。取消しについては次章で学ぶが、ここで概要を確認しておこう。

1 意思表示の要否 A+

　まず、意思表示の要否の点で両者は異なる。この点はきわめて重要である。

　すなわち、無効な法律行為は最初から当然に効力が生じていないのであり、無効の主張は単なる事実の主張にすぎない。いいかえれば、無効の主張によって無効の効果が生じるわけではなく、その主張の以前から当然に法律行為は無

効だったわけである。

これに対し、取り消すことができる法律行為は、取消しの意思表示があるまでは有効であり、取消しの意思表示という新たな法律行為があって、はじめて遡及的に無効になる（121条）。

2　主張の当事者 ） B

次に、無効と取消しは、それを主張しうる者や主張される者の範囲も異なる。

無効は、原則として誰でも、かつ誰に対しても主張することができる（意思無能力無効はその例外。→ 64ページ **2**）。

これに対し、取消しの意思表示は、一定の取消権者のみが（120条）、しかも取り消すことができる法律行為の相手方に対してのみ（123条）することができるにとどまる。

3　追認の可否 ） B⁻

また、無効な法律行為の追認は原則として認められないのに対し（119条本文）、取り消すことができる法律行為は追認することができる（122条）。

4　期間制限の有無 ） B

最後に、主張の期間制限の有無でも、両者は異なる。

すなわち、無効の主張は特に期間制限がなく、原則として永遠に主張することができるのに対し、取消しの意思表示には、追認をすることができる時から5年以内かつ法律行為の時から20年以内という期間制限がある（126条。その法的性質については→ 274ページ **3**）。

3. 無効の効果

次に、ある法律行為が無効な場合の法律関係を説明しておこう。

1 法律行為の効果の不発生) Ａ

　ある法律行為が無効な場合、当然ながら、かかる法律行為に基づく効果は発生しない。

　たとえば、Ａを売主、Ｂを買主とする甲土地の売買契約が無効な場合、売主Ａは代金債権を取得せず、買主Ｂは甲土地の引渡債権を取得しない（555条参照）。また、目的物についての物権変動も生じず（176条参照）、甲土地の所有権はＡのもとにとどまったままである。

2 原状回復義務) Ａ 改正

ア 原状回復義務の発生

　無効な法律行為に基づき給付を受けた者は、相手方を原状に復させる義務（原状回復義務）を負う（121条の2第1項）。受け取ったものを相手方に返還する義務が発生するわけである。

　また、現物の返還が不可能な場合は、その価額を返還しなければならないと解されている（価額返還義務）。

　したがって、たとえば、無効な売買契約に基づき、ＡがＢに甲土地を引き渡し、ＢがＡに代金を支払った場合、ＡはＢに代金を返還する義務を、ＢはＡに甲土地を返還する義務を、121条の2第1項に基づきそれぞれ負う（いいかえれば、ＢはＡに代金の返還を、ＡはＢに甲土地の返還を、121条の2第1項に基づきそれぞれ請求できる）。また、Ｂが甲土地をＣに売却済みであり、甲土地の返還が不可能な場合は、Ｂは甲土地の価額をＡに返還する義務を負う。

　なお、ＡとＢが負うそれぞれの原状回復義務は、同時履行の関係に立つと解されている（533条類推適用）。

> 　533条は、**双務契約**によって生じた各債権につき同時履行の抗弁権を定めた規定です。しかし、ＡやＢの返還請求権は、**121条の2第1項**によって生じた法定債権（不当利得返還請求権の一種）であり、双務契約によって生じた債権ではありません。したがって、ＡやＢの返還請求権に、533条を直接適用することはできません。
> 　しかし、ＡとＢの返還請求権は、いわば双務契約の巻き戻しのような関係にありますから、双務契約によって生じた各債権に類似しているといえます。そこで、双務契約に関する533条を類推適用することができる、と解していくわけです。

イ　現存利益の返還

　以上の原則の修正として、①無効な行為が無償行為だった場合について、給付を受けた者が、給付を受けた当時その行為が無効であることを知らなかったときは、その行為によって現に利益を受けている限度において、返還の義務を負うにとどまる（121条の2第2項）。すべてを返還する必要はなく、現存利益（現に存する利益）を返還すれば足りるわけである。

　また、②無効な行為の時に意思無能力者または制限行為能力者だった場合も、同様に現存利益を返還すれば足りる（121条の2第3項）。

ウ　現存利益の有無

　相手方から受領した金銭をギャンブルなどのために浪費した場合には、現存利益は否定される（大判昭和14・10・26民集18-1157）。

　他方、生活費や債務の弁済などの有益な支出にあてた場合には、現存利益は肯定される（大判大正5・6・10民録22-1149、大判昭和5・10・23民集9-993、大判昭和7・10・26民集11-1920）。無償行為の善意者や、意思無能力者・制限行為能力者といえども、有益な支出にあてた金銭は返還しなければならないわけである。

> 　浪費したお金については、まさに「とけてなくなってしまった」「得たものはなにもなかった」と評価できますから、現存利益が否定されます。これに対し、有益な支出にあてた場合は、本来その支出にあてられるはずだった別の財産が現に残っていると評価できるため、現存利益が肯定されるわけです。まじめな人の方が損をするのはおかしいと思うかもしれませんが、結論は覚えておきましょう。

3　物権的請求権　B

　前ページ**ア**の事例で、Aは所有者であるから、Bに対して所有権に基づいて甲土地の返還を請求することもできる。

　Aは、所有権に基づく甲土地の返還請求権と、121条の2第1項に基づく甲土地の返還請求権の、いずれを行使してもよいと解される。

4. 無効な行為の追認・転換

1 追認の効果 B

　無効な行為に対して追認があったとしても、無効な行為が有効になることはない（119条本文）。

　ただし、当事者が、無効な行為であることを知ったうえで追認した場合は、新たな行為をしたものとみなされる（119条ただし書）。

　なお、公序良俗違反の行為については、いくら無効を知って追認しても、119条ただし書は適用されない（通説）。

2 無効行為の転換 B

　無効行為の転換とは、当該行為としては無効であっても、他の行為としての有効要件をみたしている場合に、他の行為としては効力を認めることをいう。

ア 肯定例

　まず、①秘密証書遺言（970条以下）としては無効でも、自筆証書遺言（968条）の要件をみたしている場合には、自筆証書遺言としては有効とされる（971条）。

　また、②父が非嫡出子を嫡出子として届け出た場合は、嫡出子の届出としては無効であるが、認知の効力は生じる（大判大正15・10・11民集5-703、**最判昭和53・2・24**百選Ⅲ31）。

　これら2つの具体例は、短答式試験用に押さえておこう。

イ 否定例

　以上に対し、③他人の子を自分の子と偽って、内容虚偽の出生届を提出した場合は、出生届としてはもとより、養子縁組の効果も認められない（大判昭和11・11・4民集15-1946、**最判昭和50・4・8**百選Ⅲ40等）。この点も、短答式試験用に覚えておくとよい。

第 2 章

取消し

1. 一般的取消しと特殊的取消し　B

　やや細かいが、取消しには、一般的取消しと特殊的取消しとがある。

　一般的取消しとは、制限行為能力（4条以下）、錯誤（95条）、詐欺、強迫（96条1項）を理由とする取消しのことである。単に「取消し」という場合は、この一般的取消しを指すことが多い。

　本章で学ぶ120条以下に定められた取消しに関する各規定は、この一般的取消しにのみ適用される。

　以上に対し、詐害行為の取消し（424条）、夫婦間の契約の取消し（754条）など、民法総則以外で特別に定められた取消しを、特殊的取消しという。この特殊的取消しには、120条以下の規定は適用されない。

> 　では、無権代理行為の取消し（115条）はどうでしょうか。
> 　そもそも、取消しというのは、一応有効な行為を遡及的に無効にする行為のことです。ところが、無権代理行為の取消しは、もともと無効な無権代理行為につき、その無効を確定する（本人の追認権を奪う）行為です。そのため、無権代理行為の取消しについても、120条以下の規定は適用されません。

2. 取消しの要件

1 取消権者 Ａ

一般的取消し（以下、単に「取消し」と表記する）の取消権者は、120 条に定められた者に限られる。

ア 制限行為能力を理由とする取消しの取消権者

まず、制限行為能力を理由とする取消しは、①制限行為能力者、②制限行為能力者の代理人、③制限行為能力者の承継人、④同意権者に限り、これをすることができる（120 条 1 項）。

（ア）制限行為能力者 改正

未成年者、成年被後見人、被保佐人、同意を要する旨の審判を受けた被補助人がこれにあたる。制限行為能力者も取消権者であることは覚えておこう。

制限行為能力者が、他の制限行為能力者の法定代理人としてした行為については、当該他の制限行為能力者も取消権者である（120 条 1 項かっこ書）。たとえば、15 歳の A の唯一の親権者である父 B が成年被後見人の場合、父 B が A を代理してした行為は取り消すことができるが（102 条ただし書）、B や B の代理人に加えて、A もその際の取消権者に含まれるわけである。

なお、やや細かい事項だが、成年被後見人以外の制限行為能力者は、意思能力がある限り、自ら単独で確定的に取消しの意思表示をすることができる。これらの者が保護者の同意を得ずにした取消しの意思表示は、これを取り消すことができないわけである。

他方、成年被後見人は、取消権者ではあるものの、自らした取消しの意思表示は不確定的に有効であるにとどまる。取消しの意思表示を取り消すことも認められるわけである。

（イ）代理人

未成年者の法定代理人、成年被後見人の後見人がこれにあたる。

なお、代理権付与の審判（876 条の 4）を受けた保佐人もこの「代理人」にあ

たるが、およそ保佐人であれば後述の「同意権者」にあたるため、「同意権者」として常に取消権を有する。したがって、あえて「代理人」にあたるという実益はない。

(ウ) 承継人

制限行為能力者の包括承継人、および制限行為能力者から契約上の地位を譲り受けた者がこれにあたる。

取消しの対象となる法律行為の目的物を制限行為能力者から譲り受けた者はこれにあたらない（通説）。

(エ) 同意権者

保佐人、同意を要する旨の審判（17条1項）があった場合の補助人がこれにあたる。

イ　錯誤、詐欺・強迫を理由とする取消しの取消権者

錯誤、詐欺・強迫を理由とする取消しは、①瑕疵ある意思表示をした者、②その代理人、③その承継人に限り、これをすることができる（120条2項）。

なお、③の承継人は、瑕疵ある意思表示をした者の包括承継人、および瑕疵ある意思表示をした者から契約上の地位を譲り受けた者に限られる。取消しの対象となる法律行為の目的物を瑕疵ある意思表示をした者から譲り受けた者はこれにあたらない（通説）。

ウ　主債務者が取消権を有する場合の保証人の地位 改正

主債務者が主債務の発生原因について取消権を有する場合、主債務者が取消権を行使すれば、主債務の発生原因が遡及的に無効となり（121条）、主債務が遡及的に消滅する結果、保証債務も消滅する（➡36ページ**イ**）。

では、主債務者が取消権を行使しない間は、保証人はいかなる地位にあるのか。

まず、保証人は取消権を有さない（120条参照）。ただし、保証人は、取消権の行使によって主たる債務者がその債務を免れるべき限度において、債権者に対して債務の履行を拒むことができる（457条3項）。保証人は履行拒絶の抗弁権を有するわけである。

たとえば、Aの詐欺によりBがAと契約を締結したところ、Cがかかる契約

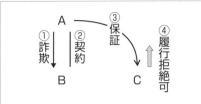

cf. Bが②の契約を取り消せば、Cの保証
債務も遡及的に消滅する。

上のBの債務を保証したとする。この場合、保証人Cは、保証債務の履行を拒絶することができる。

また、Bが「50万円あげる」と書くつもりで「500万円あげる」と書いてAと贈与契約を書面で締結したところ、かかるBの債務をCが保証したとする。この場合、Bは50万円については錯誤はないが、450万円の限度で錯誤があり、その限度で取消権を有する（いわゆる一部錯誤）。したがって、保証人Cは、50万円については保証債務を履行しなければならないものの、450万円については保証債務の履行を拒絶することができるわけである。

2 取消しの意思表示の相手方 Ｂ

取り消すことができる行為の相手方が確定している場合には、取消しの意思表示は、その取り消すことができる行為の相手方に対して行う（123条）。

たとえば、Bの詐欺によりAがBと売買契約を締結した場合、Aは、当該売買契約の相手方であるBに対して取消しの意思表示をすることになる。

なお、やや細かいが、この123条の「相手方」には転得者は含まれないとするのが判例である（大判大正14・3・3民集4-90）。したがって、売買の目的物をBがCに転売していた場合であっても、AはBに対して取消しの意思表示をすることを要する。

3. 取消しの効果

1 遡及的無効 A+

取り消された行為は、初めから無効であったものとみなされる（121条）。す

なわち、取消しの効果は、取り消された行為の遡及的無効である。

　この取消しの遡及効を徹底するか否かにより、取消し後の第三者の処理が異なったことを思い出しておこう（➡ 178 ページ **2**）。

2　取消し後の法律関係　Ａ　改正

　取消しの意思表示によって法律行為が遡及的に無効になった場合の法律関係は、基本的に無効の場合（➡ 262 ページ 3.）と同様である。

　すなわち、取り消された法律行為に基づき給付を受けた者には、原状回復義務が発生する（121 条の 2 第 1 項）。現物の返還が不可能な場合は、その価額を返還しなければならないと解されている（価額返還義務）。

　取り消された行為の当事者が負うそれぞれの原状回復義務は、同時履行の関係に立つ（533 条類推適用。最判昭和 47・9・7 民集 26-7-1327）。

　原状回復義務の修正として、取り消された行為が無償行為だった場合について、給付を受けた者が、給付を受けた当時その行為が取り消すことができるものであることを知らなかったときは、現存利益の返還で足りる（121 条の 2 第 2 項）。行為の時に意思無能力者または制限行為能力者だった場合も、同様である（121 条の 2 第 3 項）。現存利益の有無については、264 ページ**ウ**を参照してほしい。

　所有権に基づく返還請求権と、121 条の 2 第 1 項に基づく返還請求権は、いずれを行使してもよいと解される。

4. 取り消すことができる行為の追認

1　効果　Ｂ

　取り消すことができる行為については、追認権者による追認が認められている。

　この追認の法的性質は、取消権の放棄である。

したがって、追認がなされると、以後、追認された行為を取り消すことができなくなり（122条）、行為の有効が確定する。

2 要件) B⁺ 改正

ア 追認権者

追認は、追認権者によってされなければ効果は生じない。

追認権者の範囲は、取消権者と同様である（122条）。その具体的範囲については、267ページ **1** を参照してほしい。

イ 取消しの原因となっていた状況の消滅

次に、追認をするには、原則として取消しの原因となっていた状況が消滅した後であることが必要である（124条1項）。

（ア）制限行為能力が取消しの原因となっている場合

すなわち、制限行為能力が取消しの原因となっている場合は、原則として当該制限行為能力者が行為能力者となったことが必要である。

ただし、その例外として、①制限行為能力者の保護者（法定代理人、保佐人、補助人）が追認をするとき、または②成年被後見人以外の制限行為能力者が保護者（法定代理人、保佐人、補助人）の同意を得て追認をするときは、行為能力者となったことは不要である（124条2項各号）。

（イ）錯誤・詐欺・強迫が取消しの原因となっている場合

また、錯誤・詐欺・強迫が取消しの原因となっている場合は、当該錯誤・詐欺・強迫の状態が消滅したことが必要である。

ウ 取消権を有することを知ったこと

また、追認は、取消権を有すること（いいかえれば、追認しようとする行為が取消可能であること）を知った後でされることが必要である（124条1項）。

これは、追認の法的性質は取消権の放棄である以上（➡前ページ **1**）、追認といえるためには取消権の存在を知ってなされる必要があるからである。

エ 追認の意思表示

追認の意思表示の相手方については、取消しの意思表示の相手方（➡ 269ペ

ージ **2**）と同様である。

　すなわち、取り消すことができる行為の相手方が確定している場合は、追認
の意思表示は、取り消すことができる行為の相手方に対してすることを要する
（123条）。

5. 法定追認

1 意義　B⁺

　以上の追認は、追認権者による意思表示であるから、追認の意思があったこ
とが必要である。

　しかし、追認の意思を有していたか否か等を問わず、法律上当然に追認があ
ったものと擬制されることがある（125条）。これを法定追認という。

2 要件　B

　法定追認の要件は、①125条各号に定められた法定追認事由が生じたこと、
②その法定追認事由が生じたのが追認をすることができる時以後であること
（125条柱書本文）、および③取消権者が異議をとどめていないこと（同ただし書）
である。また、④法定追認事由が生じたのが取消権を有することを知った後で
あることも必要とする見解が有力である。

　これらのうち、①と②について説明する。

ア　法定追認事由

　法定追認事由は、125条1号から6号に定められている。

　①履行（1号）は、取消権者が債務者として履行した場合のほか、相手方が
履行した場合（取消権者が債権者として相手方の履行を受領した場合）もこれにあ
たる（大判昭和8・4・28民集12-1040）。

　②履行の請求（2号）は、取消権者が請求した場合に限る。相手方から請求

を受けた場合はこれにあたらない（大判明治 39・5・17 民録 12-837）。

③更改（3 号）は、取消権者が債権者としてした場合のほか、債務者として
した場合もこれにあたる。

④担保の供与（4 号）は、取消権者が債務者として供与した場合のほか、相
手方が供与した場合（取消権者が債権者として供与を受けた場合）もこれにあたる。

⑤取得した権利の譲渡（5 号）は、取消権者が譲渡した場合に限る。相手方
が譲渡した場合は、取消権者とは無関係な行為であるため、これにあたらない
と解されている。

⑥強制執行（6 号）は、取消権者が債権者として執行した場合に限る。相手
方が執行した場合（取消権者が債務者として執行を受けた場合）はこれにあたらな
い（大判昭和 4・11・22 法律新聞 3060-16）。

以上の各事由を丸暗記する必要はないが、それぞれ追認を擬制するだけの実
質がある行為といえることを確認しておこう。

	取消権者が	相手方が
1 号・履行	○	○
2 号・履行の請求	○	×
3 号・更改	○	○
4 号・担保の供与	○	○
5 号・取得した権利の譲渡	○	×
6 号・強制執行	○	×

イ　時期

以上の法定追認事由は、「追認をすることができる時以後」に生じたことを
要する（125 条柱書本文）。

たとえば、未成年者が未成年者の段階で相手方からの履行を受領した場合、
125 条 1 号の「履行」には該当するものの、かかる行為につき法定代理人の同
意がなかった限り、法定追認は認められない。

他方、未成年者の法定代理人が相手方からの履行を受領したような場合は、
法定追認が認められる（多数説）。

6. 取消権の期間制限

1 趣旨) B

　取り消すことができる行為は、一応は有効であるものの、取消しの意思表示があると遡及的に無効になる（121条）。そのため、取消権がいつまでも存続すると、法律関係がきわめて不安定になる。

　そこで、法は取消権につき期間制限を設けている（126条）。

2 要件) B

　まず、①取消権は、追認をすることができる時から5年間行使しないときは消滅する（126条前段）。期間は5年間と短いが、そのカウントは「追認をすることができる時」からはじめて開始されるわけである。「追認をすることができる時」については、271ページ**イ**、**ウ**を参照してほしい。

　また、②取消権は、行為の時から20年を経過したときにも消滅する（126条後段）。期間は20年と長いが、そのカウントは「行為の時」からである。

3 126条の期間制限の法的性質) B⁻

　126条の期間制限の法的性質については争いがある。

　条文の文言では消滅時効とされているが、一般の権利とは異なり、取消権は行使されると直ちに効果が生じるため、行使によって取消権の消滅時効の完成が猶予されるという事態は観念できない。したがって、除斥期間（➡336ページ**1**）と解するのが妥当であろう（通説）。

Q 126条の期間制限の法的性質　B⁻

A説（通説）
結論：除斥期間である。
理由：行使によって取消権の消滅時効の完成が猶予されるという事態は観念できない。

第 **9** 編

条件・期限等

条件・期限は、初学者にとって手が回りづらい
パートであるが、民法の理解に不可欠となる事柄
を含むパートでもある。
メリハリを意識して学んでいこう。

第 1 章

総説

1. 意義 B⁺

　法律行為には、条件や期限が付される場合がある。これらは、法律行為の附款とよばれる。

　条件とは、法律行為の効力の発生または消滅を、将来発生するか否か不確実な事実の発生にかからしめることをいう。

　たとえば、「大学に合格したらこの自動車をあげる」という内容の贈与契約は、その効力の発生が「大学に合格する」という将来発生するか否か不確実な事実の発生にかかっているため、条件付贈与契約にあたる。

　期限とは、法律行為の効力の発生または消滅を、将来発生することが確実な事実にかからしめることをいう。

　たとえば、「2030 年 4 月 1 日になったらこの自動車をあげる」という内容の贈与契約は、その効力の発生が「2030 年 4 月 1 日の到来」という将来確実に発生する事実にかかっているため、期限付贈与契約にあたる。

　このように、条件と期限の区別は、その事実の発生が不確実か確実かによる。意識して覚えておこう。

2. 出世払い特約——条件か期限か　B

　では、「出世したら金を返す」という出世払い特約は、条件か、それとも期限か。

　仮に条件と解すれば、出世しない限り金銭を返さなくてよいことになる。学説では、出世払い特約を条件と解する見解も多い。

　しかし、判例は、出世払い特約は期限であるとする（大判明治43・10・31民録16-739 等）。この立場からは、出世した時点、または出世しないことが確実となった時点で、金銭を返還すべきことになる。

> 　出世するかしないかは通常不確実ですから、出世払いは条件だ、と思うかもしれません。
> 　しかし、「出世したら」という特約を、「出世したら、または出世しなかったら」という意味に解釈することも十分に可能です。このような意味に解釈すれば、出世するかしないか、そのいずれかの成就は確実ですから、条件ではなく期限だということになるわけです。

3. 条件・期限に親しまない行為　B

　単独行為（➡127ページ2.）に条件や期限を付すると、相手方の地位を不安定にする。したがって、単独行為については、原則として条件や期限を付することができないと解されている。特に相殺の意思表示については、明文で条件や期限の付与が禁止されている（506条1項後段）。

　ただし、単独行為であっても、相手方の地位を害さない場合は、なお条件や期限を付してよいと解されている。たとえば、「10日以内に履行がないときは解除する」旨の解除の意思表示（541条）は、条件付きの単独行為であるが、なお有効である（実務でも多用されている）。

　遺言も、単独行為ではあるが、停止条件（➡次ページ1.）を付することができる（985条2項参照）。

第 **2** 章

条件

---

1. 停止条件と解除条件　B⁺

条件には、停止条件と解除条件とがある。

停止条件とは、それが成就することによって法律行為の効力が発生する条件をいう（127 条 1 項）。

たとえば、「大学に合格したらこの自動車をあげる」という場合の「大学に合格したら」という条件は、贈与契約の停止条件にあたる。

解除条件とは、それが成就することによってすでに発生している法律行為の効力が消滅する条件をいう（127 条 2 項）。

たとえば、「今すぐこの自動車をあげるが、大学に合格したら返せ」という場合の「大学に合格したら」という条件は、贈与契約の解除条件にあたる。

---

2. 条件付権利の保護

1　侵害の禁止　B⁻

条件付法律行為の各当事者は、条件の成否が未定の間であっても、条件が成就した場合にその法律行為から生ずべき相手方の利益を害することができない（128 条）。仮にこの利益を害した場合には、不法行為に基づく損害賠償責任を

負う（通説）。

たとえば、AがBに土地を贈与するにあたり、「Bが合格したら」という停止条件が付されたところ、Bが合格する前にAがCに当該土地を譲渡し、Cへの移転登記がなされたとする。この場合、AはBの条件付権利を侵害したことになるから、Bは、合格した後、Aに対して損害賠償を請求できる。

2 処分等) B−

条件の成否が未定の間であっても、その当事者の権利・義務は、一般の規定（条件付きでない普通の権利・義務に関する規定）に従い、処分し、相続し、もしくは保存し、またはそのために担保を供することができる（129条）。

たとえば、条件付きで取得された不動産所有権につき、条件成就の前でも、条件付所有権者はこれを譲渡したり（「処分」）、仮登記したり（「保存」）することができる。

また、条件付きで取得された債権につき、条件成就の前でも、条件付債権の債権者は、保証人と保証契約を締結したり、抵当権の設定を受けたりする（「そのために担保を供する」）ことができるわけである。

3 故意による条件成就妨害) B

条件の成就によって不利益を受ける当事者が、故意にその条件の成就を妨げたときは、相手方は、その条件を成就したものとみなすことができる（130条1項）。この規定はやや重要である。

> この規定のポイントは、①「故意」による条件成就妨害に限定されていること、および②「みなすことができる」とされているにとどまり、常に条件の成就が擬制されるわけではない（擬制する権利が認められるにとどまる）ことです。特に①については短答式試験用におさえておきましょう。

たとえば、Aが、不動産取引の仲介業者であるBとの間で、Aの所有する不動産の売却の仲介の成功を停止条件としてAがBに報酬を支払うという契約を締結したところ、AがBを排除して自らCとの売買契約を成立させたとする。この場合、仲介業者であるBは、Aに対して、130条1項に基づき契約どおりの報酬を請求することができる（最判昭和39・1・23民集18−1−99）。

4 不正な手段による条件成就　**B**　改正

130条1項とは逆に、条件の成就によって利益を受ける当事者が、不正に条件を成就させたときは、相手方は、その条件が成就しなかったものとみなすことができる（130条2項）。

たとえば、AとBの間で、① Aは商品Xを製造・販売してはならない、② もしAが商品Xを製造・販売した場合はAはBに対して損害賠償を支払う、という内容の和解契約が締結されていたところ、一般客を装ったBがAに商品Xの製造・販売を強く要求し、Aが拒みきれずにやむなく商品Xを製造・販売したとする（最判平成6・5・31民集48-4-1029の事案）。この場合、Aは、130条2項に基づき商品Xの製造・販売という条件が成就していないものとみなすことができる。

> 　130条1項とは異なり、130条2項では、「故意に」ではなく「不正に」条件を成就させたことが要件となっています。これは、130条2項の場合には、故意に条件を成就させるのが正当なケースもあるからです。
> 　たとえば、「合格したら車をあげる」という贈与契約が成立している場合に、頑張って試験に合格することは、故意による条件の成就ではありますが、それはもちろん正当です。したがって、そのような場合に「条件が成就しなかったものとみなすことができる」とするわけにはいきません。そのため、130条2項は、「不正に」条件を成就させたこと、たとえばカンニングによって試験に合格したことを、「条件が成就しなかったものとみなすことができる」ことの要件としているわけです。

3. 特殊な条件

条件の最後に、特殊な条件が付いた法律行為の効果について説明する。これらは短答式試験用に必要な知識である。

1 既成条件　**B**

既成条件とは、法律行為の当時、すでに成就していた、またはすでに不成就

で確定していた条件をいう。

ア　すでに成就していた場合

停止条件が法律行為の当時すでに成就していたときは、その法律行為は無条件である（131条1項）。

解除条件が法律行為の当時すでに成就していたときは、その法律行為は無効である（同条項）。

イ　すでに不成就が確定していた場合

停止条件が法律行為の当時すでに不成就で確定していたときは、その法律行為は無効である（131条2項）。

解除条件が法律行為の当時すでに不成就で確定していたときは、その法律行為は無条件である（同条項）。

2　不法条件　Ｂ

不法条件とは、公序良俗または強行法規に違反する条件をいう。

不法条件を付した法律行為は無効である。不法な行為をしないことを条件とする法律行為も、やはり無効である（132条）。

この不法条件の効果は意識して覚えておこう。

3　不能条件　Ｂ

不能条件とは、成就が不能な条件をいう。

不能な停止条件が付された法律行為は、無効である（133条1項）。

不能な解除条件が付された法律行為は、無条件である（133条2項）。

4　随意条件　Ｂ

法律行為の停止条件が、単に債務者の意思のみにかかるときは、その法律行為は無効である（134条）。たとえば、「私の気が向いたら自動車をあげる」という贈与契約は無効なわけである。

一方、法律行為の解除条件が、単に債務者の意思のみにかかるときは、その法律行為は有効である。たとえば、「今すぐ自動車をあげるが、私が返してほ

しくなったら返してくれ」という贈与契約はなお有効なわけである。

　この随意条件の効果は意識して覚えておこう。

【法律行為の効果】

		停止条件	解除条件
既成条件	成就	無条件	無効
	不成就	無効	無条件
不法条件		無効	無効
不能条件		無効	無条件
随意条件		無効	有効

第 **3** 章

期限

1. 確定期限と不確定期限　　　B⁺

期限には、確定期限と不確定期限がある。

確定期限とは、成就の日時が明確な期限をいう（412 条 1 項参照）。たとえば、「2030 年 4 月 1 日」という期限がこれにあたる。

不確定期限とは、成就の日時が不明な期限をいう（412 条 2 項参照）。たとえば、「A が死亡したら自動車をあげる」という場合、「A の死亡」は確実であるから条件ではなく期限にあたるものの、その成就の日時は不明であるため、不確定期限にあたる。

> 条件と不確定期限は混同されてしまいがちですが、何が不確定なのかで異なります。すなわち、条件は、その**成就自体が**不確定な場合をいうのに対し、不確定期限は、成就自体は確実だけれども、その**時期が**不確定な場合をいうわけです。

2. 期限の利益

1 意義　B

期限の利益とは、期限の到来までに当事者が受ける利益をいう。

たとえば、金銭消費貸借契約において、弁済期が来年の 4 月 1 日となってい

る場合、借主は来年の4月1日になるまでは金銭を返還することを要しない。この借主の利益が、期限の利益の典型である。

2 期限の利益の放棄 B

期限の利益は、これを放棄することができる（136条2項本文）。たとえば、金銭の借主は、期限の到来を待たずに金銭を返還することができるわけである。

ただし、期限の利益の放棄によって、相手方の利益を害することはできない（136条2項ただし書）。

たとえば、金銭消費貸借が利息付きである場合には、貸主も、期限までの利息の支払いを受けられるという期限の利益を有する。したがって、借主は、期限よりも前に弁済する場合であっても、本来の期限までの利息分を支払わなければならない。

3 期限の利益の主張の制限 B+

債務者は、①債務者が破産手続開始の決定を受けたとき、②債務者が担保を滅失させ、損傷させ、または減少させたとき、③債務者が担保を供する義務を負う場合において担保を供しないときには、期限の利益を主張することができないとされている（137条）。

これらの事由のうち、①は破産法103条3項が修正しているため、無意味である。②と③については、試験対策上も重要なので、条文を探せるようにしておこう。

なお、これらの事由にあたる場合であっても、債務者は、自ら期限の利益を主張することができなくなるにとどまり、当然に期限の利益を喪失するわけではない。すなわち、債務者が実際に期限の利益を喪失するか否かは、債権者の意思に委ねられることになるわけである。

ちなみに、実務では、一定の場合には債務者は当然に期限の利益を喪失する旨の特約が行われる場合が多い。

第 4 章

期間の計算

条件・期限に関連する事項として、期間の計算がある。

学習上の盲点となりやすい箇所であるが、他の科目でも用いることになる重要基本事項が含まれている。必要なものにしぼって確認しておこう。

1. 期間の起算点──初日不算入の原則 A

まず、期間のカウントの起算点についてであるが、期間の初日は算入しないのが原則である（140条本文。例外につき同条ただし書）。これを、初日不算入の原則という。しっかりと覚えておこう。

たとえば、4月1日午後2時に「10日後に返す」という約束で金銭の消費貸借契約を締結した場合、4月1日は算入せず、4月2日から期間のカウントを開始することになる。

2. 期間の満了点

では、期間の満了点はいつか。

1 日によって期間を定めた場合 B

まず、日によって期間を定めたときは、期間は、原則としてその末日の終了

をもって満了する（141条。例外につき142条）。

　たとえば、4月1日午後2時に「10日後に返す」という約束で金銭の消費貸借契約を締結した場合は、4月2日からカウントして（➡上記1.）10日目の4月11日が終了した時点で期間が満了する。よって、4月12日以降の弁済は履行遅滞となる（412条1項）。

2　週・月・年によって期間を定めた場合　B

　次に、週・月・年によって期間を定めた場合は、その期間は暦に従って計算する（143条1項）。

　そして、週・月・年の初めから期間を起算しないときは、その期間は、最後の週・月・年においてその起算日に応当する日の前日に満了する（143条2項本文）。

　たとえば、6月10日午後3時に「3か月後に返す」という約束で金銭の消費貸借契約が締結された場合、起算日は6月11日であるから（140条本文）、9月10日（最後の月の起算日に応当する日である9月11日の前日）に期間が満了する。

　ただし、月または年によって期間を定めた場合において、最後の月に応当する日がないときは、その月の末日に満了する（143条2項ただし書）。

　たとえば、1月30日午後3時に「1か月後に返す」という約束で金銭の消費貸借契約が締結された場合、起算日は1月31日（140条本文）、満了日は翌2月30日となるはずであるが（143条2項本文）、2月30日は存在しないため、その月の末日である2月28日（閏年の場合は2月29日）に期間が満了するわけである。

第 **10** 編

時効

第 1 章　総説
第 2 章　取得時効
第 3 章　消滅時効

　民法総則の最後に、時効を学ぶ。
　時効は、全体的にきわめて重要であるが、体系的な位置づけを混乱している学習者が多い。また、平成 29（2017）年の改正で大きく変わった箇所でもある。
　章立てや項目立てを特に意識しながら、1 つずつしっかりと学んでいこう。

総説

1. 時効の意義　A

　民法上の時効とは、一定の事実状態が永続した場合に、その事実状態が真実の権利関係に合致するものか否かを問わず、その事実状態をそのまま尊重し、これをもって権利関係と認める制度をいう。

　かかる時効は、権利の取得原因となる①取得時効と、権利の消滅原因となる②消滅時効とに分かれる。

　本章では、取得時効と消滅時効に共通する事項を総説として検討する。そして、第2章以下で、取得時効と消滅時効に固有の事項について説明する。自分が今どのパートを学んでいるのかを常に意識するのが重要である。

2. 時効の趣旨　A

　取得時効であれ、消滅時効であれ、およそ時効の制度趣旨はどこにあるのか。

　この点については争いがあるが、通説は、①永続した事実状態を尊重すべきであること、②長い年月が経過したことによる真実の権利関係の証明の困難性からの救済が必要であること、③権利の上に眠る者は保護に値しないこと、という3つが時効の制度趣旨であるとする。この3つはしっかりと覚えておこう。

たとえば、Aの所有地をBが20年間にわたって占有していたとします。この場合、Bはその土地の所有権を時効によって取得し得ます（162条1項）。それはなぜでしょうか。

　まず、Bがその土地を20年間にもわたって実際に使用し、占有していたという事実は、法的にも尊重に値すると考えていきます。これが、①永続した事実状態の尊重という価値判断です。時効の趣旨の中では、これが一番重要です。

　また、本当にその土地がAの所有地だったのか、それとも実はBがAから買っていたのかなど、その土地に関する権利関係を立証するための証拠は、長い年月の経過によってすでに散逸していることが多いはずです。たとえば、証人がすでに死亡していたり、証人の記憶があいまいになっていたりすることが多いでしょうし、契約書などがすでに散逸していることも多いでしょう。そこで、そうした証明の困難性からの救済として、事実状態を尊重する時効制度が必要であると考えていくわけです。これが、②証明の困難性からの救済という点です。

　さらに、仮にAが真の所有者であったとしても、Aは所有権の上にあぐらをかいて、Bに対する返還請求等を長期にわたって怠けていたわけです。そのような怠け者は、いくら権利者であっても保護に値しないと考えていきます。これが、③権利の上に眠る者は保護に値しない、という価値判断です。

3. 時効による権利の得喪の要件

【時効による権利の得喪の要件】

①時効の完成
　　取得時効：20年間の占有等
　　消滅時効：10年間の権利不行使等
②援用（論点）

1　時効の完成　Ａ

　取得時効であれ、消滅時効であれ、およそ時効が成立するためには、一定の期間の満了などが必要である。

　詳しくは次章以下の時効各論において学ぶが、たとえば、所有権の取得時効には、原則として20年間の占有などが必要であり（162条1項）、債権の消滅時効には、権利を行使することができることを知った時から5年間または権利を行使することができる時から10年間、権利を行使しなかったことが必要である

（166条1項）。

　以下では、こうした取得時効・消滅時効に固有の（すなわち、民法典の「第2節 取得時効」や「第3節 消滅時効」において定められた）要件を充足した状態を指して、「時効の完成」または「時効期間の経過」とよぶ。混乱を回避するために不可欠であるから、この用語はぜひ覚えておこう。

2　援用の要否──援用の法的性質・時効学説　A⁺　➡論証31

　では、時効の完成だけで、権利を取得したり、権利が消滅したりといった効果、すなわち権利の得喪が生じるのだろうか。

　たしかに、たとえば「第2節 取得時効」の条文である162条は、時効の完成により所有権を「取得する」と定めている。また、「第3節 消滅時効」の条文である166条1項2項は、時効の完成により債権などが「消滅する」と定めている。

　これらの時効各論の条文だけをみれば、時効の完成のみによって、権利の得喪が生じるようにも思える。

　しかし、「第1節 総則」（時効総則）の条文である145条は、「時効は、当事者……が援用しなければ、裁判所がこれによって裁判をすることができない」と定めている。この145条によれば、当事者による援用という行為があって、はじめて権利の得喪が生じるようにもみえる。

　そこで、権利の得喪という時効の効果が認められるためには、時効の完成だけで足りるのか、それとも当事者による援用が必要か等が問題となってくる。この問題は、時効の援用の法的性質ないし時効学説とよばれる超重要基本論点である。

【時効学説】

ア　確定効果説（攻撃防御方法説）

第1の見解は、162条や163条、166条1項2項の文言を重視し、時効の完成だけで権利の得喪は確定的に生じるとする。そして、145条の定める時効の援用は、訴訟法上の攻撃防御方法にすぎないと解していく。

この見解は、確定効果説ないし攻撃防御方法説とよばれる。

> この確定効果説を理解するには、民事訴訟法の理解が必要です。簡単に説明しておきましょう。
> 民事訴訟法では、ある事実が本当に存在するとしても、訴訟の当事者たる原告または被告がその事実を法廷で主張しない限り、その事実は存在しないものとして扱われます。これを主張原則（弁論主義の第1テーゼ）といいます。
> たとえば、AがすでにBから貸金の弁済を受けていたにもかかわらず、なおBを被告としてその貸金についての返還請求訴訟を提起したとします。民法的にみれば、Aの貸金返還請求権はBの弁済によって消滅していますから、訴訟はAの負けのはずです。しかし、弁済の事実をBが法廷で主張し忘れ、Aも弁済の事実を法廷で主張しなかった場合には、弁済の事実ないしその効果は裁判上無視されることになります。結果として、訴訟はAの勝ちになってしまう可能性があります。
> そして、確定効果説は、時効の援用というのは、かかる弁論主義の第1テーゼから要求されるところの、時効の完成という事実の主張なのだと考えていきます。つまり、時効の完成という事実ないしそれによる権利の得喪という効果を裁判所に採用してもらうためには、弁論主義の第1テーゼからして、訴訟の当事者が時効の完成という事実を主張しなければならないところ、援用はそうした事実の主張（すなわち攻撃防御方法の提出）にすぎない、と解していくわけです。

この確定効果説によれば、実体法（民法）的には消滅時効の完成によって権利を確定的に失った者であるにもかかわらず、援用がない限り裁判上は権利者として扱われることになる。また、取得時効によって権利を確定的に取得した者であるにもかかわらず、援用がない限り裁判上は無権利者として扱われることになる。つまり、実体法と訴訟法とで権利関係のズレが生じるわけである。

しかし、このように実体法と訴訟法とで権利関係のズレが生じるのは妥当とはいいがたい。

イ　不確定効果説

そこで、通説は、時効の完成のみによっては権利の得喪の効果は確定的には生じないとする。この見解は、不確定効果説とよばれる。

そして、この不確定効果説を前提としつつも、援用の位置づけをめぐって、さらに2つの見解が対立している。

（ア）解除条件説

　まず、①時効の完成のみによって一応権利の得喪が生じるとしつつも、その時効の完成による権利の得喪は確定的ではなく、②時効の利益の放棄（➡ 304 ページ 6.）があると一応生じた権利の得喪の効果が消滅し、時効の援用があると一応生じた権利の得喪の効果が確定するとする見解がある。

　この見解は、時効の利益の放棄（いいかえれば時効を援用しないこと）を、時効の完成により一応生じた権利の得喪の解除条件（➡ 279 ページ 1.）として位置づける見解であることから、解除条件説とよばれる。

　しかし、たとえば消滅時効が完成した債務につき債務者 A が弁済した場合について考えると、この解除条件説からは奇妙な事態が生じる。すなわち、消滅時効の完成により A の債務は一応は消滅したところ、A の弁済は時効の利益の放棄にあたるため、それによって A の債務は復活することになる。しかし、A は弁済したのであるから、その復活した債務は、復活と同時に消滅することになる。これはいかにも奇妙であろう。

（イ）停止条件説（通説）

　そもそも、法が 145 条で援用を要求した趣旨は、時効の利益の享受を潔しとしない当事者の意思の尊重にある。

　そうだとすれば、時効の完成だけでは権利の得喪は生ぜず、当事者による時効の援用がなされた場合にはじめて権利の得喪が生じ、また、時効の利益の放棄がなされた場合にはじめて権利の得喪が生じないことが確定すると解するのが妥当であろう。

　この見解は、時効の援用を権利の得喪の停止条件（➡ 279 ページ 1.）と位置づける見解であることから、停止条件説とよばれる。

　この見解が通説であり、判例もこの見解に立つものがある（**最判昭和 61・3・17 百選 I 37**）。

ウ　訴訟法説（法定証拠説）

　以上の各学説は、援用の要否・位置づけは別として、時効を実体法上の権利の得喪の原因として理解する点は共通している。そのため、これらの各学説は実体法説とよばれる。

　これに対し、少数説として、そもそも時効は実体法上の権利の得喪の原因で

はなく、訴訟法上の制度であると捉える見解がある。時効は訴訟法上の証拠方法であるとし、時効の援用は法定証拠の提出であると理解するのである。

この見解は、訴訟法説ないし法定証拠説とよばれる。

> この訴訟法説によれば、時効制度は、たとえば売買により所有権を取得したけれども売買の証明ができない場合にその買主を救済する制度、また、たとえば債務を弁済した債務者がその弁済の事実を証明できない場合にその債務者を救済する制度です。
> いいかえれば、所有権の取得は取得時効によってではなく売買契約等により、債務の消滅は消滅時効によってではなく弁済等により、それぞれ時効とは無関係に生じていることを前提として、その権利の得喪の原因の証明が困難である場合の救済手段として、訴訟法上認められた制度が時効なのだ、と考えていくわけです。

しかし、この訴訟法説は、時効によって権利の得喪が生じるとする 162 条、166 条 1 項 2 項の文言と整合しない点で、妥当とはいいがたい。停止条件説が妥当であろう。

Q 時効の性質と時効の援用の法的性質　A⁺

A説 実体法説

結論：時効により権利の得喪が生じる。

A1説 確定効果説（攻撃防御方法説）

結論：時効の完成だけで権利の得喪は確定的に生じる。時効の援用は、訴訟法上の攻撃防御方法にすぎない。

理由：162 条や 166 条 1 項 2 項の文言。

批判：実体法と訴訟法とで権利関係のズレが生じるのは妥当とはいいがたい。

A2説 不確定効果説

結論：時効の完成のみによっては権利の得喪の効果は確定的には生じない。

①説・解除条件説

結論：時効の完成のみによって一応権利の得喪が生じるが、時効の利益の放棄があると一応生じた権利の得喪の効果が消滅し、時効の援用があると一応生じた権利の得喪の効果が確定する。

批判：消滅時効が完成した債務につき債務者 A が弁済した場合について考えると、この解除条件説からは奇妙な事態が生じる。

②説・停止条件説（通説）

結論：時効の完成だけでは権利の得喪は生ぜず、当事者による時効の援用がなされた場合にはじめて権利の得喪が生じ、また、時効の利益の放棄がなされた場合にはじめて権利の得喪が生じないことが確定する。

理由：法が 145 条で援用を要求した趣旨は、時効の利益の享受を潔しとしない当事者の意思の尊重にあるから、援用を時効の効果の停止条件と解するべきである。

B説 **訴訟法説**(法定証拠説)
　結論：時効は実体法上の権利の得喪の原因ではなく、訴訟法上の証拠方法であり、援
　　　　用は法定証拠の提出である。
　批判：時効によって権利の得喪が生じるとする162条、166条1項2項の文言と整合し
　　　　ない。

4. 時効の援用

　ここからは、通説である不確定効果説・停止条件説を前提として、時効の援
用について詳しく検討する。

1　意義　B

　時効の援用とは、時効の利益を主張する意思表示（単独行為）である。この
援用によってはじめて権利の得喪が生じることになるのは前述したとおりであ
る（➡295ページ（**イ**））。

　145条が時効の援用を必要とした趣旨は、時効の利益の享受を潔しとしない
当事者の意思の尊重にある。この趣旨は覚えておこう。

2　援用権者　A

ア　「当事者」の意義　➡論証32

　時効の援用権者は「当事者」（145条）であるが、この「当事者」とはいかな
る者を指すのだろうか。

　判例は、時効の援用権者である「当事者」とは、時効により直接利益を受け
る者をいうと解している（大判明治43・1・25民録16-22、大判大正4・12・11民録
21-2051、最判昭和42・10・27民集21-8-2110など）。

　これに対し、学説では、時効により間接的に利益を受ける者も含まれるとす
る見解も有力である。しかし、当事者の意思の尊重という援用の趣旨に照らせ
ば、「当事者」の範囲を限定する判例の立場が妥当であろう。

　もっとも、いかなる者が時効により直接利益を受ける者といえるのかについ

ては、個別的な検討が必要である。判例も、以前は「当事者」にあたらないとしていた者を、その後の判例変更によって「当事者」にあたるとしたケースが多い。

そこで、以下では、個別的に「当事者」の範囲について検討しよう。

🅠 援用権者たる「当事者」の意義　Ａ

A説　**狭義説**（判例）

結論：時効により直接利益を受ける者に限る。

理由：時効の利益の享受を潔しとしない当事者の意思の尊重という援用の趣旨を重視するべきである。

備考：ただし、判例は具体的な援用権者の範囲について順次拡大する傾向にある。

B説　**広義説**（多数説）

結論：時効によって直接権利を取得しまたは義務を免れる者のほか、この権利または義務に基づいて権利を取得しまたは義務を免れる者、すなわち間接的に利益を受ける者をも含む。

イ　取得時効の援用権者たる「当事者」

まず、甲が所有する土地を 20 年間占有していた乙は、その土地の所有権の取得時効につき、援用権者たる「当事者」にあたる。これは当然である。

なお、かかる乙が時効の援用前に死亡し、丙と丁が乙を共同相続した場合は、丙と丁は、それぞれ自己の相続分の限度でのみ取得時効の援用権を有する（最判平成 13・7・10 集民 202-645）。無権代理における追認権（➡ 231 ページ**イ**）とは異なり、援用権は分割されたものが相続されるというイメージである。短答式試験用に覚えておこう。

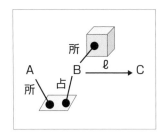

次に、Ａが所有する土地を 20 年間占有していたＢから、その土地上のＢ所有の建物を賃借しているＣは、Ｂの土地所有権の取得時効につき援用権を有するのだろうか。

そもそも、土地と建物は、法律上は別個独立の不動産である（➡ 119 ページ（**ウ**））。とすると、建物の賃借人であるＣは、Ｂにおける土地の時効取得そのものについては、直接利益を受ける者とはいえない。したがって、Ｃは「当事者」にあたらず、土地の取得時効の援用権を有しない（最判昭和 44・

7・15 民集 23-8 -1520)。

ウ　消滅時効の援用権者たる「当事者」

消滅時効の援用権者たる「当事者」の範囲は、きわめて重要である。

（ア）肯定例

①　債務者

債務者は、当該債務の消滅時効の援用権者たる「当事者」にあたる。これは当然である。

②　保証人、物上保証人、第三取得者

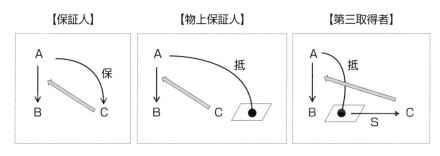

【保証人】　　　　【物上保証人】　　　　【第三取得者】

また、保証人も、明文によって、債務の消滅時効の援用権者たる「当事者」にあたるとされている（145 条かっこ書）。

なお、保証人は、保証債務については自らが債務者である以上、保証債務の消滅時効の援用権者たる「当事者」にあたるのは当然である（➡上記①）。したがって、保証人を消滅時効の「当事者」とする 145 条かっこ書の趣旨は、保証人に主債務の消滅時効についての援用権を認めることにある。しっかりと理解して覚えておこう。

　保証人が主債務の消滅時効を援用すれば、保証債務の付従性（➡ 36 ページイ）によって保証債務も消滅することになるのですが、145 条かっこ書は、こうした保証人の利益も、直接的な利益であると評価しているわけです。
　ちなみに、主債務の消滅時効についての保証人の援用権は、保証債務の消滅時効の完成よりも、主債務の消滅時効の完成の方が早かった場合に実益があります。たとえば、保証債務についてだけ時効の更新（➡ 307 ページ7.）が生じた場合は、主債務の消滅時効の方が先に完成することになりますが、主債務の消滅時効が完成した時点で主債務の消滅時効を保証人が援用すれば、保証人は保証債務を免れることができるわけです。

物上保証人や抵当不動産等の第三取得者（➡28ページb）も、明文によって、債務の消滅時効の援用権者たる「当事者」にあたるとされている（145条かっこ書）。すなわち、これらの者は、抵当権等の被担保債権の消滅時効を援用することができるわけである。この点もしっかりと覚えておこう。

> 　被担保債権が時効によって消滅すると、消滅における付従性（➡31ページ（ウ））により、担保物権も消滅します。こうした物上保証人や第三取得者の利益も、被担保債権の消滅時効による直接的な利益であると評価されているわけです。

③　詐害行為の受益者

【詐害行為の受益者】

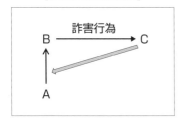

　さらに、明文にはないものの、詐害行為の受益者（➡35ページ**イ**）も、被保全債権の消滅時効の援用権者たる「当事者」にあたる（最判平成10・6・22民集52-4-1195）。

（イ）否定例

　以上のように、消滅時効の援用権者たる「当事者」の範囲は比較的広いが、それでもなお「当事者」にあたらないとされる者もいる。

【一般債権者】

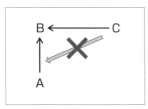

　まず、①債務者Bに対する単なる一般債権者Cは、債務者Bの債権者Aに対する債務の消滅時効について、援用権者たる「当事者」にあたらない（援用権者ではない）と解されている。なぜなら、債務者BのAに対する債務が消滅しても、一般債権者Cが当然に利益を受けるわけではないからである。

　また、②後順位抵当権者は、先順位抵当権の被担保債権の消滅時効について、援用権者たる「当事者」にあたらない（援用権者ではない）と解されている（**最判平成11・10・21百選Ⅰ38**）。これはきわめて重要であるから、しっかりと覚えておこう。

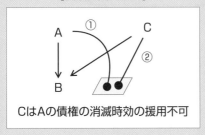

【後順位抵当権者】

CはAの債権の消滅時効の援用不可

後順位抵当権者は、先順位抵当権の被担保債権が時効によって消滅し、その結果、付従性によって先順位抵当権が消滅すれば、自らの抵当権の順位が上昇するという利益を受けます。しかし、この利益は、直接的な利益ではなく、間接的な利益にとどまると評価されているわけです。

なお、この結論を導くより実質的理由もあるのですが、その点については援用の相対効を学んだ後に改めて説明します（➡ 次ページ下のコラム）。

3 援用権の代位行使 A

　時効の援用権については、債権者代位権（423 条）に基づく債権者による代位行使が認められる（最判昭和 43・9・26 民集 22-9-2002）。

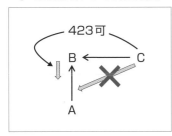

【一般債権者による代位行使】

423可

　たとえば、債務者 B に対する単なる一般債権者 C は、債権者 A に対する債務者 B の債務の消滅時効について、自らは援用権を有さない（➡前ページ①）。しかし、この一般債権者 C は、債務者 B が無資力である場合には、債務者 B が有する消滅時効の援用権を 423 条に基づき代位行使することができるわけである。

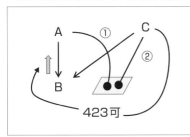

【後順位抵当権者による代位行使】

423可

　また、後順位抵当権者は、先順位抵当権の被担保債権の消滅時効について、援用権を有さない（➡前ページ②）。しかし、この後順位抵当権者は、債務者が無資力である場合には、債務者が有する消滅時効の援用権を 423 条に基づき代位行使することができるのである。

　以上の 2 つの代位行使は、しっかりと覚えておこう。

4 援用の効果が生じる主観的範囲——相対効の原則 A+

時効の援用の効果は、相対効である。

すなわち、複数の援用権者がいる場合、原則として援用した者にのみ援用ないし時効の効果（権利の得喪）が生じ、他の者にはその効果は及ばない。これは超重要基本知識である。

たとえば、BがAに対して負っている主債務の消滅時効が完成している場合、主債務者Bと保証人Cは主債務の援用権を有する（➡299ページ①、②）。

そして、保証人Cが主債務の消滅時効を援用した場合には、主債務の消滅という効果は、債権者Aと保証人Cとの間でだけ生じることになる。したがっ

【援用の効果は相対効】

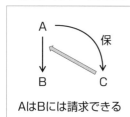

AはBには請求できる

て、主債務者Bが自ら消滅時効を援用しない限り、主債務者Bとの関係ではなお主債務は残存しており、債権者Aは主債務者Bに対しては履行を請求することができるわけである。

このように時効の援用の効果を相対効と解するのは、時効の利益の享受を潔しとしない当事者の意思を尊重するためである。最初はピンと来づらい箇所であるが、具体例を含めてしっかりと記憶しておこう。

> ただし、上記の例とは逆に、主債務者が時効を援用すると、保証債務の付従性（➡36ページイ）によって、保証人との関係でも保証債務は消滅します。この点も早めに覚えておきましょう。

> もう1点補足します。時効の援用の相対効を理解すると、後順位抵当権者に先順位抵当権の被担保債権の消滅時効の援用権を否定する判例（➡299ページ②）の実質的な理由が理解できるようになります。少し長くなりますが、旧司法試験の論文試験でも出題された面白いトピックですので、説明しておきましょう。
> たとえば、債務者Aの土地に対し、B・C・Dがそれぞれ1番抵当権、2番抵当権、3番抵当権を有しているとします。また、Bの1番抵当権の被担保債権の消滅時効が完成しているとしましょう。
> そして、仮に後順位抵当権者にも先順位抵当権の被担保債権の消滅時効の援用権が認められると解し、3番抵当権者であるDが、Bの有する1番抵当権の被担保債権の消滅時効を援用したとします。
> この場合、時効を援用したDと、時効を援用された1番抵当権者Bとの関係で、Bの被

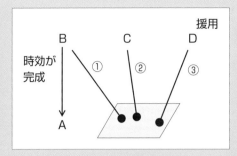

担保債権は消滅し、それによってBの1番抵当権もDとBとの関係では消滅します。しかし、援用の効果はあくまでも相対効ですから、消滅時効を援用していないCとの関係では、なおBの被担保債権は残存しており、Bの1番抵当権も残存していることになります。

すると、Bは消滅時効を援用したDに劣後することになるものの、そのDがCに劣後し、またCがBに劣後するという関係は変わらず、その結果、優劣関係に循環が生じてしまうことになります。いわゆる「三つ巴」の関係ができてしまうわけです。

こうした不都合性を回避するために、援用権者である「当事者」の具体的範囲を拡大する傾向の中にあって、判例は、なお頑なに後順位抵当権者の援用権を否定しているわけです。

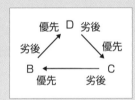

ちなみに、債務者が無資力の場合には、後順位抵当権者は債務者が有する消滅時効の援用権を代位行使することができます（➡301ページ**3**）。たとえばDも、Aの有する消滅時効の援用権を代位行使できるわけです。この場合、債務者Aとの関係でBの被担保債権ないし1番抵当権が消滅しますから、残る抵当権はCの抵当権とDの抵当権だけとなり、循環ないし「三つ巴」の関係は生じません。そのため、判例は、後順位抵当権者の援用権自体は否定しつつも、援用権の代位行使は認めているわけです。

5. 時効の効果

1　時効の遡及効　A⁺

時効の完成および援用の効果は、権利の得喪である（162条、166条1項2項など）。すなわち、取得時効においては所有権などの権利が取得されることになり、消滅時効においては債権などの権利が消滅することになる。

そして、こうした権利の得喪は、時効の起算日にさかのぼって生じる（144条）。時効には、起算日への遡及効が認められているわけである。これは超重要

基礎知識であるから、しっかりと覚えておこう。

2　起算日の意義　) **B**　改正

　ここで「起算日」とは、①取得時効については占有を開始した時（162条）または財産権の行使を開始した時（163条）のことであり、②消滅時効については権利を行使することができることを知った時（166条1項1号）または権利を行使することができる時（166条1項2号、2項）のことである。

> 　したがって、たとえばＡの土地を20年間不法に占有した後、時効を援用してその所有権を取得したＢは、占有を開始した時にさかのぼってその土地の所有権を有していたことになります。その結果、Ｂの占有はさかのぼって不法占有ではなかったことになりますから、元の所有者であるＡは、Ｂに対して不法行為に基づく損害賠償請求（709条）等をすることはできなくなります。
> 　また、たとえばＹがＸに対する債務について履行期から10年間履行せず、その消滅時効を援用した場合、履行期にさかのぼってＹの債務は消滅します。その結果、Ｙの債務不履行（履行遅滞）もなかったことになります。したがって、元債権者であるＸは、Ｙに対して損害賠償請求（415条1項）や契約の解除（541条）をすることはできなくなります。

6. 時効の利益の放棄

1　意義　) **B**

　本書の採用する停止条件説（➡295ページ（イ））からは、時効の利益の放棄とは、権利の得喪が生じないことを確定させる意思表示（単独行為）をいう。時効の援用とは逆方向の行為というイメージである。

　たとえば、消滅時効の完成後に、消滅時効の完成を知りつつ、債務者が債務の存在を債権者に対して承認する行為が、時効の利益の放棄の典型例である。

2　時効完成前の放棄と時効完成後の放棄　) **A**

　時効の利益は、あらかじめ放棄することはできない（146条）。ここで「あらかじめ」とは、時効の完成前という意味である。

時効の完成前の放棄を認めると、債務者の窮状に乗じた債権者が、債務者に対し時効の利益の放棄を押し付けることになりかねない。そのため、時効の完成前の放棄が禁じられているわけである。

　他方、時効の完成後は、時効の利益の放棄は許される（146条反対解釈）。しっかりと覚えておこう。

3　要件) **B**

　時効の利益の放棄は、意思表示を要素とする法律行為（単独行為）である。したがって、時効の完成を認識してなすことが必要である（通説）。

　また、時効の利益の放棄は、権利の得喪という時効の効果を否定するという点で、権利の処分行為たる性質を有する。したがって、時効の利益の放棄をなすには行為能力が必要である（大判大正8・5・12民録25-851）。

　なお、被保佐人に関しては、取得時効の利益の放棄は13条1項3号の「重要な財産に関する権利の得喪を目的とする行為」にあたることが多い。また、債務の消滅時効の利益の放棄は13条1項2号の「借財」にあたる。13条1項3号や2号の行為につき補助人の同意を要する旨の審判を受けた被補助人についても同様である。

4　効果) **A**

　時効の利益の放棄がなされると、当該時効によって権利の得喪が生じないことが確定し、以後、当該時効の援用はできなくなる。

　ただし、時効の利益の放棄の効果は、援用と同様に相対効である（最判昭和42・10・27民集21-8-2161）。これはしっかりと覚えておこう。

　したがって、たとえば保証人が主債務に関し時効の利益を放棄した場合でも、主債務者はなお主債務につき消滅時効を援用できる。また、主債務者が主債務の時効の利益を放棄した場合でも、保証人はなお主債務の消滅時効を援用できる（大判大正5・12・25民録22-2494）。

> 　主債務者が時効を援用した場合は、保証人にもその効力を生じました（➡302ページ上のコラム）。これに対し、時効の利益の放棄については、相対効が貫かれています。学習が進んだら、この違いもしっかりと覚えておきましょう。

時効の利益の放棄後に、新たな時効が進行を始めるか否かについては争いがあるが、時効制度の趣旨に照らし、これを肯定してよい（通説）。

5　時効完成を知らないでした債務の承認　🅰　➡論証33

ア　時効の援用の可否

債務者が、時効の完成後、時効の完成を知らないで、その債務を承認したとする。たとえば、時効の完成を知らないで、債権者に対して債務の支払いの猶予を願い出た場合がその典型である。

かかる債務者の行為は、時効の利益の放棄にはあたらない。債務者は、時効の完成を認識していなかったからである（➡前ページ**3**）。

では、その後に時効の完成を知った場合、債務者は時効を援用することができるか。

この点につき、判例は、時効完成を知らないでした債務の承認は時効の利益の放棄にはあたらないとしつつ、いったん支払いの意思を示した後の時効の援用は信義則（1条2項）上許されないとする（**最大判昭和41・4・20百選Ⅰ39**）。

かかる債務者による時効の援用は、まさに矛盾挙動にあたり、相手方の信頼を害する行為といえる。判例は妥当であろう。

Q 債務者が、時効の完成後、時効の完成を知らないで、その債務を承認した場合の効果　🅰

A説 援用権喪失説（判例）

結論：時効の利益の放棄にはあたらないが、その後の時効の援用は信義則（1条2項）上許されない。

理由：その後の援用を認めては、相手方の信頼を害する。

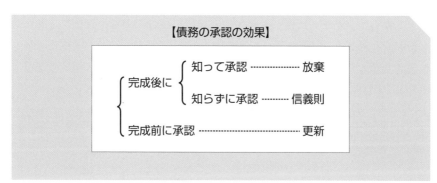

【債務の承認の効果】

完成後に ┌ 知って承認 ---------------- 放棄
　　　　 └ 知らずに承認 --------- 信義則
完成前に承認 ------------------------------ 更新

以上の時効の利益の放棄や、信義則上援用が許されなくなる場合というのは、すべて時効が完成した後の話です。仮に、時効の完成前に債務者が債務を承認した場合は、それは次に学ぶ時効の更新事由としての承認（152条）にあたることになります。
　　これらは混同してしまいがちですから、十分注意しましょう。

イ　援用権喪失後の新たな時効の進行

　では、時効完成後に、それを知らずに債務者が債務を承認したため、信義則上時効を援用することはできなくなった後、再び新たな時効が進行を開始するのか。

　この点については争いがあるが、判例はこれを肯定し、新たな時効が完成した後は、債務者は時効を援用できるとする（最判昭和45・5・21民集24-5-393）。時効制度の趣旨に照らし、判例は妥当であろう。

7. 時効の完成猶予事由と更新事由　改正

　時効は、必ずしも完成するとは限らない。時効の完成前に一定の事由が生じた場合には、①時効の完成が一時猶予されたり、②それまでの時効期間のカウントがリセットされて新しい時効期間が進行を始めたりすることがある。

　これらのうち、①を時効の完成猶予といい、②を時効の更新という。また、これらを総称して、時効障害という。

　民法は、原則として、権利者が権利行使の意思を明らかにしたと評価できる事実が生じた場合を時効の完成猶予事由とし、権利の存在について確証が得られたと評価できる事実が生じた場合を時効の更新事由としている。

　以下、条文の並び順に従って、完成猶予事由ないし更新事由を説明する。次ページのまとめの表を見ながら、1つひとつポイントを押さえていこう。

	完成猶予	更新
裁判上の請求等（147）	終了まで（訴え却下等の場合は終了から6か月が経過するまで）	権利の確定により
強制執行等（148）	終了まで（取下げ等の場合は終了から6か月が経過するまで）	終了により（取下げ等の場合を除く）
仮差押え・仮処分（149）	終了から6か月が経過するまで	―
催告（150）	催告から6か月が経過するまで	―
協議の合意（151）	①合意時から1年が経過するまで ②1年より短い協議期間を定めたときはその期間が経過するまで ③協議続行拒絶通知の時から6か月が経過するまで、のいずれか早い時まで	―
承認（152）	―	承認により
その他	158条から161条	―

1 裁判上の請求等による時効の完成猶予・更新（147条） 🅰

ア 完成猶予

　裁判上の請求、支払督促の申立て、裁判上の和解・民事調停・家事調停の申立て、倒産手続参加がなされると、その事由が終了するまで、時効の完成が猶予される（147条1項柱書、各号。1項かっこ書の例外については➡下記イ）。

　これらの完成猶予事由の中で、最も重要なのが、裁判上の請求（147条1項1号）である。

　裁判上の請求の典型は、訴えの提起である。たとえば、AがBを被告として、消滅時効の完成前に貸金返還請求訴訟を提起すると、その訴訟が終了するまで、AからBへの貸金債権の消滅時効の完成が猶予されることになる。

　なお、訴えの提起は、裁判所に訴状を提出して行うのが原則である（民訴133条1項。その例外として民訴271条）。そして、提出された訴状は、裁判所によって被告に送達される（民訴138条1項）。これらのうち、訴えの提起により完成猶予が生じる時点は、訴状を裁判所に提出した時点であり、訴状が被告に送達された時点ではない（民訴147条）。このことも、早めに覚えておこう。

イ　更新

　147条1項の完成猶予が生じた後、確定判決または確定判決と同一の効力を有するものによって権利が確定した場合は、時効の更新の効果が生じる。それまでの時効期間のカウントがリセットされ、1項各号の事由が終了した時から新たに時効の進行が始まるわけである（147条2項）。

　これに対し、確定判決または確定判決と同一の効力を有するものによって権利が確定することなく、147条1項各号の完成猶予事由が終了した場合（たとえば、訴えが却下されたり、訴えの取下げがなされた場合等）には、その終了の時から6か月を経過するまでの間、時効の完成が猶予されるにとどまる（147条1項柱書かっこ書）。

> 　たとえば、AがBを被告として、消滅時効の完成の1か月前に貸金返還請求訴訟を提起したところ、Aの請求を認容する判決が出され、その認容判決が確定した場合は、貸金債権についての消滅時効のカウントはリセットされ、ゼロから新たなカウントが始まります（147条2項）。ちなみに、新たにカウントを始めた消滅時効の時効期間は、新たなカウントの開始から10年間です（169条1項）。
> 　他方、たとえば、Aの訴えが裁判所によって却下されたり、Aが訴えを取り下げたりしたような場合は、訴えの却下や取下げの時から6か月が経過するまで時効の完成が猶予されるにとどまります（147条1項柱書かっこ書）。他に完成猶予事由や更新事由が認められない限り、訴えの却下や取下げの時から6か月経過した時点で、Aの債権の消滅時効が完成するわけです（147条1項柱書かっこ書）。

ウ　一部請求

　一部請求とは、数量的に可分な債権につき、原告が請求をその一部に限定して訴えを提起することをいう。たとえば、総額1000万円の債権につき、とりあえずそのうちの300万円に限定して訴えを提起する場合がその典型である。

　この一部請求によって完成猶予・更新の効果が生じる範囲については、争いがある。

　この点、①一部請求であることを明示しないで訴えを提起した場合には債権額全部について完成猶予・更新の効果が生じるが、②一部請求であることを明示して訴えを提起した場合は、その明示した一部についてのみ完成猶予・更新の効果が生じるとするのが妥当であろう（最判昭和45・7・24民集24-7-1177参照）。

　その理由は民事訴訟法で学ぶが、結論は早めに覚えておこう。

エ　債権者代位訴訟

　債権者代位訴訟（423条の債権者代位権の行使による訴えの提起）があった場合、かかる訴えの提起により、債権者によって代位行使された債権の完成猶予・更新の効果が生じると解してよい（大判昭和15・3・15民集19-586参照）。

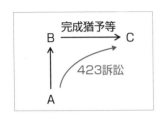

　たとえば、Aが無資力の債務者Bに代わってBがCに対して有する債権を代位行使する訴訟を提起した場合、BのCに対する債権の完成猶予・更新の効果が生じるわけである。

　また、かかる債権者代位訴訟により、債権者が債務者に対して有する被保全債権（AのBに対する債権）についても完成猶予・更新の効果が生じるかについては争いがあるが、これも肯定する見解が有力である。

オ　詐害行為取消訴訟

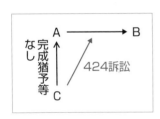

　詐害行為取消訴訟（424条）が提起された場合、債権者の債務者に対する被保全債権の完成猶予・更新の効果が生じるかについては争いがある。

　学説では、完成猶予・更新の効果が生じるとする見解が有力であるが、判例は完成猶予・更新の効果は生じないとする立場であると思われる（大判昭和17・6・23民集21-716、最判昭和37・10・12民集16-10-2130参照）。

カ　訴訟における留置権の抗弁

　訴訟で被告が留置権（295条1項）の抗弁を主張し、それが裁判所に認められた場合に、留置権の被担保債権の消滅時効につき、時効の完成猶予や更新の効果が生じるかという問題がある。

　たとえば、AがBに対して自動車の修理を依頼し、自動車を引き渡していたところ、Bが修理完了後も自動車を返してくれないため、AがBに対して自動車の返還を求める訴訟を提起したとする。これに対し、Bは、その自動車の修理代金の支払いが未了であるとして、留置権の抗弁を主張し、これが裁判所に

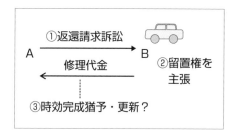

①返還請求訴訟

A ———————→ B

修理代金
←---------

②留置権を
　主張

③時効完成猶予・更新？

認められたとしよう。この場合、B
のAに対する修理代金債権につき、
消滅時効の完成猶予や更新の効果
が生じるのだろうか。

　この点については、147条2項の
更新の効果は生じないとしつつ、被
担保債権の履行を請求する意思が

表明されていることは明らかであることから、147条1項1号の（または150条
の）完成猶予の効果が生じるとする見解が有力である（最大判昭和38・10・30民
集17-9-1252参照）。

2　強制執行等による時効の完成猶予・更新（148条）　B+

ア　完成猶予

　強制執行、担保権の実行（担保不動産収益執行や物上代位もこれに含まれると解
される）、民事執行法195条に規定する担保権の実行としての競売の例による競
売、民事執行法196条に規定する財産開示手続がなされると、その事由が終了
するまで、原則として時効の完成が猶予される（148条1項柱書、各号）。

　申立ての取下げ等によってその事由が終了した場合は、その終了の時から6
か月を経過するまで時効の完成が猶予される（148条1項柱書かっこ書）。

イ　更新

　148条1項各号の強制執行等により債権の満足を得た場合は、その限度で当
該債権は消滅する。これは当然である。

　他方、債権の満足を得られなかった場合は、148条1項柱書かっこ書の場合
を除き、148条1項各号の事由が終了した時点で、時効の更新の効果が生じ
る。それまでの時効期間のカウントがリセットされ、1項各号の事由が終了し
た時から新たに時効の進行が始まるわけである（148条2項）。

ウ　債務者以外の者に対する強制執行等の場合

　148条1項各号の強制執行等が、債務者以外の者に対してなされる場合もあ
りうる。たとえば、物上保証人に対する抵当権の実行がその典型である。

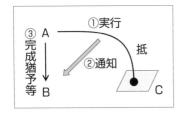

かかる場合、債務者が強制執行等がなされたことを知っているとは限らない。そのため、強制執行等がなされた旨が債務者に通知され、かかる通知が債務者に到達した時に、はじめて債務者との関係で完成猶予や更新の効果が生じる（154条。到達を要する点につき最判平成 8・7・12 民集 50−7−1901）。

なお、物上保証人や第三取得者に対する競売開始決定があると、その決定正本が債務者に送達されるが（民執 188 条・同 45 条 2 項）、かかる決定正本は民法 154 条の「通知」にあたる（最判昭和 50・11・21 民集 29−10−1537）。

3　仮差押え・仮処分による時効の完成猶予（149条）　B

仮差押え、仮処分がなされると、その事由が終了した時から 6 か月を経過するまでの間、時効の完成が猶予される。

裁判上の請求等（➡ 308 ページ **1**）や強制執行等（➡ 前ページ **2**）と異なり、仮差押えや仮処分は、更新事由とはされていない。仮差押えや仮処分は、その後の訴えの提起等が予定されている暫定的な手続だからである。

債務者以外の者に対する仮差押えや仮処分がなされた場合については、強制執行等の場合と同じく、仮差押え等がなされた旨が債務者に通知され、かかる通知が債務者に到達した時に、はじめて債務者との関係で時効の完成猶予が生じる（154 条 ➡ 前ページ **2 ウ**参照）。

4　催告による時効の完成猶予（150条）　A

催告がなされると、その時から 6 か月を経過するまでの間、時効の完成が猶予される（150 条 1 項）。これはしっかりと覚えておこう。

この「催告」とは、権利者が裁判外で請求することをいう。たとえば、債権者が債務者に電話して支払いを求める行為や、支払いを求める手紙を送りつける行為などがその典型である。

催告によって時効の完成が猶予されている間にされた再度の催告は、前項の規定による時効の完成猶予の効力を有しない（150 条 2 項）。この催告による時効の完成猶予の効果は、1 度しか認められないわけである。

5　協議を行う旨の合意による時効の完成猶予（151条）　B⁺

ア　完成猶予

　権利についての協議を行う旨の合意が書面で（または電磁的記録で）されたときは、次の①から③のいずれか早い時までの間、時効の完成が猶予される（151条1項柱書、各号、4項）。

　①その合意があった時から1年を経過するまで。
　②その合意において当事者が協議を行う期間として、1年よりも短い期間を定めたときは、その定めた期間を経過するまで。
　③当事者の一方から相手方に対して協議の続行を拒絶する旨の通知が書面で（または電磁的記録で・151条5項）されたときは、その通知の時から6か月を経過するまで。

　たとえば、債権者Aと債務者Bが、訴訟外で金額や弁済方法などについて話し合う旨を書面で合意したとする。この場合、話合いの期間を定めなかったのであれば、その合意から1年が経過するか（①）、AまたはBが相手方に協議の続行を拒絶する旨の通知を書面でしたときから6か月が経過するまでは（③）、Aの債権の消滅時効の完成が猶予されるわけである。

イ　再度の合意

　協議を行う旨の合意によって時効の完成が猶予されている間に、あらためて協議を行う旨の合意を書面でした場合は、さらに時効の完成が猶予される（151条2項本文）。

　ただし、完成猶予の期間は、通算して5年を超えることができない（151条2項ただし書）。5年を経過しても当事者の協議が調わない場合は、自発的な紛争解決の見込みが薄いからである。

ウ　催告後の協議合意・協議合意後の催告

　催告（➡上記4）によって時効の完成が猶予されている間に協議を行う旨の合意がされても、催告の効果が存続するだけであり、協議を行う旨の合意による時効の完成猶予の効果は生じない（151条3項前段）。

逆に、協議を行う旨の合意によって時効の完成が猶予されている間に催告がされても、協議を行う旨の合意による完成猶予の効果が存続するだけであり、催告による時効の完成猶予の効果は生じない（151条3項後段）。

6 承認による時効の更新（152条） A

ア 意義

時効の完成前に権利の承認があったときは、時効の更新の効果が生じる。それまでの時効期間のカウントがリセットされ、権利の承認があった時から新たに時効の進行が始まるわけである（152条1項）。

完成猶予を挟まずにいきなり更新が生じる点が、承認の特徴である。

この「承認」とは、時効によって利益を受けるべき者が、権利者に対して権利の存在を認識していることを表示することをいう。その性質は観念の通知（➡132ページ5.）である。

たとえば、時効の完成前に債務者が債権者に対して支払猶予を願い出る行為や、時効の完成前に債務の一部を弁済する行為がその典型である。また、時効の完成前に債務者が利息を支払う行為は、利息債権だけでなく元本債権の承認にもあたる（大判昭和3・3・24法律新聞2873-13）。

これらの具体例を通じて、しっかりと「承認」のイメージをもっておこう。

> 152条1項の「承認」は、それが時効の更新事由である以上、あくまでも**時効の完成前**になされる承認を指しています。時効の完成後に債務を承認した場合は、更新事由としての「承認」にはあたらず、時効の利益の放棄や、援用権の喪失を招く行為にあたることになります。
>
> このように、債務の承認といっても、それがなされた時点によって体系的な位置づけが全く異なります。混乱しないよう、306ページの図を再度確認しておいてください。

イ 制限行為能力者による承認

時効の更新事由としての「承認」をするには、行為能力を要しない（152条2項）。時効の更新事由としての「承認」は、存在する権利を失ったり、負っていない義務を新たに負うような行為（処分行為）ではなく、現に存在する権利や義務を確認する行為にすぎないからである。

したがって、被保佐人は、保佐人の同意なくして確定的に「承認」をすることができる（大判大正7・10・9民録24-1886）。同意を要する旨の審判を受けた被

補助人も同様である（時効の利益の放棄としての承認との違いに注意。➡305ページ**3**参照）。

ただし、未成年者や成年被後見人は、行為能力がないだけでなく、財産を管理する能力もない。よって、未成年者が法定代理人の同意なくした「承認」や、成年被後見人がなした「承認」は、取り消すことができる（未成年者による「承認」につき大判昭和13・2・4 民集17-87）。

ウ　物上保証人による承認

物上保証人は、債務を負っていないため、被担保債権につき「承認」をすることはできないと解されている。

したがって、物上保証人が、債権者に対して当該物上保証や被担保債権の存在を承認しても、被担保債権についての時効の更新事由としての「承認」にはあたらず、当該物上保証人はなお時効完成後に時効を援用することができる（最判昭和62・9・3 判時1316-91）。これは覚えておこう。

7　その他の時効の完成猶予（158条から161条）　B⁻

その他の時効の完成猶予事由は、158条から161条に規定されている。

これらの規定のうち、158条はやや重要である。簡単に解説しておこう。

まず、①時効の期間の満了前6か月以内において、未成年者または成年被後見人に法定代理人がいない場合は、その未成年者または成年被後見人が行為能力者となった時、または法定代理人が就職した時から、6か月を経過するまでの間、その未成年者または成年被後見人に対して、時効の完成が猶予される（158条1項）。

これは、未成年者や成年被後見人に法定代理人がいない場合には、時効の完成猶予や更新のための手続をとることができないからである。

次に、②未成年者または成年被後見人が、その財産を管理する父、母または後見人に対する権利を有する場合、その未成年者もしくは成年被後見人が行為能力者となった時または後任の法定代理人が就職した時から6か月を経過するまでの間は、その権利の時効の完成が猶予される（158条2項）。

8. 完成猶予・更新の相対効

1　相対効の原則) Ⓐ

　時効の完成猶予や更新は、当事者およびその承継人の間においてのみ、その効力を有する（153条1項ないし3項）。

　つまり、時効の完成猶予や更新の効果は、時効の援用（➡ 302 ページ **4**）や時効の利益の放棄（➡ 305 ページ **4**）と同様に、相対効なのである。これはしっかりと覚えておこう。

　たとえば、A と B が共有する土地を C が不法に占有している事案で、A が単独で、C を被告として土地の返還請求訴訟を提起したとする。この場合、その土地についての C の取得時効は、訴えを提起した A との関係でのみ完成猶予や更新の効果が生じ、B との関係ではかかる効果は生じない。よって、B の持分については、C はなお時効によって取得しうる（大判大正 8・5・31 民録 25-946）。

2　相対効の例外) Ⓑ

　完成猶予や更新の相対効の原則には、いくつかの例外がある。

　たとえば、①要役地が共有の場合における地役権の消滅時効の完成猶予・更新の絶対効（292条）、②主債務者に対する履行の請求その他の事由の保証人への絶対効（457条1項）、③被担保債権の債務者の承認による物上保証人への絶対効（最判平成 7・3・10 判時 1525-59）などである。

　これらについては、物権法や債権総論で詳しく学ぶ。

第 2 章

取得時効

　ここから、時効の各論に入っていく。まずは取得時効である。

　およそ取得時効は、①所有権の取得時効（162条）と、②所有権以外の財産権の取得時効（163条）とに大別される。まずは①を学び、次いで②を学んでいく。体系的な位置づけを常に意識して学んでいこう。

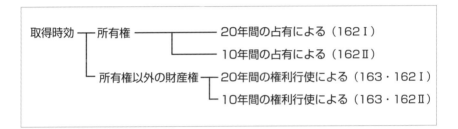

---

1. 所有権の取得時効

　所有権の取得時効には、① 20年間の占有による取得時効と、② 10年間の占有による取得時効とがある。

　すなわち、① 20年間、所有の意思をもって、平穏に、かつ、公然と他人の物を占有した者は、その所有権を取得する（162条1項）。これが所有権の取得時効の原則である。

　次に、その例外として、② 10年間、所有の意思をもって、平穏に、かつ、公然と他人の物を占有した者は、その占有の開始の時に善意無過失だったときは、その所有権を取得する（162条2項）。占有の開始時点で善意無過失だった

場合には、必要とされる占有の期間が半分に短縮されるわけである。

　以下、それぞれの要件を順に検討し、最後におよそ所有権の取得時効の効果について検討する。

1　20年間の占有による所有権の取得時効の要件　Ａ

　20年間の占有による所有権の取得時効は、①20年間の、②所有の意思のある、③平穏かつ公然の、④他人の物の、⑤占有によって完成する（162条1項）。

　そして、その後に⑥時効の援用（145条）があると、所有権が取得される（停止条件説 ➡ 295ページ（イ））。

時効の完成	①20年間	前後の占有で推定（186 II）
		前主から承継可（187 I）、ただし瑕疵も承継
	②所有の意思	推定される（186 I）
		占有の取得原因から客観的に判断される
	③平穏・公然	推定される（186 I）
	④他人の物	自己物も可（判例）
	⑤占有	間接占有でも可
		相続の対象となる（判例）
所有権の取得	⑥援用（停止条件説）	

ア　20年間の占有

　まず、物権法で詳しく学ぶ規定も含めて、20年間の占有という要件について説明していこう。

（ア）占有の意義

　占有とは、物に対する事実上の支配をいう。所有権の取得時効の中で、この占有が最も基礎的な要件である。

　ただし、この占有という概念はかなりの程度抽象化されている。たとえば、賃貸人は、賃借人の占有を通じて、なお賃貸借の目的物の占有を有するとされる（間接占有という）。

　また、占有も相続の対象となる（最判昭和28・4・24民集7-4-414、最判昭和44・10・30民集23-10-1881）。たとえば、ある土地の不法占有者であるAが死亡し、AをBが相続した場合、Bが相続の事実を知らなくとも、Aの占有はBに承継され、Bにその土地についての占有が認められる。

（イ）占有の継続

　所有権の取得時効が完成するためには、占有が20年間にわたって継続していなければならない。

　占有が途中で途切れた場合には、所有権の取得時効は中断する（164条）。

（ウ）占有の継続の推定

　ただし、20年間にわたる占有の継続を立証することは容易でない。そこで、物権法の占有権の箇所に、占有の継続の推定規定がおかれている。

　すなわち、前後の両時点において占有していたことさえ証明すれば、その両時点の間は、占有が継続していたものと推定される（186条2項）。これは知っておこう。

> 　たとえば、AがBの土地の所有権の取得時効を主張するには、①Bの土地を20年間継続して占有していたこと自体を立証してもいいし、②20年前の時点での占有を立証し、かつ現在の時点での占有を立証することによって、その間の占有の継続を推定してもらってもいいわけです。実務的には、②の立証によるのが通常です。
> 　そして、②の立証によって占有の継続が推定された場合には、占有の継続の証明責任は相手方であるBに転換されます。Bが、Aの占有が継続していなかったことの立証に成功しない限り、占有の継続があったものとして扱われることになるわけです。

（エ）占有の承継

　さらに、物権法の占有権の箇所に、前主の占有の承継を認める規定もおかれている。

　すなわち、占有者の承継人は、その選択に従い、①自己の占有のみを主張してもよく、②自己の占有に前主の占有をあわせて主張してもよい（187条1項）。

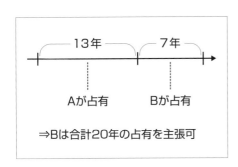

　たとえば、甲の土地をAが13年間占有し、その土地をAから買ったBが、さらに7年間占有したとする。この場合、Bは、自己の占有と前主であるAの占有とをあわせて、20年間の占有を主張することができる。

　ただし、②自己の占有に前主の占有をあわせて主張する場合には、前主の占有の瑕疵も承継される（187条2項）。

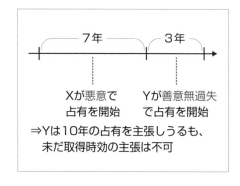

たとえば、乙の土地を X が悪意で 7 年間占有し、その土地を X から買った Y が善意無過失で占有を開始し、3 年間占有したとする。

この場合、Y は、自己の占有と前主である X の占有とをあわせて 10 年間の占有を主張することができるが（187 条 1 項）、X の占有が悪意で開始されたという瑕疵も承継される（187 条 2 項）。したがって、Y は 162 条 2 項による取得時効を主張することはできない。

イ 所有の意思

（ア）自主占有と他主占有

およそ占有には、所有の意思のある占有と、所有の意思のない占有とがある。前者を自主占有、後者を他主占有という。

そして、所有権の取得時効が完成するためには、占有に所有の意思が必要である。すなわち、自主占有でなければならないのである。

（イ）所有の意思の有無の判断

所有の意思の有無は、占有の取得原因から客観的に判断される。「所有の意思」という用語を用いながら、占有者の主観（内面）は判断基準とされないわけである。このことはしっかりと覚えておこう。

したがって、たとえば賃借人や使用借人、受寄者などの占有は、その主観を問わず、所有の意思のない他主占有とされる。それゆえ、これらの者がいくら長期間にわたって他人の物を占有しつづけたとしても、自主占有への転換（185条。この規定は物権法で学ぶ）の要件を満たさない限り、所有権の取得時効が完成することはあり得ない。

他方、たとえば他人物売買の買主の占有は、所有の意思のある自主占有とされる。不法占有者や窃盗犯人の占有も、所有の意思のある自主占有とされる。

（ウ）所有の意思の推定

占有者は、所有の意思をもって占有するものと推定される（186 条 1 項）。

したがって、所有権の取得時効を主張する占有者は、占有者であること（占有の事実）を立証さえすれば足り、さらに所有の意思を立証する必要はない。相手方によって、占有者に所有の意思がなかったことが立証されない限り、所有の意思はあるものとして扱われることになる。

ウ　平穏かつ公然

平穏とは、強迫や暴力などの違法行為によらない占有をいい、公然とは、占有を秘匿しないことをいう。

所有の意思と同様に、占有者の占有は、平穏かつ公然であると推定される（186条1項）。

エ　他人の物　➡論証34

条文上は「他人の物」の占有が所有権の取得時効の要件となっているが、自己の所有物についても、取得時効が認められると解されている。自己の所有物についても、時効の制度趣旨（➡291ページ2.）が妥当するからである。

判例も、不動産がAB間・AC間で二重譲渡された事案で、Bによる当該不動産の取得時効の主張を認めている（**最判昭和42・7・21百選I 41**）。

> つまり、Cが登記を具備したため、二重譲渡で負けてしまったBも、占有開始時から10年間占有を継続すれば（➡下記**2**参照）、敗者復活でCに勝つことができるわけです。
> この敗者復活のための取得時効は、答案でも時折検討することになります（ちなみに、その場合には物権法で学ぶ「取得時効と登記」という論点も1セットで問題となります）。ぜひ頭の片隅に入れておきましょう。

2　10年間の占有による所有権の取得時効の要件　Ａ

以上に対し、①占有の開始時点において②占有者が善意無過失であった場合には、10年間の所有の意思をもった平穏かつ公然の占有により、取得時効が完成する（162条2項）。

ア　占有者の善意無過失
（ア）意義

まず注意が必要なのが、162条2項における「善意」や「過失がなかった」

（無過失）という文言の意義である。

通常、善意とは、単に事実を知らないことをいうが、162条2項における「善意」とは、より積極的に自己の所有と信じることをいう。また、同条項における「過失がなかった」とは、自己の所有と信じるにつき過失がなかったことをいう。

したがって、たとえば自己の所有か否か半信半疑であった場合は、通常の意味においては善意といえるものの、162条2項の「善意」にはあたらない。

（イ）善意の推定

所有の意思や平穏・公然と同様に、占有者の善意は推定される（186条1項）。

これに対し、占有者の無過失は推定されない（186条1項対照）。

したがって、10年間の占有による所有権の取得時効を主張する者は、10年間の占有と、無過失とを主張・立証する必要がある。

> ちなみに、即時取得（192条）においては、善意だけでなく無過失も推定されます（188条がその根拠規定です）。この違いは早めに覚えておきましょう。

イ 占有の開始時点における善意無過失

（ア）占有の開始の時

占有者の善意無過失は、「占有の開始の時」にあれば足りる（162条2項）。

途中で悪意や有過失に変わったとしても、占有の開始時点で善意無過失だったのならば、なお10年間で所有権の取得時効が完成するわけである。しっかりと覚えておこう。

（イ）前主が善意無過失の場合 →論証35

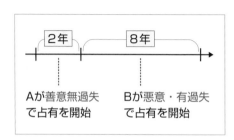

この要件との関連で問題となるのが、悪意または有過失で占有を開始した占有者Bが、善意無過失で占有を開始した前主Aの占有をあわせて主張する場合（187条1項 →319ページ（エ））である。

この場合、悪意または有過失で占有を開始したBにおいて、10年間の占有による所有権の取得時効が認めら

れるか。

　もしこれを否定すれば、善意無過失で占有を開始した前主 A が、B から債務不履行責任を追及されることになってしまう。善意無過失で占有を開始した前主 A を保護するべく、B のもとでの 10 年間の取得時効を肯定するのが妥当であろう。

　判例も、これを肯定している（最判昭和 53・3・6 百選 I 42）。

> **Q** 前主が善意無過失で占有を開始し、後主が悪意・有過失で占有を開始した場合、後主において 10 年間の取得時効が認められるか　**B⁺**
>
> **A説**（判例）
> 結論：認められる。
> 理由：もしこれを否定すれば、善意無過失で占有を開始した前主が、後主から債務不履行責任を追及されることになってしまい、妥当でない。

3　所有権の取得時効の効果　**A**

　以上の要件を満たして所有権の取得時効が完成した場合、当事者が取得時効を援用すると、当事者は所有権を原始取得する。

　したがって、たとえば A の所有する土地につき、B の取得時効が完成し、B がこれを援用した場合は、その土地上の抵当権や地上権などは消滅し、B は抵当権や地上権などの負担のないきれいな所有権を取得する。

　そして、B が所有権を原始取得したことの結果として、A は所有権を喪失することになる。

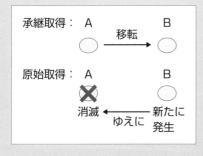

　原始取得の対概念は、**承継取得**です。これらは物権法で学びますが、簡単に説明しておきます。
　承継取得の典型例は、売買による所有権の取得です。たとえば、所有者 A から B が土地を買った場合、A の土地に対する所有権がそのまま B に移転してくることになります。この場合、A の所有権の瑕疵（たとえば抵当権が設定されていること）も、原則としてそのまま B に引き継がれます。
　これに対し、**原始取得**というのは、原始取得者のもとで、新たな所有権が発生する場合をいいます。たとえば、抵当権の負担付きの A の土地を B が取得時効によって取得した場合、B のもとで、その土地に対する新た

な所有権が発生するわけです。Aの所有権がBに移転してきたわけではありません。その
ため、Bは、原則として抵当権の負担のない、きれいな所有権を取得するわけです。
　では、Bが所有権を原始取得した場合、Aがもともと有していた所有権はどうなるのでし
ょうか。そもそも、物権に関しては、1つの物に対する同一内容の物権は1つしかあり得な
いという一物一権主義が採用されているのですが、Bが土地の所有権を原始取得したにも
かかわらず、その土地に対するAの所有権を残存させておくと、この一物一権主義に反し
てしまいます。そのため、Bの原始取得の反射的効果ないし結果として、Aがもともと有し
ていた所有権はあえなく消滅することになるのです。

2. 所有権以外の財産権の取得時効

　所有権以外の財産権の取得時効（163条）は、比較的細かい分野である。た
だし、賃借権の取得時効の可否（➡下記**2**）は、超重要基本論点である。

1　要件) B

　①所有権以外の財産権を、②自己のためにする意思をもって、③平穏かつ公
然と、④20年間にわたって⑤行使した場合、その所有権以外の財産権の取得
時効が完成する（163条・162条1項）。

　そのうえで、⑥時効の援用がなされれば、その財産権が取得時効によって取
得される（145条、停止条件説）。

　また、行使を開始した時点で善意無過失であれば、取得時効の完成までの期
間は10年間に短縮される（163条・162条2項）。

ア　自己のためにする意思をもって行使

　地上権や永小作権、質権などのように占有を伴う財産権については、権利の
目的物を他主占有していることが、「自己のためにする意思をもって……行使」
することにあたる。ただし、地上権については、後述の賃借権と同様の要件（➡
326ページイ）が要求される（最判昭和45・5・28判時596-41）。

　また、地役権の取得時効については、明文で要件が加重されている（283条）。

　占有を伴わない財産権については、準占有（205条）が「自己のためにする意

思をもって……行使」することにあたる。

イ　対象とならない財産権

法律の規定をもって（すなわち当事者の合意によらずに）成立する法定担保物権である留置権や先取特権は、取得時効の対象とならない。

また、取消権や解除権のように、1回の行使によって消滅する権利は、継続的な行使があり得ないため、取得時効の対象とならない。1回的給付を目的とする債権も同様である。

2　賃借権の取得時効　➡論証36

この163条に関して重要な問題となるのが、賃借権の取得時効の成否（賃借権の時効取得の可否）である。

ア　問題の所在

この論点は、主として他人物賃貸借において問題となる。

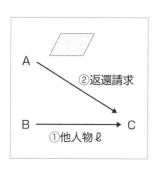

たとえば、CがBから土地を賃借していたところ、その土地の所有者は、実は賃貸人Bではなく、Aだったとする。B・C間の賃貸借契約は、他人物賃貸借契約だったわけである。

そして、所有者であるAが、他人物賃借人Cに対して、土地の所有権に基づく返還請求権に基づき土地の明渡しを請求したとしよう。Cは、Aの請求を拒めるのだろうか。

そもそも、他人物賃貸借契約も、債権の発生原因としては有効である（559

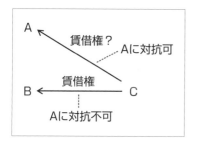

条本文、561条、601条）。かかる契約により、CはBに対する賃借権という債権を取得するわけである。

しかし、債権は特定の人に対してしか主張できない相対的な権利である。よって、CはB・C間の賃貸借契約に基づく賃借権を、契約の当事者でないAに対して対抗

することができない。その結果、Cによる占有はAとの関係では無権原占有ということになり、Aの請求は認められることになりそうである。

　もっとも、仮にCがAに対する賃借権を時効取得できるのであれば、話は別である。

　かかる賃借権はＡに対する賃借権である以上、CはこれをAに対抗できる。したがって、Cの占有は賃借権という権原に基づく占有ということになり、その結果、Aの請求は認められないことになるからである。

イ　検討

　では、賃借権は、163条によって時効取得されうるか。

　そもそも、一般に債権は継続的な「行使」を観念し得ないため、原則として時効取得の対象にならない。そして、賃借権も債権であることからすれば、やはり時効取得の対象にならないとも思える。

　しかし、賃借権は占有を不可欠の要素とする点で、継続的な「行使」を観念しうる。そこで、賃借権も時効取得の対象たりうると解するべきである。

　ただし、所有者の保護という見地からすれば、所有者が取得時効の完成猶予や更新を図る機会を確保する必要がある。

　また、時効取得される権利が賃借権なのか、それとも使用借権などの他の権利なのかを識別する必要もある。

　そこで、①目的物の継続的な用益という外形的事実が存在し、かつ、②それが賃借の意思に基づくことが客観的に表現されている場合に限り、賃借権を163条に基づき時効取得しうると解するのが妥当であろう。判例も、同様の立場である（最判昭和43・10・8民集22-10-2145）。

　この論点は超重要基本事項である。しっかりと覚えておこう。

　　　答案では、①や②へのあてはめも重要です。
　　　まず、①の要件は、たとえば土地の賃借権であればその土地の上にCが建物を建てていたこと、建物の賃借権であればその建物にCが住んでいたことなどの事情が認められれば、これを充足することになります。
　　　次に、②の要件ですが、ポイントはCによる**賃料の支払いの有無**です。
　　　まず、賃借権の時効取得を主張する者が、賃料をきちんと支払っていた場合には、②の要件を充足します。もちろん、この賃料は所有者に支払われている必要はなく、他人物賃貸人に対して支払われていればOKです。
　　　では、賃料を支払っていなかった場合はどうでしょうか。確かに、通常の自己物賃貸借に

おいても、賃借人が賃料をきちんと支払うとは限りませんから、賃料を支払っていなかったからといって必ずしも②の要件が否定されるわけではありません。しかし、現実的には、やはり②を充足するとの主張はかなり厳しいことになるでしょう。

問題文の事案をよく読んで、①、②ともにしっかりとあてはめを書くようにしましょう。

❓ 賃借権の時効取得が認められるか　A

A説（判例）

結論：①目的物の継続的な用益という外形的事実が存在し、かつ、②それが賃借の意思に基づくことが客観的に表現されている場合に限り、賃借権を163条に基づき時効取得しうる。

理由：①賃借権は占有を不可欠の要素とする点で、継続的な「行使」を観念しうる。

②ただし、所有者が取得時効の完成猶予・更新を図る機会を確保する必要がある。

③また、時効取得される権利が賃借権なのか、それとも使用借権などの他の権利なのかを識別する必要がある。

3. 取得時効の中断　B⁻

162条による所有権の取得時効は、占有者が任意にその占有を中止し、または他人によって占有を奪われたときは、中断する（164条）。

この164条は、163条による所有権以外の財産権の取得時効にも準用される（165条）。すなわち、自己のために所有権以外の財産権を行使する者が任意にその財産権の行使を中止し、または他人によってその行使が妨害されたときは、163条による取得時効は中断する。

以上に加えて、取得時効に関しては、「取得時効と登記」とよばれる一連の重要論点があるのですが、この論点は物権法で学ぶことになります。

第 **3** 章

消滅時効

消滅時効の対象は、大きく、①債権（166条1項）と、②所有権以外の財産権（166条2項）に分かれる。

以下、まずは債権の消滅時効の要件を説明し、次いで所有権以外の財産権の消滅時効の要件を説明する。

1. 債権の消滅時効の要件

1 起算点) A 改正

債権の消滅時効の起算点には、①客観的起算点と②主観的起算点がある。

ア 客観的起算点

債権の消滅時効の客観的起算点は、原則として「権利を行使することができる時」である（166条1項2号）。

そして、その時からカウントして、原則として10年間で債権の消滅時効が完成する（➡332ページ **2**）。

（ア）意義

ここで「権利を行使することができる」とは、権利の行使に法律上の障害がないという意味である（通説）。これはしっかりと覚えておこう。

たとえば、権利の行使に未成就の停止条件が付されている場合は、権利の行使に法律上の障害が認められるから、「権利を行使することができる」とはいえず、消滅時効は進行（カウント）を開始しない。

他方で、権利者が病気で入院しているとか、権利者が権利を行使しうることを知らなかったような場合は、「権利を行使することができる」といえ、消滅時効は進行を開始する。これらの場合は、権利を行使する上での事実上の障害が存するだけであり、法律上の障害は存しないからである。

　また、債権に債務者の同時履行の抗弁権（533条）が付着している場合も、その債権の消滅時効は進行を開始する。なぜなら、債権者は、自らが負う債務（反対債務）について弁済の提供をすることにより、債務者の同時履行の抗弁権を消滅させることができる以上、かかる同時履行の抗弁権の存在は法律上の障害とはいえないからである。この点は間違えがちな箇所なので、しっかりと覚えておこう。

（イ）各論的検討

　以上を前提として、債権の消滅時効の客観的起算点について、各論的に説明しておこう。これらは短答式試験では必須の知識である。

債権	客観的起算点＝権利を行使することができる時
期限付債権	期限の到来時
期限の定めのない債権	債権の成立時（原則）
返済期限の定めのない消費貸借上の債権	消費貸借契約の成立から相当期間を経過した時（591 I 参照）
停止条件付債権	条件の成就時
解除条件付債権	債権の成立時
期限の利益喪失特約付きの割賦払債権で、期限の利益を喪失した場合	原則として各割賦払債務の約定弁済期の到来時。例外として、実際に債権者が残債務全額の弁済を求める旨の意思表示をした場合にはその時（判例）
履行不能に基づく損害賠償請求権	本来の債権の履行を請求できた時
契約の解除による原状回復請求権	解除権を行使した時

① 期限付債権

　期限付債権は、およそ期限の到来時がその客観的起算点である。期限が到来した時点で、法律上の障害は消滅したといえるからである。

　確定期限であれ、不確定期限であれ、その到来についての債権者の知・不知は問わない。債権者の主観は法律上の障害とはいえないからである。

② 期限の定めのない債権

　期限の定めのない債権は、原則として、その債権が成立した時が客観的起算

点である。債権が成立してさえいれば、債権者はこれを行使することができるからである（遅滞となる時期についての412条3項と対照してほしい）。

　なお、契約以外の原因で法律上発生する債権は、この期限の定めのない債権にあたるのが原則である。不当利得返還請求権（703条）がその典型である。

③　返済期限の定めのない消費貸借上の債権

　上記②の例外として、返済期限の定めのない消費貸借上の債権（返還請求権）は、消費貸借契約の成立から相当期間を経過した時が消滅時効の客観的起算点である。

　返済期限の定めのない消費貸借契約上の債権は、相当の期間が経過してはじめて行使することができると解されているからである（591条1項参照）。

④　停止条件付債権

　停止条件付債権は、条件の成就時がその客観的起算点である。

　上記①の期限付債権の場合と同様に、停止条件の成就についての債権者の知・不知は問わない。

⑤　解除条件付債権

　解除条件付債権は、債権の成立時がその客観的起算点である。

　上記④の停止条件付債権と異なり、解除条件付債権の債権者は、解除条件の成就が未定の間でも権利を行使することができるからである。

⑥　期限の利益喪失特約付割賦払債権　➡論証37

　いわゆる割賦払債務については、債務者が1回でも支払いを遅滞すると、およそ期限の利益が喪失する旨の特約が付されている場合が多い。

　では、かかる期限の利益喪失特約付きの割賦払債務につき、債務者が1回支払いを遅滞した場合、残債務全額の消滅時効が進行を開始するのだろうか。

　確かに、債務者が支払いを遅滞した以上、その時点から債権者は残債務全額を請求することができるようになる。このことからすれば、最初に遅滞した時点が残債務全額の客観的起算点であり、その時点から残債務全額の消滅時効が進行を始めるとも思える。

　しかし、そもそも期限の利益喪失特約は、債権者の利益のための特約である。にもかかわらず、かかる特約を理由として、消滅時効の客観的起算点につき債権者に不利益な結論を導くのは妥当でない。

　そこで、債務者が支払いを遅滞した場合でも、各割賦払債務の約定弁済期の

到来ごとに、順次消滅時効が進行するのが原則というべきである。ただし、その例外として、実際に債権者が残債務全額の弁済を求める旨の意思表示をした場合には、その時を客観的起算点として残債務全額の消滅時効が進行を開始するというべきであろう。

判例も、同様の立場である（最判昭和 42・6・23 民集 21-6 -1492）。

> **Q** 期限の利益喪失特約付割賦払債権につき、債務者が 1 回支払いを遅滞した場合の、残債務全額の消滅時効の客観的起算点はいつか **B**
>
> **A説** 当然時効進行説（我妻など有力説）
> 結論：債務者の遅滞があった時である。
> 理由：債務者の遅滞があった時から債権者は残債務全額を行使できる。
> 批判：悪質な債務者が利益を受ける結果となる。
>
> **B説** 請求時進行説（判例）
> 結論：原則として各割賦払債務の約定弁済期の到来時であるが、実際に債権者が残債務全額の弁済を求める旨の意思表示をした場合は、その意思表示の時である。
> 理由：期限の利益喪失特約は、債権者の利益のためにある。

⑦ 履行不能に基づく損害賠償請求権

履行不能に基づく損害賠償請求権（415 条 1 項）は、履行不能となった時点ではなく、本来の債権の履行を請求できた時点（本来の債権の履行期）がその消滅時効の客観的起算点である（最判平成 10・4・24 集民 188-263）。

なぜなら、履行不能に基づく損害賠償請求権は、本来の債権の変形ないし代替物だからである。

⑧ 契約の解除による原状回復請求権

契約を解除すると、解除された契約の当事者は、相手方に対して原状回復請求権を取得する（545 条 1 項本文）。

そして、この解除による原状回復請求権の客観的起算点は、解除権を行使した時である（大判大正 7・4・13 民録 24-669）。

なぜなら、かかる原状回復請求権は、解除権の行使に伴う契約の遡及的消滅の結果生じた不当利得返還債権という性質を有するからである（➡上記②参照）。

イ 主観的起算点

債権の消滅時効の主観的起算点は、原則として「債権者が権利を行使することができることを知った時」である（166 条 1 項 1 号）。これは覚えておこう。

そして、その時からカウントして、原則として 5 年間で債権の消滅時効が完成する（➡下記 **2**）。

（ア）意義

ここで「債権者が権利を行使することができることを知った」とは、権利の行使が期待可能な程度に、権利の発生およびその履行期の到来その他権利行使にとっての障害がなくなったことを債権者が知った、という意味である。

たとえば、権利の行使に停止条件が付されている権利について、その停止条件の成就を債権者が知った場合や、権利の行使に不確定期限が付されている権利について、その不確定期限の到来を債権者が知った場合は、「債権者が権利を行使することができることを知った」といえ、そこから消滅時効は進行を開始する。

なお、債務者が誰であるかを債権者が知らない場合は、「債権者が権利を行使することができることを知った」とはいえない。この要件を満たすためには、債務者が誰であるかを債権者が知ったことも必要なわけである。客観的起算点との違いに注意しよう。

（イ）不法行為に基づく損害賠償請求権の主観的起算点

以上の主観的起算点の例外として、不法行為に基づく損害賠償請求権の消滅時効の主観的起算点は、「被害者又はその法定代理人が損害及び加害者を知った時」である（724 条 1 号 ➡ 下記 **（ア）**）。

---

2 時効期間　 A 　改正

ア　原則

債権の消滅時効期間は、原則として、①主観的起算点から 5 年間、②客観的起算点から 10 年間である（166 条 1 項 1 号、2 号）。いずれか早い方の満了により、消滅時効が完成する。この原則はしっかりと覚えておこう。

イ　例外

以上の消滅時効期間の原則には、いくつかの例外がある。

（ア）不法行為による損害賠償請求権

不法行為による損害賠償請求権は、①被害者またはその法定代理人が損害および加害者を知った時から 3 年間、または②不法行為の時から 20 年間で、

消滅時効が完成する（724条）。主観的起算点からの時効期間が3年間に短縮される一方、客観的起算点からの時効期間は20年間に延長されているわけである。

ただし、人の生命または身体を害する不法行為については、①主観的起算点からの時効期間は5年間に延長される（724条の2）。なお、②客観的起算点からの時効期間は、この場合も変わらず20年間である。

（イ）人の生命または身体が侵害された場合の債務不履行に基づく損害賠償請求権

人の生命または身体が侵害された場合の債務不履行に基づく損害賠償請求権は、②客観的起算点からの時効期間が20年間に延長される（167条）。

したがって、人の生命または身体が侵害された場合の損害賠償請求権の消滅時効期間は、不法行為であると債務不履行であるとを問わず、①主観的起算点から5年間、②客観的起算点から20年間となるわけである。

上記（ア）とあわせて次の表にまとめておくので、しっかりと覚えておこう。

【損害賠償請求権の消滅時効期間】		
※一般原則：権利行使可を知った時から5年 権利行使可の時から10年		
	不法行為	債務不履行
原則	・損害および加害者を知った時から3年（724①） ・不法行為時から20年（724②）	・権利行使可を知った時から5年 ・権利行使可の時から10年
生命・身体侵害	・損害および加害者を知った時から5年（724の2） ・不法行為時から20年（724②）	・権利行使可を知った時から5年 ・権利行使可の時から20年（167）

（ウ）確定判決等で確定した債権

確定判決または確定判決と同一の効力を有するものによって確定した債権（➡309ページイ）については、確定の時に弁済期が到来していないものを除き、その時効期間は一律で確定した日の翌日から起算して10年間となる（169条1項）。

（エ）定期金債権

　最後に、細かい事項だが、定期金債権は、①債権者が定期金の債権から生ずる金銭その他の物の給付を目的とする各債権を行使することができることを知った時から10年間、または②各債権を行使することができる時から20年間で、消滅時効が完成する（168条1項）。

　定期金債権とは、定期に一定の金額その他の代替物を給付させることを目的とする債権をいう。たとえば、毎月の扶養料の支払いを内容とする債権がこれにあたる。

ウ　消滅時効期間にかかる特約

　法定の消滅時効期間を伸長する特約は無効であるが、消滅時効期間を短縮する特約は有効である（通説）。

2. 債権以外の権利の消滅時効の要件

1　消滅時効にかからない権利　A

　債権以外の権利のうち、いくつかの権利は、消滅時効の対象から除外される。

　まず、条文から明らかなように、①所有権は消滅時効にかからない（166条2項）。したがって、所有権に基づく物権的請求権も、消滅時効にかからない。

> 　ただし、所有権がおよそ時効によって消滅しないのかというと、そうではありません。たとえば土地に対するAの所有権は、その土地の所有権をBが時効取得した場合には、そのBの時効取得の反射的な効果として消滅します（➡ 323ページ 3）。
> 　所有権が対象から除外されているのは、あくまでも消滅時効についてだけです。混乱しないよう注意しましょう。

　次に、②占有権も消滅時効にかからない。占有権は、物に対する事実上の支配があれば取得され、物に対する事実上の支配がなくなれば当然に消滅するという特殊な権利だからである。

> 占有権とは、物に対する事実上の支配である占有によって当然に発生する特殊な物権のことです（180条以下）。たとえば泥棒であっても、盗んできた物に対して占有権を取得します。
> そして、この占有権は、事実上の支配によって発生する反面、事実上の支配がなくなれば当然に消滅します。したがって、消滅時効を観念する必要がないわけです。

　さらに、③担保物権は、被担保債権から独立して消滅時効にかかることはない。ただし、抵当権は、第三取得者との関係では、被担保債権から独立して消滅時効にかかる（396条反対解釈）。

> 　担保物権の被担保債権が消滅時効によって消滅すれば、もちろん担保物権も付従性によって消滅します。しかし、被担保債権とは無関係に、担保物権だけ取り出して、消滅時効の対象とすることはできないのが原則です。
> 　ただし、その例外として、396条の反対解釈により、抵当権については、第三取得者は、被担保債権とは別に、抵当権だけ取り出して消滅時効の対象とすることができると解していくわけです。

　最後に、④抗弁権の永久性とよばれる細かい論点がある。

　同時履行の抗弁権（533条）に代表されるような、現状維持的に防御の形で主張される抗弁権については、消滅時効の対象にならないとする少数説があるが、通説は、かかる抗弁権の永久性を否定している。

　試験との関係では、この論点は重要でない。

2　債権以外の権利の消滅時効期間　Ｂ

　以上の各権利を除く権利の消滅時効期間は、権利を行使することができる時から20年間である（166条2項）。

　また、確定判決または確定判決と同一の効力を有するものによって確定した権利については、その時効期間は確定した日の翌日から起算して10年間となる（169条1項本文）。

　なお、地役権の消滅時効の起算点については、291条を参照してほしい。

3. 消滅時効に類似する制度

1 除斥期間) **B**

　除斥期間とは、その期間内に権利を行使しないと、その後は一切権利を行使できなくなる期間をいう。

　除斥期間は、消滅時効と異なり、①援用を要せず、②遡及効もない。また、③その起算点は、権利を行使することができる時などではなく、権利が発生した時である。さらに、④完成猶予や更新も定められていない（ただし、時効の完成猶予の規定の類推適用を認める見解が有力である）。

　126条の取消権の期間制限は、条文の文言にもかかわらず、除斥期間と解するのが通説である（➡ 274 ページ **3**）。

2 権利失効の原則) **C**

　権利失効の原則とは、権利者が権利を長く行使しないため、相手方がもはやその権利は行使されないものと信頼していたところ、権利者が突如態度を翻して権利を行使することは許されないという原則をいう。これは、信義則（1条2項）の派生原則である（最判昭和30・11・22民集9-12-1781）。

　この権利失効の原則の最大の実益は、①消滅時効にかからない権利（たとえば所有権に基づく物権的請求権。➡ 334 ページ **1**）の行使を否定しうる点にある。

　また、②消滅時効にかかる権利についても、消滅時効の要件をみたしていない段階で権利の行使を否定しうる原理としても、一応の実益があるといえる。

　判例・通説は、この権利失効の原則を一般論としては認めつつ、その具体的適用には慎重である（たとえば最判昭和41・12・1判時474-15参照）。答案でも、安易にこの原則を用いてはならない。

論証カード

論証1　法人の権利能力の範囲　➡ 102 ページ 5.

定款で「大学受験の指導」を目的として記載している株式会社Aが、レストランを経営するための建物につき、Bとの間で売買契約を締結した。本件売買契約は有効か。　**A**

───────────────────────────────

　本件売買契約は、34 条のいう「目的の範囲」外の行為として、無効ではないか。

　まず、法人は一定の目的のために存在している以上、34 条は法人の権利能力の範囲を定めた規定と解するべきである。よって、「目的の範囲」外の法人の行為は無効である。

　ただし、取引安全の見地から、営利法人の「目的の範囲」はゆるやかに解するべきである。

　具体的には、所定の「目的」を遂行するうえで直接または間接に必要であればよく、かつ、その判断は客観的・抽象的になすべきである。

　本件でみるに、レストランの経営も、客観的・抽象的に判断すれば、受験生の健康管理の点で「大学受験の指導」という目的達成に間接に必要といえる。

　よって、そのための本件売買契約も「目的の範囲」内の行為といえ、有効である。

備考：非営利法人の目的の範囲は厳格に解する（eg. 員外貸付は無効）。

論証2　動機の不法　➡ 131 ページウ

Xとの賭博に負けたAが、その賭け金の支払いにあてるためと告げて、Bから金員を借りたところ、弁済期にBがかかる消費貸借契約に基づいてAに対して金員の返還を請求した。Bの請求は認められるか。　**B⁺**

━━━━━━━━━━━━━━━━━━━━━━━━━━━━━━━━

　本件請求が認められるためには、ＡＢ間の消費貸借契約（587条）が有効であることが必要である。

　この点、ＡＢ間の消費貸借契約自体は公序良俗に反しないものの、かかる契約を締結したＡの動機は公序良俗に反する。

　そこで、ＡＢ間の消費貸借契約は90条により無効なのではないか。

　この点、動機が公序良俗に反する場合に常に90条を適用すると、取引安全を害する。

　そこで、動機が表示された場合、または相手方が動機を知っていた場合にのみ、90条が適用されると解する。

　本件では、賭け金を支払いにあてるというＡの動機がＢに表示されている。

　よって、ＡＢ間の消費貸借契約は無効であるから、Ｂの請求は認められない。

備考：Bによる不当利得返還請求も不法原因給付となり認められない（708条本文）。

Ａ所有の土地につき、ＡＢ間で虚偽の売買契約が締結され、Ｂ名義の登記がなされた後、Ｂを権利者と信じたＣがＢから当該土地を買い受けた。Ｃは所有権を取得するか。　**A⁺**

1　ＡＢ間の売買契約は、虚偽表示により無効であるから（94条1項）、Ｂは無権利の登記名義人にすぎない。そして、登記に公信力がない以上、Ｃは本件土地の所有権を取得できないのが原則である。

2　もっとも、94条2項により、Ｃは本件土地の所有権を取得できないか。

(1)　まず、同項の「第三者」とは、虚偽表示の当事者またはその包括承継人以外の者で、虚偽表示の外形を基礎として、新たな独立の法律上の利害関係を有するに至った者をいうところ、Ｃは本件土地をＢから買い受けており、これにあたる。

次に、94条2項が単に「善意」としていること（95条4項、96条3項対照）、および虚偽表示をした権利者の帰責性が大きいことに照らし、「善意」とは単純善意をさし、また、「第三者」として保護されるには登記は不要と解する。

(2)　したがって、94条2項によりＡはＡＢ間の無効を善意のＣに主張できず、その結果、Ｃは本件土地の所有権をＡから承継取得する。

備考：「善意」の意義と登記の要否は、94条2項を見た瞬間に抽出すること。ただし、問題文上Ｃが無過失ならば善意の意義が、Ｃが登記を備えているならば登記の要否が、それぞれ省略可となる。

A所有の甲土地につき、AB間で虚偽表示による売買契約が締結された後、Bが甲土地を悪意のCに譲渡したところ、Cが甲土地をさらに善意のDに転売した。Dは甲土地の所有権を取得するか。　**A**

1　AB間の売買契約は、虚偽表示により無効である（94 条 1 項）。また、Bから甲土地を買ったCは悪意であるため、Cにつき 94 条 2 項は適用されない。したがって、DはCから甲土地の所有権を取得できない。

2　もっとも、Dは 94 条 2 項によって所有権を取得しないか。

　(1)　まず、同項の「第三者」に転得者が含まれるかが問題となる。

　　　この点、取引安全を保護するべき要請は直接の第三者と異ならない以上、転得者も「第三者」に含まれるというべきである。

　　　そして、「第三者」とは、虚偽表示の当事者またはその包括承継人以外の者で、虚偽表示の外形を基礎として、新たな独立の法律上の利害関係を有するに至った者をいうところ、転得者たるDはかかる「第三者」にあたる。

　(2)　また、虚偽表示をした権利者の帰責性が大きいことに照らし、「善意」とは単純善意を指し、また、「第三者」として保護されるには登記は不要と解する。

　(3)　Dは善意であるから、94 条 2 項によって、本件土地の所有権をAから承継取得する。

A所有の甲土地につき、AB間で虚偽表示による売買契約が締結され、Bが登記を備えたところ、Bが甲土地を善意無過失のCに譲渡し、Cが登記を備えた。その後、Cがさらに悪意のDに甲土地を転売した。Dは甲土地の所有権を取得するか。　　**A**

――――――――――――――――――――――――――――

　AB間の売買は虚偽表示により無効であるが（94条1項）、善意のCは94条2項によって保護される。

　もっとも、かかるCからの転得者Dは悪意である。そこで、AはDに対してAB間の売買の無効を対抗できるのではないか。

　この点、法律関係の早期安定と簡明さの観点から、善意の第三者であるCが出現した時点でAは確定的に権利を喪失し、Cは確定的に権利を取得すると解する（絶対的構成）。

　よって、AはDに対してもAB間の売買の無効を対抗することができず、DはCから甲土地の所有権を承継取得する。

備考：論証4とは異なり、DはAから承継取得するわけではないので注意。また、CがDのわら人形だった場合には、信義則（1条2項）によって妥当な結論を導くことになる。

Aを売主、Bを買主として、A所有の甲土地を売却する旨の虚偽表示があった。その後、善意のCがBから甲土地を譲り受けたが、Cが登記を備える前に、DもAから甲土地を譲り受け、登記を備えた。CD間の法律関係如何。　　**A**

――――――――――――――――――――――――――――

【Cが94条2項により保護されうる旨を認定】

　では、本人Aからの取得者Dと、虚偽表示における善意の第三者Cとの関係は、いかに処理するべきか。

　この点、AとBが通謀して虚偽の意思表示をしている以上、AとBを一体的に捉え、ABを起点としたCとDへの二重譲渡があったと解し、177条により処理するのが妥当である。

　本件では、Dが登記を備えている。よって、DはCに対して所有権を対抗できる。

備考：Dが悪意の場合、177条の「第三者」の主観面(物権法で学ぶ背信的悪意者排除論)も問題となる。

甲建物の所有者Aが、甲建物について勝手にB名義で所有権登記をしたところ、かかる登記を無過失で信頼したCが、Bから甲建物を買い受け、登記を備えた。Aは、Cに対して、所有権に基づく妨害排除請求として抹消登記を請求した。Aの請求は認められるか。　**A**

1　Aの請求が認められるためには、Aが甲建物の所有権を有していることが必要である。

2　まず、BC間の売買契約の当時、Aは甲建物の所有権を有していた。

　　そして、登記に公信力はない以上、無権利の登記名義人であるBから甲建物を買い受けたCは、Bから甲建物の所有権を取得できない。

　　また、AB間には通謀も虚偽の意思表示もない以上、Cに94条2項を直接適用することもできない。

　　したがって、所有権はAに帰属しているのが原則である。

3　しかし、94条2項の趣旨は、虚偽の外観作出につき帰責性ある権利者の犠牲のもと、かかる外観を信頼した第三者を保護するという権利外観法理にある。

　　そうだとすれば、①虚偽の外観、②権利者の帰責性、③第三者の信頼という要件を満たした場合には、94条2項を類推適用できると解する。

　　本件では、①B名義の虚偽の登記が存在する。また、②かかる登記はAが自ら作出しているため、Aの帰責性が認められる。さらに、③CはB名義の登記が虚偽であることにつき善意無過失である。

　　したがって、94条2項類推適用により、Cは甲建物の所有権をAから承継取得する。

4　よって、Aの請求は認められない。

備考：Cに過失がある事案や、Cが登記を備えていない事案では、無過失の要否や登記の要否も論ずる。

甲土地の所有者Aによって、甲土地につきB名義で仮登記がされたところ、Bが勝手にその仮登記を本登記に改め、善意のCに甲土地を売却し、Cが登記を備えた。AがCに対して、所有権に基づく妨害排除請求として抹消登記を請求した。Aの請求は認められるか。　**A**

Aの請求が認められるためには、Aが甲土地の所有権を有していることが必要である。

〔原則論および94条2項の趣旨を展開：論証7参照〕

そうだとすれば、①虚偽の外観、②権利者の帰責性、③第三者の信頼という要件を満たした場合には、94条2項を類推適用できると解する。

本件では、①B名義の虚偽の本登記が存在する。

では、②Aに帰責性が認められるか。

確かに、B名義の本登記は、A自らが作出したものではない。

しかし、Aは自らB名義の仮登記を作出しているところ、これとB名義の本登記とは強い関連性が認められる。

よって、B名義の本登記についても、Aに帰責性が認められる。

では、③第三者の信頼はどうか。

確かに、94条2項が類推適用される場合には、権利者の帰責性が大きいのが通常である。そのこととの均衡から、第三者の無過失は不要なのが原則と解する。

しかし、本件では、AはB名義の本登記を自ら作出したわけではないため、帰責性がやや小さい。

そこで、110条の法意にも照らして、例外的に無過失を要すると解する。

したがって、Cが善意無過失の場合に限り、Cは甲土地の所有権を取得する。

よって、Cが善意無過失の場合には、Aの請求は認められないが、Cに過失があれば、Aの請求は認められる。

Bの詐欺により、AがBに対して甲土地を売却したところ、Bは甲土地を善意無過失のCに転売した。その後、AがAB間の売買につき、Bの詐欺を理由として取り消した。Aは、甲土地を占有するCに対して、所有権に基づく返還請求として甲土地の明渡しを請求した。Aの請求は認められるか。　　　　　　　　　　　　　　　　　　　　　**A**

──────────────────────────────

1　Aの請求が認められるためには、Aが甲土地の所有権を有していることが必要である。

2　まず、Aは、AB間の売買契約の当時、甲土地の所有権を有していた。

　　また、AB間の売買契約により所有権を失ったものの（176条参照）、かかる売買契約は詐欺取消し（96条1項）により遡及的に無効となっている（121条）。

　　したがって、Aは所有権を有しているとも思える。

3　もっとも、96条3項により、AはAB間の売買契約の取消しをCに対抗できないのではないか。

　　まず、同項の「第三者」とは、当事者およびその包括承継人以外の者であって、詐欺による意思表示の後、新たな独立の法律上の利害関係を有するに至った者をいうところ、Cはこれにあたる。

　　また、Cは「善意でかつ過失がない」。

　　もっとも、詐欺による表意者の帰責性は小さいことに照らし、同項により保護されるためには、登記を備えることが必要と解する。

4　よって、Cが登記を備えていない場合は、Aの請求は認められるが、Cが登記を備えている場合は、Aの請求は認められない。

備考：錯誤取消し前の第三者についても同様である（95条4項 ➡ 170ページ3.）。これに対して、強迫取消し前や、制限行為能力取消し前の第三者は、およそ保護されない。

Bの詐欺により、AがBに対して甲土地を売却し、Bが登記を備えたところ、AがAB間の売買につき、Bの詐欺を理由として取り消した。その後、Bが甲土地をCに転売し、Cは登記を備えた。Cは甲土地の所有権をAに対抗できるか。　　　　　　　　　　　　　　　**A⁺**

1　Cが所有権をAに対抗できるためには、Cが所有権を取得していなければならない。

　では、Cのごとき詐欺取消し後の第三者が所有権を取得しうるか。

2　この点、仮に取消しの遡及効（121条）を徹底すれば、その後のBC間の売買は他人物売買にあたる。したがって、94条2項類推適用の要件をみたさない限り、Cは所有権を取得できないことになる。

　しかし、取消しの遡及効も一種の法的擬制にすぎず、取消しによって復帰的物権変動が生じたと解することも可能である。

　そこで、詐欺による表意者と詐欺取消し後の第三者は対抗関係に立つと解し、177条によって処理すべきと解する。

　かかる結論は、登記の有無という画一的な基準による不動産取引の安全を図ることができる点からも妥当である。

3　本件では、ACが対抗関係に立つところ、Cは登記を具備しているから、Cが背信的悪意者でない限り、CはAに対して所有権を対抗できる。

備考：①錯誤取消し、強迫取消しや制限行為能力取消しについても同様である。

　　　②動産の場合は、反対説からは94条2項類推または192条によってCを保護する。自説からは178条によって処理することになる。

　　　③詐欺取消し後の第三者の事案で、時間や答案のスペースに余裕があるときは、前提として詐欺取消し後の第三者は96条3項の「第三者」にあたらないことに触れるとよい。

論証 11　代理人が本人の名のみ示した場合　➡ 199 ページウ

Aから売買契約の代理権を与えられたBが、自らを「A」と示してCとの間で売買契約を締結した。かかる契約は有効か。　　　　**A**

　本件で、Bは代理権を有するものの、自らを「A」と示しているため、顕名（99条1項）を欠くとも思える。

　しかし、顕名（99条1項）の趣旨は、相手方に対して効果帰属主体を明らかにすることにあるところ、代理人が本人の名のみを示した場合にも、かかる趣旨は満たされる。

　そこで、かかる場合にも顕名の要件は満たされると解する。

　よって、本件契約は有効である。

備考：代理人Bが単に「B」とだけ示した場合（100条により処理する）との混同に注意。

論証 12　代理権授与行為の法的性質　**B**　➡ 200 ページウ

　代理権授与行為の法的性質をいかに解するべきか。

　この点、代理権授与行為を本人による単独行為とする見解がある。

　しかし、民法は、代理と、契約である委任とを必ずしも峻別していない（104条、111条2項など参照）。にもかかわらず、代理権が単独行為によって発生すると解するのは妥当でない。

　そこで、代理権授与行為は、代理権授与のみを目的とする無名契約であると解する。

　そして、これとは別に、委任契約などの内部契約も締結されると解する。

Aの代理人Bが、Cと通謀して、Cが所有する甲土地について虚偽の売買契約を締結した。善意無過失のAから甲土地の明渡しを請求されたCは、売買契約の無効を主張できるか。　　　　　　　　　　**B**⁺

　Aは本件売買契約の当事者であるから（99条1項）、94条2項の「第三者」にあたらない。よって、Cの無効主張が94条2項により制限されることはない。

　しかし、そもそも代理人Bは、相手方Cと通謀して虚偽の意思表示をする権限を有しない。

　そうだとすれば、代理人Bは、相手方Cの心裡留保に基づく意思を伝達する使者にすぎないというべきである。

　そこで、心裡留保の規定である93条1項ただし書によって処理するのが妥当である。

　すなわち、本人Aが相手方Cの真意を知り、または知ることができたときに限り、相手方Cは本人Aに対して無効を主張することができると解する。

　本件では、AはCの真意につき善意無過失であるから、Cは無効を主張できない。

Ａの親権者であるＢが、自らの恋人であるＣの歓心を得る目的で、Ｃの
Ｘに対する債務を担保するため、Ａを代理して、Ａ所有の土地に抵当
権を設定する契約をＸとの間で締結した。かかる契約は有効か。　**A**

───────────────────────────────

1　親権者であるＢは、Ａの包括的代理権を有する（824条本文）。

　　もっとも、Ｂによる代理行為は、利益相反行為（108条2項本文、826条1項）にあたり、無権代理として無効ではないか。

　　利益相反行為にあたるか否かは、相手方の取引安全のために、行為の外形から客観的に判断するべきである。

　　本件でＢがした行為は、客観的にはＣの債務の担保を設定する行為である以上、利益相反行為にあたらない。

2　もっとも、代理権の濫用（107条）にあたり、無権代理として無効ではないか。

　　親権者による子の代理行為は、それが利益相反行為にあたらない限り、親権者の広範な裁量にゆだねられているものというべきである。

　　そこで、子の利益を無視して自己または第三者の利益を図ることのみを目的としてされるなど、親権者に子を代理する権限を授与した法の趣旨に著しく反すると認められる特段の事情が存しない限り、親権者による代理権の濫用にあたらないというべきである。

　　本件でみるに、Ｂは子Ａの利益を無視して、もっぱらＣの歓心を得る目的でＡを代理している。よって、法の趣旨に著しく反すると認められる特段の事情があるといえ、例外的に代理権の濫用にあたる。

　　したがって、ＸがＢの意図につき悪意または有過失の場合には、Ａは抵当権設定契約の無効をＸに主張することができる。

備考：①利益相反行為にあたるか、②あたらないとして代理権の濫用にあたるか、という2段構えで論じること。

論証 15　無権代理人の責任と表見代理との関係 ➡ 225 ページ 4

無権代理人の責任と表見代理の要件の双方をみたす事案　　A
─────────────────────────────

【117条の要件と表見代理の要件の双方をみたす旨を認定】

　そして、相手方は、117条の無権代理人の責任の追及と、表見代理の成立の主張のいずれかを選択的に主張できる反面、無権代理人は、表見代理の成立を主張・立証して無権代理人の責任を免れることはできないというべきである。

　なぜなら、表見代理は相手方を保護するための制度であり、無権代理人を免責するための制度ではないからである。

備考：117条1項の「損害賠償」は、「履行」と並べて規定されているため、履行利益の賠償をも含むと解される。

論証 16　無権代理と単独相続① ➡ 227 ページア

Aの無権代理人Bが、Aを代理してCに対してA所有の土地を売却した後、Aが死亡し、BがAの地位を単独相続した。BはCからの土地引渡請求を拒めるか。　　A
─────────────────────────────

1　Bは、Aが有した追認拒絶権を相続したとして、これを行使することが考えられるが、認められるか。

2(1)　まず、本人が有していた追認拒絶権が、無権代理人のもとでも存続するか。

　　　この点、本人と無権代理人との間の相続により、両者の人格上の地位が融合し、追認拒絶権は消滅して、無権代理行為は当然に有効になるとする見解がある。

　　　しかし、そのように解しては、善意の相手方の取消権（115条）を奪うことになり、妥当でない。

　　　そこで、両者の地位は併存し、無権代理人のもとでも追認拒絶権は存続すると解する。

　(2)　ただし、自ら無権代理行為をしている以上、無権代理人は、信義則（1条2項）上、追認拒絶権を行使できないというべきである。

3　本件でも、Cの請求に対し、Bは追認拒絶権を行使できず、追認せざるを得ない。

　　よって、Bの代理行為は遡及的に有効となるため（116条本文）、BはCによる請求を拒めない。

備考：ただし、信義則に反しないと認められる特段の事情がある場合には、例外的に無権代理人による追認拒絶は認められる。

論証 17　無権代理と単独相続②　　➡ 228 ページ（ウ）

Aの無権代理人Bが、Aを代理してCに対してA所有の土地を売却した。Aは、Cに対して追認を拒絶した後に死亡し、BがAの地位を単独相続した。BはCからの土地引渡請求を拒むことができるか。　　**A**

────────────────────────────

　本人が追認を拒絶した場合、無権代理行為の無効が確定し、以後、本人ですら翻意して追認することはできなくなる。

　にもかかわらず、相続によってその結論が翻るのは妥当でない。

　そこで、追認拒絶の後に無権代理人が本人の地位を単独相続したとしても、本人のした追認拒絶の効果には何ら影響がないというべきである。

　したがって、BはCからの請求を拒むことができる。

論証 18　無権代理と単独相続③　　➡ 229 ページイ

Aの無権代理人Bが、Aを代理してCに対してA所有の甲土地を売却した。その後、Bが死亡し、AがBの地位を単独相続した。Aは、Cからの売買契約に基づく土地引渡請求を拒むことができるか。　　**A**

────────────────────────────

1　Aは、追認拒絶権を行使し、Cの請求を拒むことが考えられる。

2(1)　まず、無権代理人たるBの地位を相続したにもかかわらず、Aの追認拒絶権は存続するか。

　　　この点、本人と無権代理人との間の相続により、両者の人格上の地位が融合し、追認拒絶権は消滅して、無権代理行為は当然に有効になるとする見解がある。

　　　しかし、かかる見解は、善意の相手方の取消権を奪うことになり、妥当でない。

　　　そこで、両者の地位は併存し、追認拒絶権は存続すると解する。

　(2)　そして、自ら無権代理行為をしたわけではない以上、本人が追認拒絶権を行使しても、信義則（1条2項）に反しないというべきである。

3　したがって、Aは追認拒絶権を行使し、Cからの請求を拒むことができる。

論証 19　無権代理と単独相続④　→ 230 ページ（ウ）

Aの無権代理人Bが、Aを代理してCに対してA所有の甲土地を売却した。その後、Bが死亡し、AがBの地位を単独相続した。CはAに対して 117 条の無権代理人の責任を追及できるか。　**A**

Cによる責任追及の可否は、無権代理人の責任（117 条）を本人が相続するか否かによる。

まず、117 条の責任のうち、損害賠償責任は相続されると解される。

次に、履行責任については、金銭債務や不特定物の給付義務は相続されるものの、特定物の給付義務は相続されないというべきである。かかる義務の相続まで肯定すると、相続という偶然の事情によって不当に相手方を利することになるからである。

したがって、Cは損害賠償責任は追及できるものの、甲土地の引渡しを請求することはできない。

論証 20　無権代理と共同相続　→ 231 ページ **2**

Aを代理して、無権代理人BがXに対してA所有の甲土地を売却した。Xは、Bに代理権がないことについて善意無過失だった。その後、Aが死亡し、その地位をB・Cが共同相続した。CはBの行為の追認を拒絶した。XがB・Cに対して上記売買契約に基づき甲土地の引渡しを請求した場合、Xの請求は認められるか。　**A**

1　まず、無権代理行為と無関係のCは、追認を拒絶することができる。よって、Cの相続分について、Bの行為は無効である。

2　では、無権代理人たるBの相続分についてはどうか。

(1)　無権代理行為を追認する権利は、その性質上相続人全員に不可分的に帰属すると解される。

したがって、他の共同相続人全員の追認がない限り、無権代理行為は、無権代理人の相続分に相当する部分においても当然に有効となるものではないというべきである。

(2)　本件でも、Cが追認を拒絶している以上、Bの相続分についても無効である。

3　したがって、Xの請求は認められない。

備考：Xが、117 条 1 項に基づきBに対して履行を請求できるかも問題となるが、遺産分割の結果Bの単独所有となった場合に限り、履行請求を認める見解が有力である。

論証 21　無権代理人が成年後見人に就職した場合　⇒ 233 ページ 4

Aの無権代理人Bが、Aを代理してCに対してA所有の土地を売却した。その後、Aが後見開始の審判を受け、BがAの成年後見人に就職した。Cからの履行の請求に対し、Bは、Aが有する追認拒絶権を代理行使できるか。　　　　　　　　　　　　　　　　　　　　　　**B**

———————————————————————————

　本件で、Aは追認拒絶権を有するところ（113条2項参照）、成年後見人たるBはAの代理権を有する（859条1項）。

　そして、本人Aの利益保護の要請（869条・644条参照）に照らせば、BがAの追認拒絶権を代理行使することも、原則として信義則（1条2項）に反しないというべきである。

　したがって、特段の事情のない限り、Bは追認拒絶権を代理行使できる。

備考：例外的に信義則に反するか否かは、①契約の締結に至るまでの無権代理人と相手方との交渉経緯および無権代理人が契約の締結前に相手方との間でした法律行為の内容と性質、②契約を追認することによって制限行為能力者が被る経済的不利益と追認を拒絶することによって相手方が被る経済的不利益、③契約の締結から後見人が就職するまでの間に契約の履行等をめぐってされた交渉経緯、④無権代理人と後見人との人的関係および後見人がその就職前に契約の締結に関与した行為の程度、⑤本人の意思能力について相手方が認識しまたは認識し得た事実、など諸般の事情を勘案して判断する（最判平成6・9・13百選Ⅰ5）。

Aから、子守や預金の出し入れ、印鑑の保管を任されていたBが、Aの印鑑を悪用して、Cとの間で、Cを債権者、Bを主債務者、Aを連帯保証人とする連帯保証契約をAを代理して締結した。Cは、Aに対して連帯保証債務の履行を請求できるか。　　　　　　　　　　**B**

― ―

1　Bは、AC間の連帯保証契約を締結する代理権を有さない。よって、Aが追認しない限り、本件の連帯保証契約は無効である（113条1項）。

2　もっとも、Cは、110条に基づき、Aに対して連帯保証債務の履行を請求できないか。

(1)　まず、「子守や預金の出し入れ、印鑑の保管」という事実行為をなす権限が、110条の基本代理権にあたるか。

ア　判例はこれを否定するが、社会的・経済的に重要な事実行為をなす権限は、基本代理権にあたると解するべきである。

なぜなら、かかる権限を与えた本人には帰責性が認められるからである。

イ　本件でみるに、AがBに任せていた「預金の出し入れ」および「印鑑の保管」は、社会的・経済的に重要な事実行為といえる。

よって、かかる行為をなすBの権限は、110条の基本代理権にあたる。

(2)　そして、Bは、かかる基本代理権の範囲外の代理行為をなしている。

よって、Cにおいて、Bに代理権があると信ずべき「正当な理由」があった場合には、Cは110条に基づき、Aに対して連帯保証債務の履行を請求できる。

備考：本件契約は、本人Aと代理人Bとの利益が形式的に相反する契約であるから、「正当な理由」（Cの無過失）の有無は慎重に判断すべきである。

論証 23　110 条の基本代理権②　→ 238 ページ（イ）

AがBに土地を贈与したうえで、その移転登記申請をBに依頼し、実印、印鑑証明書、登記済証をBに交付したところ、これを奇貨としたBが、Aを代理して、Cとの間で、Bを主債務者、Aを連帯保証人とする連帯保証契約を締結した。Cは、Aに対して連帯保証債務の履行を請求できるか。　　　　　　　　　　　　　　　　　　　　　　　　　　**B**

──────────────────────────────

1　Bは、AC間の連帯保証契約を締結する代理権を有さない。よって、Aが追認しない限り、本件の連帯保証契約は無効である（113条1項）。

2　もっとも、Cは、110条に基づき、Aに対して連帯保証債務の履行を請求できないか。

(1)　まず、登記申請行為という公法上の行為の代理権が、110条の基本代理権にあたるか。

　ア　確かに、110条は私法の規定である以上、公法上の行為の代理権は基本代理権にあたらないのが原則である。

　　しかし、公法上の行為が特定の私法上の取引行為の一環としてなされるものである場合には、かかる行為の代理権は基本代理権にあたると解する。

　　なぜなら、かかる行為の代理権は、私法上の行為に関しても濫用されるおそれが大きいからである。

　イ　本件の登記申請行為は、AからBへの贈与の一環としてなされる行為である。

　　よって、Bの代理権は、110条の基本代理権にあたる。

(2)　そして、Bは、かかる基本代理権の範囲外の代理行為をなしている。

　　よって、Cにおいて、Bに代理権があると信ずべき「正当な理由」があった場合には、Cは110条に基づき、Aに対して連帯保証債務の履行を請求できる。

論証 24　110条の基本代理権③　　➡ 239ページ（ウ）

未成年の子Aを代理して、その親権者Bが、A所有の土地につき、CのBに対する債権を被担保債権とする抵当権設定契約をCとの間で締結し、抵当権設定登記をした。Aは、Cに対してかかる抵当権設定登記の抹消を請求できるか。　　**B**⁺

――――――――――――――――――――――――――――――――――――

1　本件における抵当権設定契約（以下、「本件契約」という）の効果がAに帰属しない場合には、Aの請求は認められる。

　　この点、Bは、親権者として子Aの包括的代理権を有するものの（824条）、本件契約は、Bを被担保債権の債務者としている点で、客観的にAとBの「利益が相反する行為」（826条）にあたる。よって、Bは代理権を有さない（108条2項）。

　　したがって、Aが追認しない限り、本件契約の効果はAに帰属しないのが原則である（113条1項）。

2　もっとも、Cは、110条に基づき、Aに対して本件契約の効果帰属を主張できないか。Bの有する法定代理権が、110条の基本代理権にあたるかが問題となる。

　(1)　この点、取引の安全を重視し、法定代理権も基本代理権にあたるとする見解がある。

　　　しかし、法定代理権は本人が与えたものではないから、本人の帰責性が認められない。

　　　したがって、法定代理権は基本代理権にあたらないと解する。

　(2)　よって、110条に基づき、Aへの本件契約の効果帰属も主張できない。

3　以上より、Aの請求は認められる。

備考：①簡単に書くなら肯定説（判例の立場）でよい。ただし、判例も761条の法定代理権は110条の基本代理権にあたらないとしている点に注意（➡ 論証26参照）。
　　　②112条の「代理権」についても同様に考える。

Aの代理人Bが、その代理権の範囲を越えてA所有の甲土地をCに売却し、Cがさらに甲土地をDに転売した。Bが無権代理人であることにつきCは悪意、Dは善意無過失だった。Dは、Aに対して甲土地の明渡しを請求できるか。　　　　　　　　　　　　　　　　　　　**B⁺**

【Bに基本代理権と越権行為があるものの、悪意ゆえにCとの関係では 110 条の表見代理が成立しないことを認定】

　もっとも、Dは善意無過失であるから、「正当な理由」が認められる。

　そこで、Dのもとで 110 条の表見代理が成立しないか。Dのごとき転得者が 110 条の「第三者」にあたるかが問題となる。

　表見代理は、代理権の存在を信じた者を保護する制度であるところ、転得者が信頼するのは、無権代理人の代理権ではなく、前主の所有権である。したがって、転得者には表見代理の趣旨が妥当しない。

　そこで、「第三者」は直接の第三者に限られ、転得者はこれにあたらないと解する。

　よって、Dのもとでも 110 条の表見代理は成立せず、DはAに対して甲土地の明渡しを請求できない。

備考：109 条や 112 条の「第三者」も同様に解してよい。

Aの病気による入院療養が長期に及んだため、Aの妻Bが、Aの医療費調達の目的で、Aに無断で、Aを代理してA所有の土地をCに売却した。CはAに対して、Bによる代理行為の効果を主張できるか。　　**A**

━━━━━━━━━━━━━━━━━━━━━━━━━━━━━━━━━

1　仮に、夫婦相互に法定代理権が認められ、かつBの代理行為がその法定代理権の範囲内であれば、CはAに対してBによる代理行為の効果を主張できる。

(1)　まず、夫婦相互に法定代理権が認められるか。

　　この点、明文はないものの、夫婦生活を維持するうえでの便宜を図るべく、761条を根拠にして、夫婦相互に日常の家事に関する法律行為の法定代理権が認められると解する。

(2)　では、本件のBの代理行為は、かかる法定代理権の範囲内か。

　　その判断は、相手方の取引安全の見地から、単に夫婦の共同生活の内部的な事情やその行為の個別的な目的のみを重視してなされるべきではなく、さらに客観的に、その法律行為の種類、性質等をも十分に考慮してなされるべきである。

　　本件でBがなした行為は、「土地」という高額な物の売買であるから、客観的にみて、日常の家事に関する法律行為とはいえない。

　　よって、Bの行為は、夫婦相互の法定代理権の範囲を超えた無権代理行為であるから、Aの追認がない限り、無効である（113条1項）。

2　もっとも、761条の法定代理権を基本代理権として、110条の表見代理が成立しないか。

(1)　この点、761条の法定代理権が110条の基本代理権にあたると解しては、夫婦別産制（762条1項）の趣旨を没却する。

　　そこで、761条の法定代理権は、基本代理権にあたらないと解する。

(2)　もっとも、相手方の取引安全の見地から、当該行為が当該夫婦の日常の家事に関する法律行為の範囲内に属すると信じるにつき正当の理由がある場合には、110条の趣旨を類推適用して、相手方は本人への効果帰属を主張できると解する。

　　本件では、Cにかかる信頼があったと認められる事情はないから、110条の趣旨を類推適用できない。

3　以上から、Aの追認がない限り、CはAに対して、Bによる代理行為の効果を主張できない。

備考：Cが「Bに代理権がある」と無過失で信じたとしても、110条の趣旨は類推適用されない。

Aから、A所有の甲建物を売却する代理権を与えられたBが、自らを「A」と称して、Cとの間でA所有の乙土地の売買契約を締結した。Cは、BをAと無過失で信じていた。CはAに対して乙土地の引渡しを請求できるか。　　　　　　　　　　　　　　　　　　　　　　　　**B**

1　Bが自らを「A」と称した行為は、顕名（99条1項）にあたると解されるものの、Bには乙土地を売却する権限がない。よって、Aの追認がない限り、乙土地の売買契約は無効である（113条1項）。

2　もっとも、Cは、110条に基づき、Aに対して乙土地の明渡しを請求できないか。

⑴　表見代理は、代理権の存在を信じた者を保護する制度であるところ、本件でCが信じたのはBの代理権ではない。したがって、110条を直接適用することはできない。

しかし、本人Aに効果が帰属すると信じている点で、Cの信頼は110条の信頼と共通している。

そこで、110条を類推適用できると解する。

⑵　本件では、Bに甲建物の売却にかかる基本代理権があり、Bの行為はその範囲を超えた行為である。

また、CはBをAと無過失で信じており、「信ずべき正当な理由」があるといえる。

よって、110条の類推適用により、CはAに対して乙土地の明渡しを請求できる。

備考：「第三者」の範囲の論点（論証 25）との混同・混乱に注意。

ＡがＢとの間で、「代理人はＢのみ、代理権の内容は甲土地の売却」と合意したうえで、Ｂに対して代理人氏名欄が白紙の委任状を交付したところ、Ｂはこの白紙委任状をＣに手渡した。Ｃは、委任状の代理人氏名欄に「Ｃ」と記入したうえで、その委任状を第三者Ｄに示して、Ａを代理して甲土地の売買契約を締結した。善意無過失のＤは、Ａに対して甲土地の明渡しを請求した。かかる請求は認められるか。　　**B**⁺

1　Ｃは、本件の売買契約を締結する代理権を有さない。よって、Ａが追認しない限り、本件の売買契約は無効である（113 条 1 項）。

2　もっとも、Ｄは、109 条 1 項に基づき、Ａに対して甲土地の明渡しを請求できないか。

　⑴　まず、ＡからＤに対する代理権授与表示が認められるか。

　　　確かに、委任状に「Ｃ」と記入したのは、ＡではなくＣである。

　　　しかし、代理権授与表示は本人の帰責性を基礎づける要件であるところ、本人が任意に白紙委任状を交付した場合には、本人に帰責性が認められるといえる。

　　　よって、かかる場合には、代理権授与表示が認められると解する。

　　　本件でみるに、ＡはＢに対して任意に白紙委任状を交付しているから、Ｄに対する代理権授与表示が認められる。

　⑵　また、Ｄは善意無過失である。

　⑶　よって、109 条 1 項に基づき、ＤはＡに対して甲土地の明渡しを請求できる。

備考：「委任状の正当な取得者全てに代理権を与える」との合意がある場合（転々譲渡型）には、Ｃの行為は当然に有権代理である。

Ａが、市役所に行ってＡの住民票を取ってくるようＢに依頼し、白紙委任状を交付したところ、Ｂが白紙委任状の委任事項欄に「土地の売却」と勝手に記入し、これをＣに示して、Ａを代理してＡ所有の甲土地につき売買契約を締結した。ＣはＢに甲土地の売買契約にかかる代理権がないことにつき善意無過失だった。Ｃは、Ａに対して甲土地の明渡しを請求できるか。　　　　　　　　　　　**B**⁺

─────────────────────────────

1　Ｂは、ＡＣ間の売買契約を締結する代理権を有さない。よって、Ａが追認しない限り、ＡＣ間の売買契約は無効である（113 条 1 項）。

2　もっとも、Ｃは 110 条に基づき、Ａに対して甲土地の明渡しを請求できないか。住民票の請求という公法上の行為の代理権が 110 条の基本代理権たりうるかが問題となる。

〔論証 23 入る〕

　　よって、110 条の表見代理を主張することはできない。

3　では、109 条 1 項に基づいてはどうか。

⑴　まず、ＡのＣに対する代理権授与表示が認められるか。

　　確かに、委任状に「土地の売却」と記入したのは、ＡではなくＢである。

　　しかし、代理権授与表示は本人の帰責性を基礎づける要件であるところ、本人が任意に白紙委任状を交付した場合には、本人に帰責性が認められる。

　　よって、かかる場合には、代理権授与表示が認められると解する。

　　本件でみるに、ＡはＢに対して任意に白紙委任状を交付しているから、Ｃに対する代理権授与表示が認められる。

⑵　また、Ｃは善意無過失である。

⑶　よって、109 条 1 項に基づき、ＣはＡに対して甲土地の明渡しを請求できる。

備考：：ＢがＡから私法上の行為の代理権を与えられている場合には、110 条で処理する。

論証 30　白紙委任状の交付③　　→ 253 ページ（ウ）

AがBとの間で「代理人はBのみ、代理権の内容は甲土地への抵当権の設定」と合意したうえで、代理人氏名欄と委任事項欄が白紙の委任状を交付した。この委任状をBから譲り受けたCが、委任状の代理人の氏名欄に「C」と記入し、委任事項欄に「甲土地の売却」と記入したうえで、その委任状をDに示して、Aを代理して甲土地の売買契約を締結した。DからAに対する甲土地の引渡請求は認められるか。　　**B**

1　Cは、AD間の売買契約を締結する代理権を有さない。よって、Aが追認しない限り、本件の売買契約は無効である（113条1項）。

2　もっとも、Dは、109条1項に基づき、Aに対して甲土地の明渡しを請求できないか。AからDに対する代理権授与表示があるかが問題となる。

　　まず、委任状の代理人氏名欄および委任事項欄を記入したのは、AではなくCである。

　　また、代理人の範囲と代理権の内容の両方について合意と異なる行為がなされているため、Aを保護する必要性が高い。

　　そこで、本件においては、AからDに対する代理権授与表示が存しないというべきである。

　　したがって、109条1項の表見代理は成立せず、Dの請求は認められない。

備考：事案によっては、Aによる代理権授与表示は肯定したうえで、Dの悪意または有過失を認定してもよい。

論証 31　時効の援用の法的性質（時効学説）　A⁺　➡ 293 ページ **2**

　　時効の援用（145条）の法的性質をいかに解するべきか。

　　まず、162条や163条、166条1項2項の権利の取得・消滅という文言を重視し、時効の完成によって権利の得喪は確定的に生じ、援用は訴訟上の攻撃防御方法にすぎないとする見解がある（確定効果説・攻撃防御方法説）。

　　しかし、時効期間の経過により権利の得喪が生じると解しては、時効の利益の享受を潔しとしない当事者の意思を尊重しようとした145条の趣旨に反する。

　　次に、時効の完成によって一応権利の得喪の効果が生じ、援用しないことがその解除条件となるとする見解がある（不確定効果説のうち解除条件説）。

　　しかし、この見解によると、消滅時効期間を経過した債務の履行は、消滅した債務を復活させると同時にそれを消滅させる効果をもつこととなり、不合理である。

　　そもそも、145条の趣旨は、当事者の意思を尊重する点にある。

　　そこで、援用が権利の得喪の停止条件であると解するのが妥当である（不確定効果説のうち停止条件説）。

備考：この論点は、主債務の消滅時効の完成後、その援用前に保証人が保証債務を弁済した場合に、保証人が主債務者へ求償できるかというかたちで問われることがある（459条1項参照）。

論証 32　時効の援用権者の範囲　A　➡ 297 ページア

　　時効の援用権者たる「当事者」（145条）の範囲をいかに解するべきか。

　　法が時効の援用を要求した趣旨は、時効の利益の享受を潔しとしない当事者の意思の尊重にある。

　　かかる趣旨に照らせば、「当事者」の範囲は限定的に解するのが妥当である。

　　そこで、「当事者」とは、時効により直接利益を受ける者に限られると解する。

論証 33　時効完成を知らないでした債務の承認 ➡ 306 ページ **5**

債務者Bは、自らの債務の消滅時効の完成を知らないで、債権者Aに対して債務の支払いの猶予を申し入れた。その後、消滅時効の完成を知ったBは、消滅時効を援用できるか。　　　　　　　　　　**A**

─────────────────────────────

　債務者Bによる支払いの猶予の申入れは、時効の利益の放棄（146条反対解釈）にはあたらない。Bは、消滅時効の完成を認識していなかったからである。

　そうだとすれば、Bは消滅時効を援用できるとも思える。

　しかし、かかる時効の援用は、矛盾挙動にあたり、相手方の信頼を害する行為といえる。

　したがって、Bによる援用は、信義則（1条2項）上許されないと解する。

備考：更新事由としての承認との混同に注意（時期が異なる）。

論証 34　自己の所有物の時効取得 ➡ 321 ページ工

甲土地が、AからBに売却され、Bが占有を開始した。その後、甲土地がAからCにも売却され、Cが登記を備えた。CはAからBへの譲渡につき善意だった。Cが登記を備えた後も、Bは引き続き占有を続け、占有の開始から10年が経過した。Bは甲土地を時効取得するか。　**B**

─────────────────────────────

　Bは、善意無過失で、平穏かつ公然と所有の意思をもって甲土地の占有を始め、以後10年間占有を継続している（162条2項）。

　もっとも、甲土地は、Cが登記を備えるまではBの所有物だった（176条）。そこで、自己の所有物についての時効取得の可否が問題となる。

　確かに、162条は、「他人の物」の占有を所有権の時効取得の要件としている。

　しかし、法が時効を定めた趣旨は、①永続した事実状態の尊重、②立証の困難性からの救済、③権利の上に眠る者は保護に値せず、という点にあると解されるところ、自己の所有物についてもかかる趣旨は妥当する。

　よって、自己の所有物も時効取得の対象になると解する。

　したがって、162条2項の要件を満たしているといえ、時効取得を援用（145条）すれば、Bは甲土地を時効取得する。

備考：登記のないBがCに対して時効取得した所有権を対抗できるか否かも問題となる（物権法の論点。
　　　結論は肯定）。

X所有の甲土地につき、Aが善意無過失で占有を開始した。その2年後、AはBに甲土地を売却し、引き渡した。引渡しの当時、Bは甲土地がXの所有地であることにつき悪意だった。甲土地を8年間占有したBは、甲土地を時効取得するか。なお、A・Bによる各占有は、所有の意思のある平穏・公然の占有だったものとする。　　　　**B⁺**

———————————————————————————

　Bは、前主Aの占有をあわせて主張することができる（187条1項）。よって、「10年間」の占有（162条2項）が認められる。

　また、かかる占有は、「所有の意思」のある「平穏」・「公然」の占有である。

　そして、前主Aは、善意無過失で占有を開始している。他方、B自身は、占有の開始時に悪意だった。そこで、かかる場合にも10年間の時効取得が認められるかが問題となる。

　この点、もしこれを否定すれば、善意無過失で占有を開始した前主が、後主から債務不履行責任を追及されることになってしまい、妥当でない。

　そこで、10年間の時効取得が認められると解する。

　よって、時効取得を援用（145条）すれば、Bは甲土地を時効取得する。

A所有の甲建物を、BからCが賃借し、20 年間賃料をBに支払って居住していたところ、AがCに対して、所有権に基づく返還請求権に基づき建物の明渡しを請求した。Cは、Aの請求を拒むことができるか。

A

───

1　Cは、BC間の賃貸借契約（559 条本文、561 条、601 条）に基づく賃借権を、契約外のAに対抗することはできない。

2　もっとも、Cは、Aに対する賃借権を時効取得（163 条・162 条 1 項）しないか。賃借権の時効取得の可否が問題となる。

(1)　確かに、債権は通常継続的な「行使」を観念し得ないため、時効取得の対象とはならない。

　　しかし、賃借権は占有を不可欠の要素とする点で、継続的な「行使」を観念しうる。

　　そこで、賃借権も時効取得の対象たりうると解する。

　　ただし、所有者が取得時効の完成猶予や更新を図る機会を確保する必要もある。

　　そこで、①目的物の継続的な用益という外形的事実が存在し、かつ、②それが賃借の意思に基づくことが客観的に表現されている場合に限り、賃借権を時効取得しうると解する。

(2)　本件でみるに、①Cは 20 年間甲建物に居住し、かつ、②Bに対して賃料を支払い続けていた。

　　よって、Cが援用すれば（145 条）、CはAに対する賃借権を時効取得する。かかる場合、CはAの請求を拒むことができる。

論証 37　期限の利益喪失特約付債権　➡ 330 ページ⑥

期限の利益喪失特約付きの割賦払債務につき、債務者が1回支払いを遅滞した場合、残債務全額の消滅時効の客観的起算点はいつか。　B

確かに、債務者が支払いを遅滞した場合、特約に基づき、その時点から債権者は残債権全額を請求することができる。そうだとすれば、最初に遅滞した時点が、残債務全額の消滅時効の客観的起算点とも思える（166条1項2号）。

しかし、そもそも期限の利益喪失特約は、債権者の利益のためにある。にもかかわらず、かかる特約を理由として、債権者に不利益な結論を導くのは妥当でない。

そこで、債務者が支払いを遅滞した場合でも、原則として各割賦払債務の約定弁済期の到来から消滅時効が起算されると解するべきである。

ただし、その例外として、実際に債権者が残債務全額の弁済を求める旨の意思表示をした場合には、その時が残債務全額の消滅時効の客観的起算点となると解する。

事項索引

判例索引

平成20年〜

呉　明植（ごう　あきお）
　弁護士。伊藤塾首席講師（司法試験科）。慶應義塾大学文学部哲学科卒。2000年の旧司法試験合格直後から、慶應義塾大学法学部司法研究室および伊藤塾で受験指導を開始。「どんなに高度な理解があったとしても、現場で使えなければ意味がない」をモットーとした徹底的な現場至上主義の講義を行い、司法試験予備試験および本試験において毎年多数の短期合格者を輩出。とりわけ、天王山である論文試験の指導にかけては他の追随を許さない圧倒的人気を博し、伊藤塾の看板講師として活躍を続けている。
　BLOG：「伊藤塾講師　呉の語り得ること。」
　　　　　（http://goakio.blog95.fc2.com/）

民法総則［第3版］【伊藤塾呉明植基礎本シリーズ4】

2014（平成26）年5月30日　　初　版1刷発行
2018（平成30）年3月30日　　第2版1刷発行
2023（令和5）年7月15日　　第3版1刷発行
2024（令和6）年8月30日　　同　　3刷発行

著　者　呉　明植

発行者　鯉渕友南

発行所　株式会社　弘文堂　　101-0062　東京都千代田区神田駿河台1の7
　　　　　　　　　　　　　　TEL 03（3294）4801　　振替 00120-6-53909
　　　　　　　　　　　　　　https://www.koubundou.co.jp

装　丁　笠井亞子
印　刷　三美印刷
製　本　井上製本所

ISBN978-4-335-31440-7

伊藤塾呉明植基礎本シリーズ

愛弟子の呉明植が「伊藤真試験対策講座」の姉妹シリーズを刊行した。切れ味鋭い講義と同様に、必要なことに絞った内容で分かりやすい。どんな試験でも通用する盤石な基礎を固めるには最適である。　　　　　伊藤塾塾長　**伊藤　真**

- ▶どこへいっても通用する盤石な基礎を固める入門書
- ▶必要不可欠かつ必要十分な法的常識が身につく
- ▶各種資格試験対策として必要となる論点をすべて網羅
- ▶一貫して判例・通説の立場で解説
- ▶シンプルでわかりやすい記述
- ▶つまずきやすいポイントをライブ講義感覚でやさしく詳説
- ▶書き下ろし論証パターンを巻末に掲載
- ▶書くためのトレーニングもできる
- ▶論点・項目の重要度がわかるランク付け
- ▶初学者および学習上の壁にぶつかっている中級者に最適

憲法[第2版]	3000円
民法総則[第3版]	3000円
物権法・担保物権法[第2版]	2600円
債権総論	2200円
債権各論	2400円
家族法(親族・相続)	2300円
刑法総論[第3版]	2800円
刑法各論[第3版]	3000円
商法(総則・商行為)**・手形法小切手法**	
会社法	
民事訴訟法	
刑事訴訟法[第3版]	3900円

弘文堂　　　　　　＊価格(税別)は2024年8月現在